Mario Herger
Foresight Mindset™

Foresight Mindset™

Die Kunst und Wissenschaft, seine Zukunft zu designen

Herausgegeben von

Mario Herger

Foresight Mindset is a registered Trademark

Verlag Franz Vahlen München

Dr. Mario Herger ist CEO von Enterprise Garage Consultancy und lebt seit 2001 im Silicon Valley. Der langjährige SAP-Entwicklungsleiter und Innovationsstratege berät Unternehmen, wie sie den innovativen und entrepreneurischen Spirit aus dem Silicon Valley auf ihre Organisationen übertragen können.

© 2019 Verlag Franz Vahlen GmbH
Wilhelmstr. 9, 80801 München
ISBN Print: 978 3 8006 5972 2
ISBN E-Book: 978 3 8006 5973 3

Satz: Fotosatz Buck, Zweikirchener Str. 7, 84036 Kumhausen
Druck und Bindung: Westermann Druck Zwickau GmbH
Crimmitschauer Str. 43, 08058 Zwickau
Umschlaggestaltung: Ralph Zimmermann – Bureau Parapluie
Bildnachweis: mathisworks – istockphoto.com
Gedruckt auf säurefreiem, alterungsbeständigem Papier
(hergestellt aus chlorfrei gebleichtem Zellstoff)

Für Darian, Sebastian und Gabriel

And for May Kou

Inhaltsverzeichnis

Einleitung 11
Zukunft 14
Was dieses Buch nicht behandeln wird 16

Foresight Mindset 17
Strategic Foresight 19
Prediction versus Forecast 20
Kassandra oder: Warum die Zukunft weiblich ist . 24
Rückschaufehler 28
Sophistikationseffekt 28
Ampeleffekt 29

Foresight Mindset – Prozess 32
Foresight-Mindset-Rad 33

Foresight Mindset – Vorbereitung 36
Long Nose Innovation 36
Von kleinen Signalen zu großen Ereignissen 39
Signale 40
Trends 41
Trendtypen 41
Pre-Trend-Erkennung 42
Weiche und harte Trends 43
Zyklische und lineare Trends 46
Trend Canvas 47
Megatrends 49
  - Dematerialisierung 49
  - Digitalisierung 50
  - Dezentralisierung 51
  - Demonetisierung 52
  - Devaluierung 53
  - Demokratisierung 53
  - Sich selbst erfüllende Prophezeiung 54
Von Hypes, Fads und Modeerscheinungen 55
Hype-O-Meter 57
Big Shifts 57
  - Ereignisse 59
Science-Fiction 60
First, Second, Third Order Changes 64
  - Änderungen erster Ordnung 64
  - Änderungen zweiter Ordnung 65
  - Änderungen dritter Ordnung 66
  - Konsequenzen 68
Eine gute Frage stellen 70
  - Regeln für gute Fragen 72
  - Warum, Was wäre, wenn, und Wie 74
  - Question Storming 75
  - Fragenvorlage 77
Beschleunigung und Singularität 77
Short Nose Innovation 80
Die Katze Oscar 84

Foresight-Praktiker 86
Analyst 86
Übersetzer 87
Moderator und Vermittler 87
Vertrauensvolle Berater 88

Foresight Mindset – Messbarkeit 89
Fuchs und Igel 89

Brier-Wert 90
Superforecasting. 91

Foresight – Woran scheitert es? 100
Wenn das Dringliche dem Wichtigen im Weg
steht. 101
Kassandra-Koeffizient oder Initial Occurrence
Syndrome 103
Organisatorische Erstarrung 103
Neue Erwartungstheorie 104
Verfügbarkeitsheuristik. 105
Außen- und Innenbetrachtung. 105
Ankereffekt 106
Voreingenommenheit 107
Visionen versus Daten 108
Der Start-up-Indikator 110
Mentale Modelle. 111
Gruppendenken 111
Weitere Heuristiken und kognitive Verzerrungen . 112

Foresight Mindset Tool Kit 115
Daten menscheln nicht 116
Vorbereitungsübungen 117
- Gedankenspiel 118
- Trends in Magazinen finden 119
Annahmen erkennen 120
Wahrscheinlichkeitsanalyse 124
Palmen zeichnen 125
Meldungen aus der Zukunft 127
- Pressemeldung aus der Zukunft 127
- Zeitung aus der Zukunft 130
- Pre-Mortem 132
- Tweete deinen Nachruf 134
Artefakte aus der Zukunft 136
Stakeholder Mapping 140
Vier Arten des Sehens 142
Signale und Horizont scannen 144
Signale kombinieren 150
Liste von bemerkenswerten Personen 153
Interviews und Expertenworkshops 153
Hackathons und Meetups 154
Konvergenzdiagramm 157
STÖÖP-Methode. 161
2x2-Matrix ODER Analyse alternativer Zukünfte . 163
Szenarioplanung. 166
- Erster Schritt: Die Herausforderung definieren 167
- Zweiter Schritt: Informationen sammeln 167
- Dritter Schritt: Treibende Kräfte identifizieren 167
- Vierter Schritt: Kritische Entweder/Oder
  Zukunftsunsicherheiten definieren 168
- Fünfter Schritt: Szenarien erstellen 168
- Sechster Schritt: Herausarbeiten und
  Storylines schaffen 171
- Siebter Schritt: Szenarien validieren und
  eventuell weiterforschen 171
- Achter Schritt: Auswirkungen und mögliche
  Reaktionen ausarbeiten. 171
- Neunter Schritt: Anzeichen identifizieren 173
- Zehnter Schritt: Beobachten und Szenarien
  updaten 173
Storytelling 173

Science-Fiction Prototyping	178
Spielzeug	179
Ethnografie	181
Zukünfterad	182
Wechselwirkungsanalyse	183
Analyse konkurrierender Hypothesen	189
Trendauswirkungsanalyse	191
Zweite Kurve	191
Backcasting	193
Future Benchmarking	199
Foreprojecting	204
Die Delphi-Methode	205
Overfitting	207
Kopernikanische Methode	208
▪ Multiplikative Regel	209
▪ Durchschnittsregel	209
▪ Additive Regel	209
▪ Kombinatorisches Forecasting	211
Normatives und exploratives Forecasting	213
Die umgedrehte Pyramide & Vier Stufen des Flusses	214
Causal Layered Analysis	217
Erfahrbare Zukunft	222
Mānoa-Methode	223
Suche nach Dissonanz	225
Red Teaming	226
▪ Mitglieder eines Red Teams	229
▪ Cynefin Framework	230
▪ 1-2-4-alle	231
▪ Gewichtetes anonymes Feedback	231
▪ Denke, schreibe, teile	234
▪ Fischglas	234
▪ TRIZ	235
▪ Das Unstrittige infrage stellen	235
▪ Abschließende Ratschläge	240
Foresight Mindset – Und ich?	**241**
Fähigkeiten für die Zukunft	243
Persönliche Wertemenge	246
Persönliches Mission Statement	246
Persönlicher Nachruf	250
Persönliches Backcasting	252
Wähle dein Abenteuer	258
Szenarien und Möglichkeitsbereiche	258
Foresight Mindset – Ethik	**272**
Ethische Gedankenspiele	272
Ethische Risikozonen	274
Beginn der Zukunft	**277**
Ressourcen	**278**
Bücher	278
Organisationen & Ressourcen	278

Einleitung

> *Obwohl wir Tausende und Tausende von Geschichtsprofessoren und Hunderttausende Geschichtsstudenten haben, die es als ihren Vollzeitjob sehen, die Vergangenheit zu studieren, haben wir niemanden, der es als seinen Vollzeitjob ansieht, die Konsequenzen neuer Erfindungen und Apparate zu studieren.*
> – H.G. Wells[1]

Innerhalb von wenigen Stunden wurden Anfang 2002 16 Schlachtschiffe eines Flugzeugträgerkonvois der USA vernichtet. Mit dem Flugzeugträger sanken auch Dutzende Kampfflugzeuge, Landungsfahrzeuge und Tausende Mann Besatzung auf den Meeresgrund des Persischen Golfs. Es war nach Pearl Harbor das größte Debakel einer maritimen Flotte der USA.

Durchaus möglich, dass Sie noch nie davon gehört haben. Diese Schlacht war nämlich als groß angelegte Simulation durchgeführt worden. Und der siegreiche Marinegeneral war ein pensionierter Offizier der Vereinigten Staaten.

13.000 amerikanische Offiziere nahmen an der Millennium Challenge 2002 teil, bei der in einer Computersimulation ein „blaues Team" gegen ein „rotes Team" angetreten waren und verschiedene Taktiken ausprobiert hatten. Kriegsspiele wie diese werden überall auf der Welt von Armeen ausgeführt, um Szenarien durchzuspielen und Taktiken zu erproben. So auch diese von der US-Armee, der Marine und der Luftwaffe gemeinsam veranstaltete Simulation in einem dreiwöchigen Zeitraum von Juli bis August 2002. Und die USA scheuten dafür keinen Aufwand. Neben den beteiligten Truppen waren unzählige Computer im Einsatz und Kosten von 250 Millionen Dollar angefallen.

Der bereits im Ruhestand befindliche Marinekorpsgeneral Paul K. Van Riper war von der Simulationsleitung eingeladen worden, das rote Team – also den Kriegsgegner in Form einer nicht näher bezeichneten feindlichen Nation am Persischen Golf – zu vertreten. Die „Guten", welche die USA repräsentierten, trugen die Farbe Blau. Die Farbwahl kommt nicht von ungefähr, denn eigentlich stammen die Farben vom Blau der preußischen Uniformen. Kein Wunder, steht doch das von der preußischen Armee eingesetzte „Kriegsspiel" Pate für solche Übungen. Dazu werden wir noch mehr hören.

Das Team Blau jedenfalls wählte eine traditionelle Strategie. Mit dem zugeteilten virtuellen Budget wurde ein Flugzeugträger samt Kampfjets, zugehörige Fregatten, Kreuzer und sonstiges Kriegsmaterial beschafft. Team Rot hingegen tat Ungewöhnliches: Es gab nur einen Bruchteil der zugeteilten Summe an virtuellem Geld aus, versorgte sich vorwiegend mit einer Riesenzahl an kleinen Schnellbooten und stattete diese mit Raketen, Maschinengewehren und Sprengstoff aus. Ergänzt wurden diese mit Raketenwerfern, die von Land und aus

---
[1] How the motor car serves as a warning to us all. http://www.bbc.co.uk/archive/hg_wells/12403.shtml

der Luft abgefeuert wurden, sowie von zivilen Kleinflugzeugen.

Als von der Simulationsleitung der Startschuss gegeben wurde, war die Schlacht schon wieder vorüber, bevor sie überhaupt richtig begonnen hatte. Mit einer gleichzeitigen Attacke von Hunderten Schnellbooten und Unterstützung von einem Hagel an Raketen war die Abwehr des Flugzeugträgerkonvois rasch heillos überfordert. Etlichen Schnellbooten gelang es, sich den Schlachtschiffen zu nähern und ihre Sprengladungen dort detonieren zu lassen. Gleichzeitig benutzte Team Rot steinzeitlich anmutende Formen der Kommunikation. Anstelle Funk-

radios zu verwenden oder das Radar einzuschalten, ließ es motorisierte Boten zwischen seinen Einheiten Nachrichten übermitteln oder durch die Lautsprecher der Moscheen verschlüsselte Anweisungen geben.

Am Ende waren zwei Drittel der blauen Flotte versenkt worden. In einer realen Schlacht hätte man mit bis zu 20.000 Toten rechnen müssen.

Das vermeintlich mächtige und waffenstarrende Team Blau war durch eine Sparvariante mit unorthodoxen Methoden des Teams Rot besiegt worden. Die Simulationsleitung stoppte die Schlacht und nach Beschwerden des Teams Blau wurde die Simulation mit angepassten Regeln, die das rote Team stark einschränkten oder vorschrieben, welche Taktiken einzusetzen waren, neu gestartet. Nach Protesten von Marinekorpsgeneral Van Riper, der seine Position als Oberkommandierender des Teams Rot niederlegte, wurde das Team Blau am Ende der Simulation doch noch zum Sieger erklärt.[2]

Die Geschichte könnte damit zu Ende sein und die Lehre gezogen werden, dass die Simulation ohnehin von falschen Annahmen ausgegangen war. Oder dass die Guten immer siegen werden. Doch sollte die Wirklichkeit ein paar Jahre später zeigen, wie sehr Van Riper eine zukünftige Taktik vorhergesehen hatte. Fünf Schnellboote der iranischen Revolutionsgarde kamen 2008 einer US-Flotte gefährlich nah. Bereits 2002 waren al-Qaida-Boote an einen französischen Öltanker herangekommen. Und die USS Cole war durch ein solches Schnellboot, das sich an ihre Seite gesetzt hatte und zur Explosion gebracht worden war, schwer beschädigt worden.[3]

Einen Satz, den van Riper während der Simulation immer wieder gehört hatte, war: „Das geschieht so sicherlich nie." Doch er konterte nur, dass sich auch niemand vorstellen konnte, wie jemand Zivilflugzeuge als Waffe einsetzen und in Wolkenkratzer fliegen lassen würde. Und genau dazu diene eine solche Simulation: Szenarien zu testen, Annahmen zu hinterfragen und Pläne zu verbessern.

Aus dieser Sicht scheiterte die Millennium Challenge 2002 im ersten Moment. Die Simulationsleitung war weniger interessiert, unmittelbare Lehren daraus zu ziehen, sondern viel mehr daran, eine vorbereitete Strategie im Großen und Ganzen als erfolgreich darzustellen. Allerdings: Eben aufgrund der von Van Riper eingesetzten unkonventionellen Strategie und des raschen und verblüffenden Erfolgs stieg die Millennium Challenge 2002 in den Reihen der Militärs und weit darüber hinaus in den Rang einer Legende auf und wurde zu einem häufig zitierten Lehrbeispiel. Ähnlich wie Nokia und Kodak als Paradebeispiele für das Verkennen und Scheitern durch disruptive Innovation angeführt werden, gilt die Millennium Challenge 2002 als das militärische

---

[2] „War game was fixed to ensure American victory, claims general" https://www.theguardian.com/world/2002/sep/06/usa.iraq

[3] Threat Posed by Hostile Small Boat Tactics/Attacks in the Persian Gulf https://www.linkedin.com/pulse/threat-posed-hostile-small-boat-tacticsattacks-gulf-bob-dougherty/

Exempel für die Verleugnung von neuen Informationen, nämlich Strategien zu ändern, anstelle verzweifelt daran festzuhalten.

Unternehmen und Organisationen stehen vor der Herausforderung, die Zukunft erkennen zu müssen und sich darauf vorzubereiten. Digitale Transformation, künstliche Intelligenz, Internet der Dinge, Drohnen, selbstfahrende Autos, Blockchain, Precision Farming, Kryptowährungen, Lieferroboter, Nanorobots und viele andere Technologien läuten Änderungen im Verhalten von Menschen und Gesellschaften ein, die viele Unternehmen überfordern. Diese Änderungen scheinen aus dem Nichts zu kommen, ansatzlos aus den Untiefen der Innovationsschmieden des Silicon Valley und anderen Orten, und das mit einer Geschwindigkeit, die keine Zeit lässt zu reagieren.

Zukunft

> *Gesundheit, Gesundheit, Gesundheit! Jeder wünscht einem zum Neuen Jahr Gesundheit, als wäre sie das Wichtigste. Ich sage Ihnen, Glück ist, was wir brauchen. Auf der Titanic waren alle gesund. Aber Glück hätten sie gebraucht.*
> – Grantelnder Wiener

Unternehmen sind diese großen Tanker, die nur schwer ihren Kurs ändern können. Kleine Start-ups sind wie die Schnellboote, die flink und wendig sind, die sich rascher anpassen und etwas Neues ausprobieren können. Und gegebenenfalls versenken sie die großen Tanker. Das ist nicht nur ein metaphorisches Bild. Lange bevor sie gefährlich werden, sehen Unternehmen neue Trends. Allerdings bemerken sie oft nur einzelne Signale, nicht aber die Unzahl von Signalen desselben Trends aus anderen Industrien. Deshalb ignoriert man sie und misst ihnen keine Bedeutung bei, bis sie so nahe sind, dass sie die eigenen Strukturen und Prozesse überfordern.

Dabei muss das nicht so sein. Zukunft lässt sich vorhersagen. Einigermaßen, mit einer gewissen Unschärfe jedenfalls. Diese Disziplin ist erlernbar und das ist zugleich die gute Nachricht. Man muss nicht erst auf Futuristen und Zukunftsforscher warten, die einem die nächsten Trends erklären. Organisationen können sich selbst darauf vorbereiten und ein strategisches Set an Werkzeugen in ihren Kanon aufnehmen. Diese Werkzeugkiste hilft dabei nicht nur, zu reagieren, sondern ermöglicht, von Anfang an die Gestaltung der Zukunft mitzubestimmen.

Ich war jahrelang beim deutschen Softwareunternehmen SAP, wo ich zuerst drei Jahre in der Zentrale in Walldorf bei Heidelberg als Entwickler verbrachte und die letzten zwölf Jahre als Manager und Innovationsstratege. Da ich immer an neuen Produkten mitarbeitete, mussten wir genau die aktuellen Trends betrachten. Das reichte irgendwann einmal nicht mehr aus. Deshalb war meine Aufgabe in den letzten Jahren, Trends zu erkennen, noch bevor sie Trends waren, und zu verstehen, wie sie SAPs eigene Technologiestrategie und Geschäftsmodelle beeinflussen würden.

Im Silicon Valley bei SAP Labs ist man nicht ganz so abgeschirmt von den neuesten Technologien wie in der Zentrale, weil diese Niederlassung verhältnismäßig klein ist und zwischen anderen Technologieriesen firmiert. Einer meiner Ansätze, Neues zu verstehen, war, ein firmeninternes, jeweils themenspezifisches Diskussionsforum anzulegen, wo ich Kollegen einlud, mitzudiskutieren, Beispiele vorzustellen und sich gegenseitig zu helfen. Um die Gruppe zusammenzuhalten und Wert zu schaffen, versandte ich alle zwei Wochen einen Newsletter an die Gruppenmitglieder, lud alle paar Tage zu Online-Seminaren ein, wo ich Kollegen oder Partner und Experten von außerhalb bat, mehr zum Thema zu sagen. Auf diese Weise sammelte sich über die Zeit eine Expertise zum Thema an. Und andere Teams oder sogar der Vorstand, die auf dieses Thema stießen, fragten dann bei uns an. In mehreren Jahren kamen auf diese Weise knapp ein Dutzend Gruppen zusammen, die zu damals aktuellen Themen insgesamt 5.000 Kollegen vereint hatten. Ein wichtiger Indikator für die Bedeutung eines Trends war die Anzahl der Mitglieder und das Ausmaß ihrer Beteiligung. Um 2010 war das beispielsweise die App-Entwicklung, wo wir für die verschiedensten Plattformen (iOS, Android, Blackberry) sehen konnten, wer gewinnen wird und wer zum Sterben verurteilt. Interessant war, dass dieses Signal schon Monate vorher durch die Gruppenaktivität absehbar war, während der Großteil des Managements das erst später realisierte. Im Nachhinein natürlich will das jeder erkannt haben, damals aber drängten die meisten Manager, Blackberry-Apps zu programmieren, weil sie selbst intensive Benutzer von Blackberry waren.

Letztendlich wollen wir nicht „Hindsight", also die nachträgliche Einsicht zu Entwicklungen haben, denn nachher sind wir immer gescheiter, sondern die „Foresight" praktizieren, die frühzeitige Erkennung von möglichen Trends, die uns nicht überrollen sollen, sondern bei denen wir aktiv mitmachen möchten.

Dem Foresight Mindset liegen das Gefühl und die Hoffnung zugrunde, dass die Zukunft von uns beeinflusst werden kann. Die amerikanische Autorin Rebecca Solnit grenzte dabei Hoffnung von Optimisten und Pessimisten ab.

Hoffnung basiert auf der Annahme, dass wir nicht wissen, was passieren wird und dass sich in diesem Gefüge von Ungewissheit Raum für Handeln befindet. Wenn man Ungewissheit erkennt, dann wird einem klar, dass man das Ergebnis beeinflussen kann – alleine oder zusammen mit ein paar Dutzend oder Millionen anderen. Hoffnung bedeutet, Unbekanntes und Unerkennbares mit offenen Armen willkommen zu heißen – im Gegensatz zu Optimisten und Pessimisten. Optimisten denken, es werde schon alles gut werden, ohne großes Zutun unsererseits. Pessimisten hingegen nehmen das Gegenteil an. Beide rechtfertigen sich damit für ihr Nichthandeln. Es ist der Glaube, dass das, was wir machen, von Bedeutung sei, auch wenn wir vorher nicht wissen können, wie und wann und für wen es von Bedeutung sein wird.

Unser Schicksal und unsere Zukunft liegen in unserer Hand. Unser Handeln und Nichthandeln kann sie beeinflussen.

Was dieses Buch nicht behandeln wird

Obwohl ich auf den weiteren Seiten sehr viel über Trends und die Zukunft reden werde, werde ich nicht gezielt auf konkrete Trends eingehen. Wer erwartet hat, dass ich auf künstliche Intelligenz, Blockchain oder die Zukunft der Gesellschaft mit Robotern und bedingungslosem Grundeinkommen eingehen und sie ausführlich analysieren und Empfehlungen abgeben werde, den muss ich leider enttäuschen. Dazu gibt es eine lange Reihe an Autoren, die Experten in diesen Disziplinen sind. Einzig zur Automobilbranche kann ich mein eigenes Buch *Der letzte Führerscheinneuling…* empfehlen, wo ich eine solch tief gehende Recherche und Analyse vorgenommen habe.

Wenn ich aber mal über einen Trend spreche, dann vor allem zur Illustration einer Methode oder eines Ansatzes. Auch wenn ich in diesem Buch keine Trends per se beschreiben, sondern wenn, dann nur anreißen werde, so gehe ich doch auf sogenannte „Metatrends" ein. Das sind übergeordnete Trends, die allen anderen Trends zugrunde liegen. Und das seit Jahrhunderten. Diese Metatrends umfassen unter anderem Digitalisierung, Dematerialisierung oder Demonetisierung. Dazu aber später mehr.

Foresight Mindset

Jede nützliche Aussage über die Zukunft sollte im ersten Moment lächerlich erscheinen. — Jim Dator

Foresight ist das Erforschen und Verstehen der Zukunft. Es handelt sich dabei nicht um eine singuläre Vorhersage. Das wäre unmöglich. Foresight ist die Betrachtung von mehreren möglichen „Zukünften" oder zukünftigen Zuständen. Von diesen sind einige mehr, andere weniger wahrscheinlich oder plausibel. Und einige Zukünfte werden von uns mehr bevorzugt als andere.

Die Vergangenheit ist bereits geschehen, wir können sie nicht mehr ändern, sie liegt außerhalb unserer Kontrolle. Entscheidungen, die wir und andere in der Vergangenheit gefällt haben, führten uns zu der Gegenwart, in der wir uns gerade befinden. Was wir aber unter Kontrolle haben und beeinflussen können, ist die Zukunft. Oder besser gesagt: die Zukünfte.

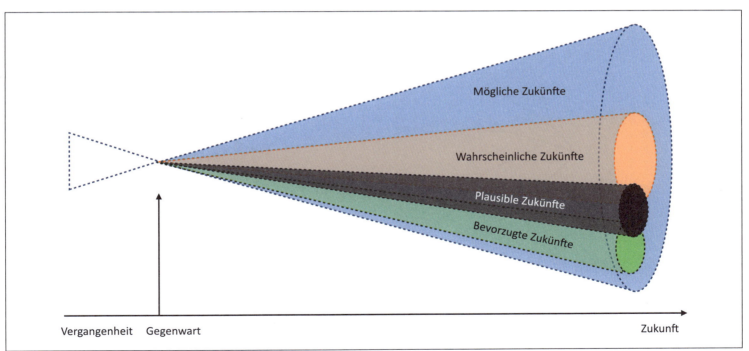

Die Erkenntnis, dass es mehrere Zukünfte gibt, ermöglicht die Steuerung auf eine bevorzugte oder „optimale" Zukunft. Foresight hilft, diese Zukünfte zu identifizieren, auf die präferierte hinzuarbeiten und andere zu vermeiden. Das Wissen darum hilft Organisationen, einen besseren Weg zu beschreiben.

Diese drei Arten von Zukünften befinden sich innerhalb eines „Kegels der Möglichkeiten". Die Gegenwart stellt die Spitze des Kegels dar, der Blick in die Zukunft weitet den Kegel auf. Der gesamte Kegel stellt die möglichen Zukünfte dar. Ein kleinerer Kegel darin repräsentiert die wahrscheinlicheren Zukünfte, also die, die vermutlich passieren werden. Dann gibt es plausible Zukünfte, die erklärbar, aber nicht unbedingt wahrscheinlich sein müssen. Ein noch kleinerer Kegel, der sich mit dem wahrscheinlichen Kegel überschneiden kann, aber nicht muss, repräsentiert die bevorzugten Zukünfte, also die Zukünfte, die wir als erstrebenswert erachten und gezielt durch unsere Handlungen zu erreichen versuchen.

So sehr es Spaß macht, sich mögliche Zukünfte auszumalen, so sehr bleibt diese Aufgabe nur eine Gedankenübung, wenn sie nicht in einzelne Schritte zur Umsetzung heruntergebrochen werden kann. Klar können wir den Mars besiedeln, aber ist das auch innerhalb des

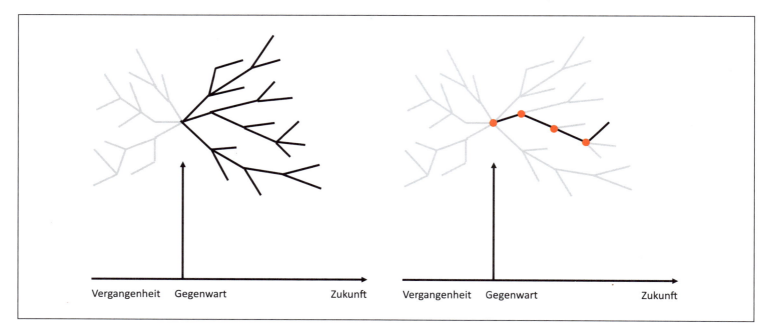

Plausiblen und in der nahe gelegenen Zukunft möglich? Nach London zu ziehen oder einen neuen Firmenstandort zu eröffnen ist schon eher möglich, lassen sich doch hier ganz konkrete Schritte realisieren.

Jede unserer Entscheidungen beeinflusst unsere Zukunft. Diese ist nicht linear, wie der Kegel den Eindruck vermitteln mag. Jede unserer Entscheidungen und Handlungen macht einige Zukünfte wahrscheinlicher, andere weniger wahrscheinlich. Es ist so, als ob man auf kurvigen Straßen navigiert. Jedes Abbiegen, Geradeausfahren oder Umdrehen macht eine andere Route einfacher oder schwerer zu benutzen.

Nicht jede Entscheidung hängt allerdings von uns ab. Es gibt Internalitäten und Externalitäten. Internalitäten obliegen unserer Kontrolle, wir können mitbestimmen. Externalitäten sind von außen gesteuert. Auch wenn es so klingen mag, als ob das naheliegend wäre, selbstverständlich ist es doch nicht. Einmal gibt es die Fälle von Organisationen, die meinen, gewisse Externalitäten unter Kontrolle zu haben, und auf der anderen Seite gibt es den viel zu häufigen Fall, dass man Internalitäten als außerhalb des eigenen Einflussbereiches liegend betrachtet. So werden manche internen Firmenregeln nicht nur als nicht änderbar betrachtet, sondern es wird erst gar nicht erkannt, dass sie vorhanden sind und Entscheidungen beeinflussen. Zu den Externalitäten zählen beispielsweise die Handlungen anderer Teilnehmer in unserem Wirtschaftssektor, soziale und politische Bewegungen, die teilweise spontan auftreten können wie der Brexit oder die Machtergreifung autokratischer Parteien, technologische Fortschritte im eigenen und in anderen Sektoren, welche die Karten neu mischen, oder Umweltänderungen.

Um also Zukunft zu erfassen, müssen wir uns der möglichen, wahrscheinlichen, plausiblen und bevorzugten Zukünfte bewusst werden und sie auf Plausibilität, den Zeithorizont sowie auf Internalitäten und Externalitäten „abklopfen".

Strategic Foresight

„Die Zukunft war ein Ding das nie kaputt werden konnte, weil es noch nicht die Chance hatte etwas zu werden."
– Sarah Dessen

All diese Methoden werden beispielsweise beim „strategischen Foresight" (Englisch: „Strategic Foresight") eingesetzt. Dabei werden Trends betrachtet, Daten analysiert und aus den vorliegenden Unsicherheiten alternative Szenarien entwickelt. Das erlaubt eine „Vergleichsplanung". Die alternativen Szenarien, die nicht alle gleich wahrscheinlich oder plausibel oder bevorzugt sein müssen, sind zwar nicht hundertprozentig vorhersehbar, aber sie können beeinflusst werden.

Sie tragen alle dazu bei, das Denken zu ändern, neue Einsichten zu generieren, flexibler zu werden und die Zukunft nicht einfach tatenlos auf sich zukommen zu lassen, sondern sie aktiv mitzubestimmen.

Die Stärke von Strategic Foresight beruht nicht auf den Überzeugungen oder dem Ruf einer Person. Gutes Foresight kann gelernt werden, wird im Team gemacht und beschreibt klar die zugrunde liegenden Annahmen für die entwickelten Szenarien und Vorhersagen. Ihre Aufgabe ist, eine Diskussion zur Zukunft zu ermöglichen und informierte Entscheidungen zu treffen.

Foresight kann gelernt werden und es ist immer besser, wenn Einzelpersonen und Organisationen selbst Foresight praktizieren, anstelle sich von „Autoritäten" die Zukunft vorhersagen und erklären zu lassen.

Prediction versus Forecast

> *Eine Vorhersage ist eine Geschichte über die Zukunft, die Erkenntnisse für die Gegenwart provoziert.* – Bob Johansen

Im Englischen gibt es zwei Begriffe für Vorhersagen, die sich von Foresight unterscheiden und für die es kein deutschsprachiges Äquivalent gibt. Es handelt sich um die Begriffe „prediction" und „forecast". Prediction ist eine Vorhersage, die mit Bestimmtheit die Zukunft vorhersagt. Forecast hingegen arbeitet mit Wahrscheinlichkeiten.

Die Vorhersage „Umfragen sagen, dass Donald Trump Präsident wird" ist eine Prediction. Der Satz „Donald Trump wird mit 70 Prozent Wahrscheinlichkeit Präsident" ist ein Forecast. Die Vorhersage mit der Bedeutung von *Prediction* kommt mit Bestimmtheit, es gibt sozusagen kein Entkommen vor diesem Schicksal. Die Vorhersage in der Bedeutung von *Forecast* wird mit Wahrscheinlichkeiten relativiert. Im Englischen spricht man deshalb beispielsweise bei Wettervorhersagen auch von „weather forecast" und nicht von „weather prediction".

Wann immer ich in diesem Buch von Vorhersagen oder Prognosen rede, dann meine ich „Forecasts".

Um gute und hilfreiche Vorhersagen auszuarbeiten, beachten Foresight-Praktiker mehrere Eigenschaften und Arbeitsweisen. Diese sind:

- Annahmen
- Präzision
- Kreativität
- Zusammenarbeit
- Demut

Wie eine Zukunft aussehen kann, beruht auf Annahmen und Überzeugungen, die man sowohl kennen als auch regelmäßig hinterfragen muss. Oft ist man sich impliziter Annahmen gar nicht bewusst, weil sie so selbstverständlich geworden sind, dass sie nicht erkannt werden. Foresight verlangt ein kontinuierliches Anpassen von Annahmen und den Wahrscheinlichkeiten des Eintretens einer Zukunft.

Einige Annahmen, mit denen in der Vergangenheit bereits selbst große Köpfe falschlagen, inkludieren:

- Menschen wollen eine Tastatur am Handy, um E-Mails verschicken zu können -> Touchscreens.

- Autos werden verkauft -> Autos werden in einem Sharingmodell benutzt.
- Menschen wollen nicht, dass jeder Einsicht in alle Aspekte des eigenen Lebens erhält -> die Menschen teilen freiwillig sehr viel private Informationen auf sozialen Medien.
- Unser Unternehmen verdient Geld, indem es Softwarelizenzen verkauft -> Abonnementmodell.
- Apple ist kein Konkurrent für Navigationssystemhersteller -> Am iPhone befand sich dann Google Maps und war obendrein gratis.
- Computer brauchen einen Bildschirm -> Sprachassistenten wie Amazon Echo/Alexa und Google Home.
- Die Wettbewerbslandschaft für künstliche Intelligenz wird ähnlich sein wie bei früheren Technologien.

Um der Annahmenfalle zu entkommen, ist Diversität in einem Team hilfreich. Neue und junge Teammitglieder kennen üblicherweise die Konventionen und Annahmen nicht und fragen nach. Menschen mit unterschiedlichem Hintergrund und Geschlecht, aus anderen Kulturen, mit anderer geschlechtlicher Orientierung oder politischen Vorlieben stellen nicht nur Fragen zu Annahmen, die eine Mehrheitsmeinung oder ein Mehrheitswissen einer Gruppe darstellt, sie können auch Randmeinungen und Randerfahrungen einbringen, die implizite und explizite Annahmen erst so richtig enthüllen.

Präzision verlangt die Recherche von Fakten und Daten sowie die Abschätzung der Auswirkungen. Das bedeutet nicht, dass eine Vorhersage präzise sein kann oder muss. Zu viele Informationen werden nicht verfügbar sein oder nicht genau abschätzbar. Auch soll man sich nicht von einem unangebrachten Sinn von hoher Präzision blenden lassen. Präzision dient hier als „Selbstdisziplinierungsmaßnahme" für Foresight-Praktiker, die sie zwingt, Details genauer anzuschauen, Annahmen zu hinterfragen und nicht einfach wegzuwischen oder darüber hinwegzusehen.

Kreativität wird benötigt, um Varianten von Szenarien entwickeln zu können und Einflüsse zu identifizieren, die eher kaum wahrgenommen werden oder für die weniger Zeit aufgewendet wird. Szenarien sollten dabei zumindest immer plausibel und möglich sein, aber den einen provokanten Aspekt beinhalten, der zum Nachdenken und Diskutieren anregt.

Foresight zeichnet sich durch einen kollaborativen Aspekt aus. Sie entsteht durch die Zusammenarbeit eines diversen Teams. Damit ist Foresight anders als eine Vision, die typischerweise von einer Person stammt und somit individuell ist. (Oder haben wir schon mal von einem „Visionskomitee" gehört?) Auch ist eine Vision eher ein „Schuss ins Blaue", der einmal aufgrund von selektierten Annahmen formuliert und nachträglich nicht mehr angepasst wird. Foresight hingegen ist ein kontinuierlicher Prozess, der von einem Team wiederholt angepasst wird. Die Zukunft wird hier als flexibel angesehen, als etwas sich Änderndes und Änderbares. Damit gründet sich Foresight auch nicht auf dem Glauben oder dem Ruf einer Person.

Darin unterscheidet sich Foresight auch von strategischer Planung. Letztere betrachtet eine bevorzugte Zukunft, Foresight hingegen berücksichtigt mehrere Varianten der Zukunft, ob bevorzugt oder nicht, plausibel oder nicht, wahrscheinlich oder nicht. Während strategische Planung dazu tendiert, nicht weiter als die nächsten fünf Jahre zu blicken, versucht Foresight, diesen Horizont zu erweitern und auf die nächsten fünf bis 15 Jahre zu schauen.

Ebenso hat eine strategische Geschäftsplanung eher den „Business Value" im Auge, während Foresight sich darauf konzentriert, welche Zukunft wir als Kunden, als Benutzer, als Menschen in den nächsten zehn bis fünfzehn Jahren haben wollen.

Beide haben aber eines gemeinsam: Sie wollen aktiv die Zukunft mitbestimmen. Foresight ist somit Design: Wir designen Zukünfte. Wir schauen darauf, welche Zukunft wir wollen und wie wir dahin kommen.

Und Demut sollte man deshalb haben, weil jeder, der sich mit der Zukunft beschäftigt, falschliegen wird. Also eigentlich öfter falschliegen und nur sehr selten recht haben wird. Der Grund liegt darin, dass wir nur bestimmtes Wissen haben. Einerseits wissen wir, was wir wissen. Wir wissen auch, was wir nicht wissen. Viel größer ist aber der Bereich des Wissens, von dem wir nicht wissen, dass wir es nicht wissen. Verwirrend?

Der US-Verteidigungsminister Donald Rumsfeld hatte das mal auf Fragen zu Beweisen für Massenvernichtungswaffen im Irak so ausgedrückt:

> *Es gibt bekannte Bekannte, es gibt Dinge, von denen wir wissen, dass wir sie wissen. Wir wissen auch, dass es bekannte Unbekannte gibt, das heißt, wir wissen, es gibt einige Dinge, die wir nicht wissen. Aber es gibt auch unbekannte Unbekannte – es gibt Dinge, von denen wir nicht wissen, dass wir sie nicht wissen.*

Zur Vervollständigung lässt sich das in einer 2x2-Matrix so darstellen:

	WISSEN (bekanntes / known)	UNWISSEN (unbekanntes / unknown)
BEKANNTES	known knowns	known unknowns
UNBEKANNTES	unknown knowns	unknown unknowns

Tabelle 1: 2x2-Matrix von bekanntem und unbekanntem Wissen

Dieses von Rumsfeld in seinem Zitat ausgelassene „unbekannte Wissen" („unknown knowns") ist für Unternehmen oft nicht weniger verwunderlich. Firmen haben innerhalb ihrer Organisationen viel Wissen lagernd, auf das nicht richtig zugegriffen werden kann, sei es aus fehlenden technischen Möglichkeiten oder weil Träger dieses Wissens an den Rand gedrängt und nicht gehört werden. Ebenso externes Wissen, das einfach abgegriffen werden könnte, es wird manchmal übersehen, weil man nicht über den Tellerrand schaut und Firmenvorschriften oder Management das vielleicht sogar aktiv verhindern.

Tatsächlich erklärte bereits ein persischer Poet im 13. Jahrhundert den Zusammenhang zwischen Wissen und Unwissen, Bekanntem und Unbekanntem – und das sicherlich poetischer, als unsere Foresight-Szenarien beschrieben werden:

- *Diejenigen, die wissen und wissen, dass sie wissen ... Sein Pferd der Weisheit wird den Himmel erreichen.*
- *Diejenigen, die wissen, aber nicht wissen, dass sie wissen ... Er schläft schnell ein, sodass man ihn aufwecken muss.*

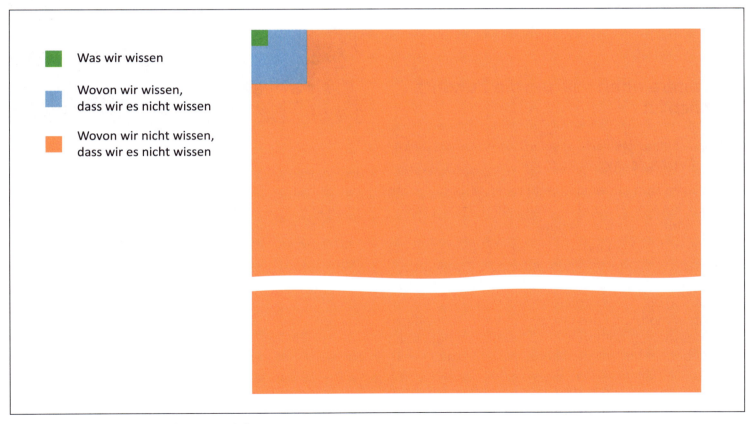

Abbildung 1: Bekanntes und unbekanntes Wissen

- *Diejenigen, die nicht wissen, aber wissen, dass sie nichts wissen … Sein lahmendes Maultier wird ihn schließlich nach Hause bringen.*
- *Diejenigen, die nicht wissen und nicht wissen, dass sie nichts wissen … Er wird auf ewig in seiner Vergessenheit verloren sein.*

Wie können wir also mit unserem „Pferd der Weisheit den Himmel erreichen"?

Kassandra oder: Warum die Zukunft weiblich ist

Jeder gute Katastrophenfilm beginnt mit einem Wissenschaftler, dessen Warnungen ignoriert werden.

Vorhersagen sind untrennbar mit Frauen verbunden. Mit schönen Frauen. Zumindest wenn man alten griechischen Schriften Glauben schenken möchte.

Im antiken Griechenland war das Orakel die Stätte der Vorhersage, wo Priesterinnen auf einem Drogentrip – als nichts anderes sind die Dämpfe und Weihräuche zu bezeichnen, die sie einatmeten – mit den Göttern Kontakt aufnahmen, um Hinweise zu erhalten, die Königen und Kriegsherren bei ihren Entscheidungen halfen. Es wurden höhere Instanzen angerufen, während bei Hellsehern – auch hier zumeist Frauen – der Flug der Vögel, die Innereien von Tieren, die Glaskugel oder der Teesud diese Aufgabe übernahm. Kartenlegen und Handlesen zählen auch heute noch zu den populäreren Methoden,

Abbildung 2: Traditionelles Lesen der Zukunft aus Hühnern

der Ungewissheit der Zukunft ein Schnippchen zu schlagen. Selbst in unseren Zeiten finden moderne Varianten, wie etwa Paul der Krake, der alle Spielergebnisse der deutschen Nationalmannschaft bei der Fußball-WM 2010 „korrekt vorhersagte", großen Anklang beim Publikum. Und ich habe Bekannte aus Asien, die bei Familienfeiern nach wie vor aus Hühnerknochen, Schnäbeln und Krallen die Zukunft lesen.

Während diese Methoden vor allem zu den Chancen in Liebesdingen, Wünschen nach Reichtum und Ruhm oder Auskunft um Gesundheit und Kinderwunsch herangezogen wurden und Personen aktiv nach der Zukunft fragten, so ist eine andere Kategorie von Vorhersagen eher aufgedrängt und unerwünscht. Es handelt sich dabei um Warnungen vor einem bevorstehenden Desaster.

Und auch hier spielt eine Frau eine zentrale Rolle. Und dazu begeben wir uns ins antike Griechenland.

Die Tochter des trojanischen Königs Priamos und seiner Frau Hekabe war nicht nur wunderschön, sie hatte auch die Gabe der Weissagung. Kein Wunder, dass sie die Aufmerksamkeit der Götter auf sich zog. Nicht nur heute, sondern schon damals versuchten die Mächtigen, sexuelle Begünstigungen zu erhalten, und reagierten bei Abweisungen auch nicht anders, als wir es heute sehen. Sie rächten sich. In diesem Fall war es Apollon, Gott für Musik und Künste, den die Königstochter zurückwies, und er rächte sich dafür bitterlich. Er verfluchte sie und ihre Nachkommen, auf dass niemand ihren Weissagungen Glauben schenken werde. Kassandra – so ihr Name – wurde zum Synonym für Weissagungen, denen niemand Glauben schenken will.

Seit diesem #MeToo-Moment nennen wir diese tragischen Gestalten „Kassandrarufer", die mit ihren Vorhersagen recht hatten, denen aber niemand glauben will bis die Katastrophe tatsächlich eintritt. Hellseher, Kassandras und Weissager leben nicht ungefährlich. Landeten sie früher oftmals auf dem Scheiterhaufen oder erlitten ein vorzeitiges Ableben – so etwa wollen die Gerüchte um den mysteriösen Tod von dem Kraken Paul nicht verstummen; war etwa ein gegnerisches Team schuld daran? –, riskieren sie heute eher Entlassung und Rufmord.

Liegt es vielleicht daran, dass das Weissagen eine weiblich dominierte Profession zu sein scheint, und man deshalb der Kunst der Trenderkennung und Vorhersage wenig Respekt und Anwendung in Unternehmen zollt?

Damit wir nicht in die Situation geraten, Vorhersagen als Kassandrarufe abzutun und uns damit verwundbar zu machen, haben Richard Clarke und R.P. Eddy in ihrem Buch *Warnings: Finding Cassandras to Stop Catastrophes*[4] den sogenannten „Kassandrakoeffizienten" eingeführt. Dabei handelt es sich um die Wahrscheinlichkeit, dass die Warnungen eines Individuums ignoriert werden, obwohl es damit vermutlich richtigliegt.

Wie aber lässt sich herausfinden, ob eine Person eine Kassandra ist, also vermutlich mit der Vorhersage recht hat? Schließlich wollen wir uns nach Eintritt der Katastrophe nicht sagen lassen müssen, dass wir es wussten, die Warnungen aber willentlich ignorierten. Dazu betrachten wir die vier folgenden Elemente:

1. Die Warnung, die Bedrohung oder das Risiko
2. Die Entscheider und/oder das Publikum, die zu reagieren haben
3. Der Vorhersager oder mögliche Kassandra
4. Die Kritiker, welche die Warnung zurückweisen oder abwiegeln

Diese vier Elemente – Warnung, Entscheider, Kassandra, Kritiker – weisen dabei zumeist mehrere der in Tabelle 2 aufgezählten Eigenschaften auf.

---

[4] Richard A. Clarke, R.P. Reddy; Warnings: Finding Cassandras to Stop Catastrophes; HarperCollins, New York, 2017

Nicht zuletzt wegen schlechter Erfahrungen, wie beispielsweise beim Angriff der Japaner auf Pearl Harbor, führten die USA eine offizielle „Kassandra" – den sogenannten „National Intelligence Officer For Warning" – beim CIA ein. Das war nicht eine Person, sondern ein Team von „Unangepassten", sogenannten „Misfits", die innerhalb der traditionellen Bürokratie aufgrund ihrer unkonventionellen Denkweise, ihres Verhaltens oder ihres Arbeitsethos angeeckt waren.

Doch ihre Zukunftsanalysen sind nur dann hilfreich, wenn diese Dienstleistungen von anderen berücksichtigt und geschätzt werden. Und das werden sie häufig nicht.

Hinzu kommt, dass wir dazu neigen, nicht zwischen Meldung und dem Überbringer der schlechten Nachricht zu unterscheiden. Stanfordpsychologieprofessor Lee Ross nannte das den „Attributionsfehler".[5] Wir weisen charakterlichen Eigenschaften des Überbringers so viel Bedeutung zu, dass wir Schwierigkeiten haben, die Meldung selbst zu betrachten.

Es ist deshalb nicht verwunderlich, dass die Warnungen der Kassandras vor allem an den Charaktereigenschaften der Kassandras gemessen werden. Und da sie oft von anderen als Pessimisten, als Störenfriede, als Neinsager gesehen werden, wird das den Warnungen ebenso zugeschrieben.

Über die Zukunft nachzudenken ist hart, weil wir geistig in der Vergangenheit verankert sind. Wir haben verstanden, wie Dinge funktionieren und welchen Sinn sie machen, und wir versuchen, die Zukunft damit zu vergleichen. Deshalb entwickeln sich „offizielle Zukünfte", wie Unternehmen oder Personen die Zukunft sehen und „vorhersagen". Die offiziellen Jahresvorschauen von Nokia basierten auf Modellen und Erfahrungen der Vergangenheit.

Eine Harvard-Studie zeigte bei der Messung von Gehirnströmen, dass Testprobanden bei der Aufgabe, an die Vergangenheit zu denken und sich eine Zukunft vorzustellen, stark überlappende Teile des Gehirns einsetzten.[6]

Eine weitere Erschwernis beim Denken an die Zukunft ist unser Wunsch nach Präzision oder vermeintlicher Präzision. Das spiegelt sich in den oftmals absurden Genauigkeiten, wo bis auf ein oder zwei Dezimalstellen Genauigkeit vorgegaukelt wird, die so nicht existiert. Bestes Beispiel ist hier die Vorhersage der Wahlchancen der Kandidaten bei den US-Präsidentenwahlen 2016. In einer Analyse wurden Hillary Clinton Chancen von 84,6 Prozent zugesprochen, die Wahlen zu gewinnen. Sehr präzise, bis auf eine Dezimalstelle, aber leider zu hundert Prozent falsch.

---

[5] https://de.wikipedia.org/wiki/Attributionsfehler

[6] Schacter DL, Addis DR; The cognitive neuroscience of constructive memory: remembering the past and imagining the future. Philos Trans R Soc Lond B Biol Sci. 2007 May 29; 362(1481): 773–86. https://www.ncbi.nlm.nih.gov/pubmed/17395575

Warnung	Entscheider	Kassandra	Kritiker
Darauf ist keine Antwort verfügbar.	Die Verantwortung ist auf zu viele Personen verteilt.	Ist ein bewährter, sachkundiger Experte.	Weist darauf hin, dass sich die Wissenschaft bislang darüber ausschweigt.
Das vorhergesagte Ereignis tritt zum ersten Mal auf (Initial Occurrence Syndrome).	Sind gefangen in einer bereits definierten Agenda.	Verfügt über eine abschreckende Persönlichkeit.	Ist persönlich oder beruflich darin involviert.
Der Konsens fehlt.	Sind aufgrund der hohen Komplexität des vorhergesagten Ereignisses überfordert.	Unterstützt die Vorhersage durch Daten.	Weist Nichtexperten ab.
Sie überfordert durch das Ausmaß der Auswirkungen.	Haben ideologische Gründe, sie zu ignorieren.	Ist ein Querdenker/Grundbegriffdenker.	Glaubt, dass jetzt nicht der richtige Zeitpunkt vorliegt.
Sie wirkt absolut übertrieben.	Sind Feiglinge.	Ist ein Fragesteller.	Sein Ruf oder die Ressourcenzuteilung ist davon bedroht.
Sie zeichnet sich durch eine unsichtbare Offensichtlichkeit aus.	Geben sich mit der erstbesten Antwort/Lösung zufrieden.	Hat das Gefühl von persönlicher Verantwortung.	
	Sind unfähig, das Ungewöhnliche am vorhergesagten Ereignis wahrzunehmen.	Verfügt über ein hohes Maß an Ängstlichkeit.	

Tabelle 2: Bestimmung des Kassandra-Koeffizienten

Rückschaufehler

> *Wir sind uns nicht sicher, und wenn wir uns nicht sicher sind, dann werden wir das Problem ignorieren.*
> – Die Stadtführer von Troja zu Kassandra

„Das habe ich doch immer schon gesagt!" Oder: „Das hätte ich dir gleich sagen können!" Schon mal gehört?

Das sind wohl die nervigsten Sätze, die man hören kann. Im Nachhinein hat jeder immer recht, war alles immer vorherzusehen. Kein Wunder, dass es in Unternehmen meist zu Bestrafungsaktionen kommt, wenn etwas schiefgeht und bei einem nachfolgenden „Post-Mortem" sich dann herausstellt, dass man das „vorher hätte wissen können".

In der Psychologie wird das als der Rückschaufehler (Englisch: „Hindsight Bias") bezeichnet. Dabei handelt es sich um eine kognitive Verzerrung, bei der nach Eintritt des Ereignisses dessen Vorhersehbarkeit überschätzt wird.

Nassim Nicholas Taleb, der Autor von *„Der Schwarze Schwan: Die Macht höchst unwahrscheinlicher Ereignisse"*, schildert seine Jugend im Libanon. Das Land geriet in einen Bürgerkrieg, und was ihn dabei erstaunte, war, dass seine Eltern und Großeltern, die in ihrem Heimatland politisch aktiv und gut vernetzt waren, also Zugang zu vielen Informationen hatten, jedes Mal so falschlagen. Ihre Einschätzungen, was passieren würde, unterschieden sich völlig von dem, was dann passierte und wie sie es nachträglich erklärten. Aus den nachträglichen Erklärungen erschien es unvermeidlich, dass es dazu kommen musste. Egal wie der Konflikt im Libanon eskalierte, keiner der Schritte, die zur nächsten Eskalationsstufe führten, war von seinen Verwandten vorausgesehen oder als möglich betrachtet worden. Nachträglich schien es in ihren Erklärungen immer unvermeidlich gewesen zu sein. Der Rückschaufehler lässt grüßen.

Dank des Rückschaufehlers verwandelt sich manch einer nachträglich gerne in eine Kassandra. Nämlich dass er oder sie es anhand der Daten schon vorher gewusst hätte. Doch die Warnung wurde nicht gegeben, weil sie eben keine echten Kassandras sind, sondern nach dem Ereignis dem Rückschaufehler verfielen. Auch Schätzungen, die vor Eintritt des Ereignisses abgegeben wurden, werden bei einem Rückschaufehler oft nachträglich in die Richtung des Ereignisses verzerrt.

Tragisch ist, dass eine echte Kassandra wirklich oft erst nachträglich identifiziert wird, weil vorher – aus genannten Gründen – zu viel Verwirrung besteht, ob der Warner eine Kassandra oder ein Angsthase ist.

Sophistikationseffekt

Vor einigen Jahren hörte ich Start-up-Pitches vor Risikokapitalgebern in Palo Alto zu. Mehrere hoffnungsfrohe Gründer fieberten der Gelegenheit entgegen, vor den vier Investoren Ihre Geschäftsidee und Technologie vorzustellen und Investitionen zu erhalten. Wie es im

Silicon Valley üblich ist, waren die Gründer sehr salopp gekleidet, Sportschuhe, Jeans und vergilbte T-Shirts herrschten vor. Einer aber stach hervor. Im Anzug, eifrig umwieselt von einer langbeinigen Assistentin. Kompetenz und Status ausstrahlend, war er schon im Vorfeld in Gespräche mit den Venture Capitalists vertieft.

Als es dann zu den Pitches kam, bei denen innerhalb von 90 Sekunden das Wesentliche der Start-up-Idee vorgebracht werden musste und worauf dann eine Frage- und Bewertungsrunde folgten, konnte derselbe Anzugträger niemandem auch nach mehrmaligem Nachfragen verständlich machen, was er eigentlich vorhatte und was seine genaue Idee wäre. Das war ein extremer Fall von Diskrepanz zwischen Kompetenz – oder eher Eloquenz – und äußerem Erscheinungsbild und Auftreten.

Selbst erfahrene Leute sind nicht davor gefeit, um den Finger gewickelt zu werden, wenn Selbstvertrauen, Habitus, Geschlecht über mangelnde Inhalte und Grundlagen hinwegtäuschen.

Wenn dann noch rhetorische Gewandtheit ins Spiel kommt, die Person komplexe und durchdacht scheinende Sätze vorträgt, die den Eindruck erwecken, der Sprecher wisse ganz genau, wovon er spräche, und man als Zuhörer vielleicht sogar einige der Begriffe und Zusammenhänge nicht versteht, dann tritt der „Sophistikationseffekt" (Englisch: „Sophistication Effect") auf. Sowohl der Vortragende als auch die Zuhörer werden geblendet, die Aussagen erscheinen als „richtiger" und „gewichtiger".

Die Person kann, muss aber nicht wirklich ein Blender sein. Es kann sich tatsächlich um einen Experten handeln, der aber im gegebenen Fall mit (teilweise unbewusst) falschen Informationen und Annahmen arbeitet. Hinzu kommt, dass gerade solche Menschen über ein größeres Vokabular zum Themenbereich verfügen und deshalb ihre Argumente als die besseren und überzeugenderen erscheinen.

Dem Physik-Nobelpreisträger Richard Feynman war dieser Effekt bereits bekannt.

Nun ja, ich bin keiner, der viel Selbstvertrauen hat. Und ich betrachte das als Vorteil. Man muss bei jeder Schlussfolgerung sehr skeptisch sein, vor allem bei den eigenen, denn man selbst ist der am leichtesten in die Irre zu führende Narr.

Ampeleffekt

Seit ich nach vielen Jahren als Entwickler und Technologieforscher als unabhängiger Berater mit Managern zu tun habe, begegne ich auch immer wieder Beraterkollegen und Analysten aus renommierten Häusern. Für mich selbst habe ich als ein Unterscheidungsmerkmal erkannt, dass ich gerade deshalb zu Vorträgen und Projekten angefragt werde, weil ich einen eher unverblümten Zugang zu den Auswirkungen von Technologietrends habe. Ich brauche wenig Worte und sage offenherzig, was Sache sein könnte.

Der Grund, warum ich das mache, basiert auf einem Buch von Stanford-Professor Robert Sutton mit dem Titel *Der Arschloch-Faktor*. Darin hatte er damals die Kriterien aufgezeigt, die ein „Arschloch" prägen, und festgestellt, dass jeder von uns einmal vorübergehend diese Kriterien erfüllen kann. In dem Moment, wo man ein Arschloch ist, egal ob temporär oder permanent, hilft es, wenn man auf den Kopf zugesagt kriegt, dass man ein Arschloch ist oder sich gerade so verhält. Subtile Andeutungen helfen nicht, eine direkte Benennung des Problems weckt auf.

Genauso verhält es sich mit drohenden Zukünften, die wenig erfreulich für eine Organisation sind. Schlechte Nachrichten, die zu großen Umbrüchen im Unternehmen führen, werden nicht gerne gehört. Beratungshäuser wissen, dass sie den Vorständen und Mitarbeitern die ganze Wahrheit oft nicht zumuten können. Auch wenn die Berater durch ihre Tätigkeit mit verschiedenen Unternehmen und Industrien eine größere Übersicht erlangen, reagieren manche Unternehmen eben wie auf eine Kassandra. Sie verwechseln die Meldung mit dem Überbringer.

Große Beratungshäuser wollen natürlich Folgeaufträge, deshalb wird die Wahrheit mit Weichspüler gewaschen. Es wird ein bisschen Dringlichkeit vermittelt, aber nicht zu viel. Es wird ein Krisenszenario erstellt, aber in der Bedeutung heruntergespielt.

Ich kenne das Problem aus der Unternehmenswelt als Mitarbeiter. Dort werden bei der Produktentwicklung auf jeder Ebene Statusberichte gemacht. Die werden dann von Teamleitern und Produktmanagern in „Ampeln" kodiert. Grün für „Alles nach Plan!" oder „Erledigt!", Gelb für „Wir arbeiten dran!" und Rot für „Wir haben ein Problem!" oder „Offene Baustelle!".

Die Detailberichte und Ampeln werden dann an die nächste Managementebene hochgereicht. Da die Detailberichte kaum jemand liest und auf den Präsentationsfolien ohnehin nur beschränkt Platz ist, werden die Ampeln übernommen und mit anderen Ampeln zusammengefasst und aggregiert. Das geht an die nächste Ebene bis ganz nach oben. Und dort – wie bei „Stiller Post" – kommt was ganz anderes raus, als die Ampeln auf der untersten Ebene eigentlich gesagt haben. Je höher es hinaufgeht, desto grüner und unkritischer wird alles.

Das passiert erstens, weil die Ampeln keine präzise Messmethode sind, die Teams keine Richtlinien haben, was denn nun wirklich als grün oder rot zu gelten hat, ob Zwischenfarben erlaubt sind und die drei Farben hohe Interpretationsspielräume zulassen. Die Ampeln sind schon von Beginn an wenig aussagekräftig.

Zweitens will keines der Teams und Manager als Nachzügler dastehen und zu den Problemverursachern zählen. Wer will schon unnötige Aufmerksamkeit des obersten Managements auf sich lenken?

Das führt dann zum Ampeleffekt, wo alles grün und nach Plan aussieht. Auf der Basis dieser Ampeln werden Entscheidungen getroffen und Ankündigungen gemacht, bei denen man dann öfter zurück- als vorwärtsrudern muss und alle sich wundern, wie das passieren konnte.

Diesen Ampeleffekt, der einem Einlullen des Managements vor den Zukünften beim Foresight gleichkommt, beobachte ich immer wieder bei solchen Konstellationen von Beratungshäusern und Unternehmen. Ich hätte ihn auch „Beratereffekt" oder „Einlulleffekt" nennen können.

Foresight Mindset – Prozess

> *Ich habe gelernt, dass es viel einfacher ist, etwas zu bauen, als jemanden zu überzeugen.*
> – Paul Baran, Mitgründer des Institute for the Future

Wir packten gerade unsere Workshop-Materialien im Hanahaus, einem Co-Workingspace in Palo Alto, ein, als einer der Kursteilnehmer eine Frage an mich stellte:

> *„Mario, wie lautet denn der nächste Trend bei Geschäftssoftware?"*

Die Delegation eines kleinen Softwarehauses aus Südtirol war auf Besuch im Silicon Valley, um neueste Trends zu sehen und Inspiration zu erhalten. Am Vormittag hatte ich mit ihnen einen kleinen Workshop zu Innovationsmanagement und Kreativitätstechniken abgehalten, als diese Frage aus dem Nichts kam. „Welches ist der nächste Trend?"

Diese Frage stellen sich viele Manager und Investoren, will doch keiner die Zukunft verpassen und das eigene oder anvertraute Unternehmen den Bach runtergehen sehen oder sich eine Investitionsmöglichkeit durch die Lappen gehen lassen.

Wie immer, wenn ich nicht gleich eine Antwort auf eine Frage weiß, gehe ich mental einen Schritt zurück. Ich versuche nicht, eine Antwort auf die Frage zu finden, sondern die Motivation für die Frage zu verstehen. Was ist sozusagen der Kern der Frage? Welches sind die Hintergründe? Auf welchen Annahmen basiert sie? Was ist das „First Principle"?

Manche Futuristen versuchen, solche Fragen mit Szenarien zu beantworten. Sie beschreiben die Welt, wie sie in Zukunft sein wird. Allerdings stößt man dabei gleich in mehrfacher Sicht an die Grenzen. Eine Projektion eines Trends für eine Industrie oder Entwicklung zu beschreiben setzt voraus, dass man sich mit der Branche eingehender beschäftigt hat. Während das für einige wenige Industrien und Trends darin möglich ist, ist es aber aussichtslos, wenn man in jedem Feld die neuesten Trends verfolgen möchte. Mit Geschäftssoftware hatte ich zwar jahrelang zu tun, aber seit einiger Zeit verfolgte ich diese Branche nicht mehr aus der Nähe. Jede direkte Antwort konnte also nur ein Stochern im Nebel sein.

Der Fragesteller hatte eigentlich eine ganz andere Frage im Sinn, eine, die er selber so nicht formuliert hatte beziehungsweise vermutlich gar nicht realisierte, dass er sie hat. Diese eigentliche Frage lautet:

> *„Wie kann ich den nächsten Trend bei Geschäftssoftware frühzeitig erkennen, sodass ich davon nicht unvorbereitet überrollt werde?"*

Und das ist der eigentliche Kern dieses Buches. Es geht darum, bessere Fragen über die Zukunft zu stellen, damit bessere Antworten gefunden und bessere Entscheidungen getroffen werden können.

Dabei geht es weniger um die Genauigkeit, ob die Zukunft exakt so eintrifft wie beschrieben, sondern um die

Nützlichkeit einer solchen Vorhersage. Foresight Thinking soll helfen, bessere Entscheidungen zu treffen, und zwar bereits heute.

Zukunftsszenarien sind nützlich, um eine größere Breite an Möglichkeiten zu betrachten, um Menschen hinter eine gemeinsame Sicht der Zukunft zu vereinen und auch den Glauben daran zu erschüttern, dass das, was sich bis heute als tauglicher Ansatz erwiesen hat, auch in Zukunft ohne Wenn und Aber tauglich sein wird. Auf Foresight Thinking folgen Einsichten und Erkenntnisse.

Foresight-Mindset-Rad

> *Über die Zukunft nachzudenken hilft, besser informierte Entscheidungen in der Gegenwart zu treffen.* – Leland Shupp

Foresight Mindset kann als mehrstufiger, systematischer Prozess verstanden werden, um die Zukunft anzupacken. Ziel dabei ist, mögliche, plausible, schlüssige und etwas aufrührerische Zukunftsszenarien zu entwickeln. Das vorrangige Ziel ist dabei nicht, eine Vorhersage zu treffen, sondern Szenarien zu entwickeln, die Erkenntnisse zulassen und Handlungen auslösen sollen. Der Prozess und das Ergebnis sollen provozieren, um heute bessere Entscheidungen treffen zu können.

Foresight beginnt mit der Phase 1 *Vorbereitung* und vor allem mit einer guten Frage. Was eine solche gute Frage ausmacht, auf das werden wir später noch genauer eingehen. Aus der Phase 2 *Foresight* folgen in Phase 3

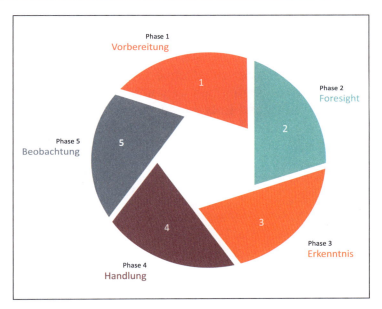

Abbildung 3: Fünf Phasen des Foresight-Mindset-Prozesses

Erkenntnisse und Einsichten, die zu Phase 4 *Handlungen* führen sollten. Auch eine Nichthandlung ist eine Handlung. Zum Schluss bleibt Phase 5 *Beobachten*, wo Änderungen verfolgt und die Szenarien entsprechend angepasst oder gewählt werden.

Handeln bedeutet, neue Angebote und Produkte zu erstellen, Pläne und Annahmen zu evaluieren und anzupassen, zu fokussieren und Prioritäten zu setzen, die Mitarbeiter und die Organisation vorzubereiten, zu stimulieren und provozieren und bevorzugte Zukünfte mit den organisatorischen Werten zusammenzubringen.

Jeder Prozessschritt kann aus einer Vielzahl von Methoden schöpfen. Diese wiederum sollen helfen, gute Fragen zu stellen, Annahmen zu identifizieren und zu hinterfragen, Muster zu erkennen, auf andere Industrien und Disziplinen einen genaueren Blick zu werfen und dann informiert Entscheidungen zu treffen, um die Zukunft aktiv mitgestalten zu können und nicht darauf nur reagieren zu müssen.

> Der Foresight-Mindset-Prozess unterteilt sich konkret in fünf Phasen:
>
> **Phase 1: Vorbereitung**
>
> 1.1 | Zukunftsmindset aneignen
>
> 1.2 | Sich Trugschlüssen und Annahmen bewusst werden
>
> 1.3 | Zukunftsfragen stellen
>
> 1.4 | An der Zukunft orientieren
>
> **Phase 2: Foresight**
>
> 2.1 | Signale analysieren und Trends erkennen
>
> 2.2 | Triebkräfte identifizieren
>
> 2.3 | Konsequenzen und Möglichkeiten ausmalen
>
> 2.4 | Alternative Zukünfte beschreiben
>
> 2.5 | Zukunft an die eigene Situation anpassen
>
> **Phase 3: Erkenntnis**
>
> 3.1 | Übergreifende Auswirkungen identifizieren
>
> 3.2 | Risiken und Chancen priorisieren
>
> 3.3 | Die bevorzugte Zukunft beschreiben
>
> 3.4 | Neue Fähigkeiten und Widerstandskräfte aufbauen
>
> **Phase 4: Handlung**
>
> 4.1 | Handlungsplan erstellen
>
> 4.2 | Strategische Pläne austesten und lernen
>
> 4.3 | Zukunft messbar machen
>
> 4.4 | Ein Netzwerk an Mitstreitern versammeln
>
> **Phase 5: Beobachtung**
>
> 5.1 | Signale und Trends langfristig verfolgen
>
> 5.2 | Handlungskette auslösen
>
> 5.3 | Szenarien und Pläne anpassen
>
> 5.4 | Verantwortliche auf dem Laufenden halten

Der Foresight-Mindset-Prozess endet klarerweise nicht mit Phase 5, sondern beginnt für neue Projekte von vorne und kann eventuell auch einen Schritt zurück machen, wenn neue Informationen bekannt oder Erkenntnisse gefunden werden. Er ist als ein iterativer Prozess anzusehen, der sich manchmal langsamer, manchmal schneller in beide Richtungen bewegen kann.

In den nächsten Kapiteln werden wir nun Methoden durchgehen, die uns für alle Phasen helfen.

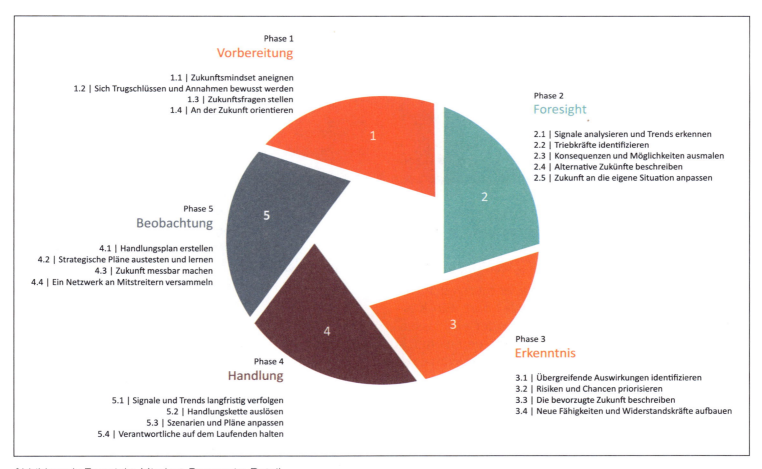

Abbildung 4: Foresight-Mindset-Prozess im Detail

Foresight Mindset – Vorbereitung

> *Die Vergangenheit kann nicht geändert werden, die Zukunft steht allerdings noch in unserer Macht.* – Mary Pickford

Wenn ich einen Hammer habe, dann sieht jedes Problem wie ein Nagel aus. Bevor wir uns also die Werkzeuge ansehen, müssen wir einerseits die Grundlagen der Werkzeuge verstehen, die wir verwenden und wo wir damit mehr Schaden anrichten können als Lösungen finden, und andererseits wie wir uns geistig auf die Aufgaben vorbereiten.

Ein Handwerker muss nicht nur das richtige Werkzeug verwenden, um ein Loch zu bohren, er muss auch wissen, an welchem Objekt er das Loch bohrt. Ein Kästchen in einer Blockhütte aufhängen oder ein wissenschaftliches Gerät in einer Raumstation fixieren braucht mentale Vorbereitung und Kontext. Da fällt maximal das Kästchen runter – was an sich schon schlimm genug ist, aber dort gefährdet ein falsch angebrachtes Loch die Sicherheit von Astronauten in der Erdumlaufbahn.

Unsere Organisationen umkreisen die Welt der Wirtschaft und unsere Gesellschaft. Foresight-Praktiker und Teammitglieder, welche die Fallstricke und Tücken nicht kennen, die sich nicht die Mühe mit dem Kontext machen, die gefährden das Unternehmen und alle davon Abhängigen. Deshalb betrachten wir zuerst eine Reihe von Zusammenhängen, Heuristiken, Trugschlüssen und sonstigem „Menschelnden", deren Wirken wir verstehen müssen und nicht vergessen dürfen.

Long Nose Innovation

> *Erfolgreiches Investieren ist, wenn man die Vorhersagen der anderen vorhersagen kann.* – John Maynard Keynes

Spätestens 2006 wurde klar, dass alle Technologien und Geschäftsmodelle vorlagen, die Smartphones ermöglichten. Es gab Touchscreens, Betriebssysteme, Apps und App-Stores, Kameras in Telefonen, GPS, Batterien, Handynetzwerke und WLAN sowie Anwendungen, die nur darauf warteten, auf mobilen Geräten eingesetzt zu werden. Google Maps, YouTube, MP3-Player oder E-Mails.

Wenn diese Bausteine vorhanden sind, kommt früher oder später jemand auf die naheliegende Idee, diese zu kombinieren. Es ist nur eine Frage der Zeit, bis es jemand macht. Das Benachbarte wird möglich und so wird es auch genannt: das „benachbarte Mögliche". So wie man von einem Raum durch den anderen schreitet – und nicht Räume überspringen kann –, werden vorhandene Bausteine kombinierbar.

Bereits 1922 stellten zwei Forscher der Columbia-Universität eine Liste an 140 Erfindungen und Entdeckungen zusammen, bei denen die Erfinder, unabhängig voneinander, ohne voneinander zu wissen, in unterschiedlichen Ländern oder sogar auf unterschiedlichen Kontinenten dieselbe Erfindung oder Entdeckung innerhalb einer kurzen Periode gemacht hatten.[7]

Tatsächlich hatten die 2006 dominanten Hersteller wie RIM mit dem Blackberry oder Nokia bereits erste Kombinationen geschaffen, die ihnen auch einen Wettbewerbsvorteil brachten. RIM mit dem Blackberry Smartphone war synonym für E-Mail am Handy. Andere setzten voll auf die Möglichkeit, dass damit auch Musik gehört werden konnte.

Obwohl alle diese Möglichkeiten sahen, war es ein Außenseiter wie Apple, der die Zukunft definierte und mit dem iPhone gleich mehrere Industrien veränderte und andere erst ermöglichte.

Technologiebausteine alleine reichen aber nicht. Der gewählte Zeitpunkt muss auch auf Menschen treffen, die darauf vorbereitet sind. Man kann das so formulieren, dass die Menschen sich erst der Probleme bewusst werden müssen, die vorhergehende Technologien ihnen gebracht haben. Anfänglich überwältigt eine neue Technologie die Menschen mit ihren Möglichkeiten. Sie muss in ihrem Potenzial zuerst verstanden werden, bis später ihre echten Limitationen klar werden. Und das wiederum öffnet die Tür für neue Technologien. Kommt eine neue Technologie, bevor den Menschen die Limitationen der alten klar geworden sind, wird die neue Technologie keine Akzeptanz finden.

Der Designer und Informatiker Bill Buxton, der bei Microsoft Research leitender Wissenschaftler ist, wies darauf hin, dass sich jede technologische Innovation bereits lange vor ihrem Durchbruch ankündigt. Sie existiert bereits mindestens 15 Jahre, bevor sie sichtbar wird, und braucht dann weitere fünf Jahre, bis sie ihre Wirkungen entfalten wird. Er nennt das die „Lange Nase der Innovation" („Long Nose of Innovation") in Anlehnung an Chris Andersons „Long Tail".[8]

Während Andersons „langer Schwanz" die Fähigkeit von Amazon beschreibt, nicht nur die Bestseller vorrätig zu halten, wie es bei physischen Läden der Fall ist, sondern auch den langen Schwanz an Produkten, die nur wenige Stück verkaufen, zusammengenommen aber trotzdem eine gewaltige Summe ergeben, so ist die lange Nase die Vorlaufzeit einer Technologie, bis sie den Durchbruch schafft.

Das iPhone kann direkt auf „General Magic" zurückgeführt werden. Das 1990 gegründete Unternehmen hatte versucht, ein Smartphone zu bauen, scheiterte aber letztendlich daran, weil die Technologie und vor allem die Menschen noch nicht bereit dafür waren. Siebzehn Jahre später kam mit dem iPhone dann ein Smartphone auf den Markt und entfaltete seine Wirkung.

---

[7] William F. Ogburn, Dorothy Thomas; Are Inventions Inevitable? A Note on Social Evolution; Political Science Quarterly Vol. 37, No. 1 (Mar., 1922), pp. 83–98

[8] Bill Buxton: The Long Nose of Innovation; Business Week 2. Januar 2008 http://www.businessweek.com/stories/2008-01-02/the-long-nose-of-innovationbusinessweek-business-news-stock-market-and-financial-advice

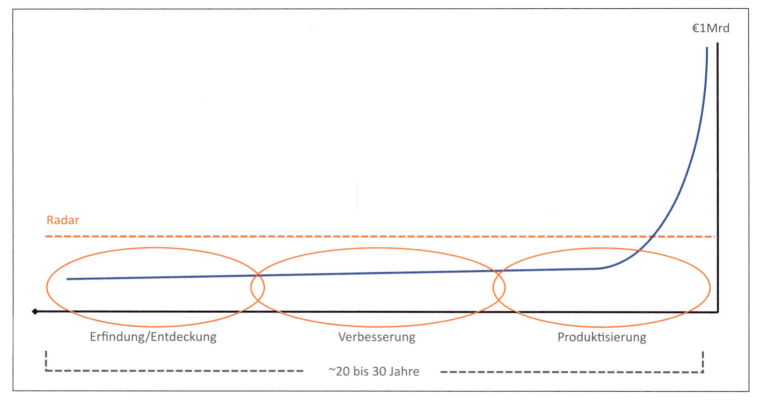

Abbildung 5: Lange Nase der Innovation

Die ernsthafte Entwicklung autonomer Autos begann mit dem DARPA Grand Challenge 2004. Fast genau 15 Jahre später spricht jeder davon und in fünf Jahren sollten die ersten Produktionsfahrzeuge auf den Straßen rollen.

Künstliche Intelligenz erlebte mit dem Sieg von IBMs „Deep Blue" gegen Schachweltmeister Garry Kasparow 1997 seinen Durchbruch. 20 Jahre später ist KI auf jedem Smartphone.

Selbst der Sputnik-Schock und die darauffolgende Reaktion der Amerikaner, ein eigenes Raumfahrtprogramm auf die Beine zu stellen, passt in diese 20- bis 30-jährige Periode. Sputnik wurde 1957 in den Orbit geschossen und 1969, nur 12 Jahre später, landeten Menschen auf dem Mond. Mit der Annahme, dass die Amerikaner bereits vorher rudimentäre Weltraumtechnologieforschung betrieben haben – nicht zuletzt dank der Arbeit des deutschen Raketenforschers Wernher von Braun –, dann trifft die Long Nose auch hier wieder zu.

Die Computermaus ist ein weiteres Beispiel. Sie wurde Mitte der 1960er-Jahre von William Englisch und Doug Engelbart entwickelt und vorgestellt, dann von Xerox PARC adaptiert und ab 1984 mit dem Macintosh Computer von Apple als Standardeingabegerät ausgeliefert und somit einem breiteren Publikum bekannt.

Mit den Aussagen der Long Nose fällt es auch leichter, abzuschätzen, ob eine Technologie noch zu früh da ist und sie zum jetzigen Zeitpunkt eher nicht zum Durchbruch kommen wird. Die Blockchain, deren zugrunde liegende Technologie 2008 herauskam, fällt mir da als Beispiel ein.

Allerdings ist die Long Nose keine physikalische Formel mit Universalgültigkeit. Sie basiert auf Beobachtungen ohne wissenschaftliche Untermauerung. Sie kann aber dabei helfen, bessere Abschätzungen zu erreichen. Dazu muss man Signale, Trends und andere kleinere und größere Änderungen und Wechselwirkungen erkennen. Und damit beschäftigen wir uns auf den kommenden Seiten.

Von kleinen Signalen zu großen Ereignissen

Viele schauen, aber nur wenige sehen.

Warum ist es für uns so schwer, die Zukunft zu erkennen? Um sie sehen zu können, müssen wir uns zuerst mal die Zeit dafür nehmen. Die tägliche Arbeit und die damit einhergehenden kleinen Aufgaben beschäftigen uns und bestimmen in weiten Bereichen unseren Tagesablauf. Selbst wenn wir uns die Zeit nehmen zu schauen, ziehen wir nicht immer die richtigen Schlüsse.

Zukunfts- und Trendforschung beginnt also damit, sich Zeit dafür zu nehmen. Jeden Tag eine halbe oder ganze Stunde dafür einzuplanen bringt im Monat bis zu 20 Stunden an Auseinandersetzung mit der Zukunft.

Sobald ich mir die Zeit dafür schaffe, muss ich verstehen, worauf ich zu achten habe. Wir sind ja umgeben von einer Kakophonie an Nachrichten und Meldungen, die unerbittlich auf uns niederprasselt. Von den Meldungen und Nachrichten sind nicht alle gleich wichtig oder gleich dringlich. Manche sind kleine Signaltöne, die nur kurzzeitig aufleuchten und verschwinden, andere halten länger an und deren Effekt summiert sich über die Jahre, zumeist im Zusammenwirken mit anderen Signalen. Dann gibt es solche, die sich ankündigen, dabei an Geschwindigkeit gewinnen und mit Wucht ankommen und alles ändern. Und dann gibt es diejenigen, die scheinbar aus dem Nirgendwo auftauchen, und nichts ist mehr so, wie es vorher war.

Von klein nach groß und langsam zu plötzlich. Auf diesem Spektrum befinden sich Signale, Trends, Megatrends, Big Shifts und Ereignisse.

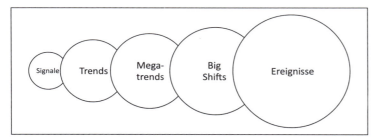

Sehen wir uns doch jedes Einzelne genauer an.

Signale

> *Jedes Essen, das eine lebende Ratte verschlungen hat, hat sie notwendigerweise nicht umgebracht.*
> – Samuel Revusky, Erwin Bedarf

Als 2010 von Apple das iPad angekündigt wurde, arbeitete ich noch bei der deutschen Softwarefirma SAP in Palo Alto. Natürlich hatten wir bereits in der ersten Verkaufswoche auch unser iPad erworben und es ausprobiert. Sehr rasch entdeckten wir, dass dieses Gerät sich vorzüglich für Geschäftsanwendungen eignen würde, allerdings mit einem großen ABER. SAPs Benutzerschnittstelle war nicht unbedingt als die benutzerfreundlichste bekannt und das iPad gab hier neue Möglichkeiten vor, es besser zu machen. Sobald meine Kollegen und ich begannen, gelungene und populäre iPad Apps zu analysieren, merken wir, dass wir Neuland betraten. Die populären Apps hatten irgendetwas, für uns nicht Greifbares an sich, das sie so erfolgreich machte.

Dabei erinnerte ich mich an die Aussage eines Kollegen von vor Jahren, der uns angeraten hatte, Videospiele zu analysieren. Und genau das tat ich. Ich googelte die Begriffe „Geschäftsanwendungen" und „Videospiel" und erhielt ein paar müde Treffer. Unter diesen Treffern tauchte auch ein Begriff auf, der mir bis dahin völlig unbekannt war: „Gamification". Eine weitere Suche nach diesem Begriff ergab gerade mal 400 Treffer. Ein Jahr später ergab derselbe Begriff mehrere Millionen Suchergebnisse und das Thema, wie man Spielelemente in anderem Kontext verwenden kann, hatte an Popularität zugenommen.

Gamification stellte Mitte 2010 nichts anderes als ein kleines lokales Signal dar. Ein Signal, das auf ein sehr kleines Feld beschränkt war. Dieser innovative Ansatz hatte aber das Potenzial, groß zu werden und Auswirkungen auf viele Disziplinen zu haben.

Und genau das ist ein Signal. Es ist eine kleine oder lokale Innovation mit dem Potenzial, zu skalieren, sowohl was die Größe, die Auswirkung als auch die geographische Verteilung betrifft. Signale können zu Clustern werden, die eine größere Geschichte zur Zukunft erzählen.

Wir übersehen oft diese Signale, weil wir einerseits nicht hinsehen, und selbst wenn wir sie erkennen, „erklären wir sie weg". Wir glauben zu gerne, dass es sich hier um ein „false positive" – sozusagen einen Messfehler – handelt oder dass dieses Signal keine Bedeutung und Relevanz hat. Gerade wenn man Experte ist, glaubt man, das theoretische und praktische Wissen zu haben, genau zu sagen, warum dieses Signal bedeutungslos sei.

Wie man vorgeht, damit einem selbst genau das nicht passiert, werden wir noch im Kapitel zu Signale/Horizont scannen lernen. Aber wie werden nun Signale zu Trends? Und was ist eigentlich ein Trend?

Trends

> *Ein Hype ist der peinliche und verzweifelte Versuch, Journalisten davon zu überzeugen, dass von dir Geschaffenes die Misere wert ist, darüber eine Rezension zu schreiben.* – Federico Fellini

Die Welt betitelte vor einigen Jahren den Besucherstrom deutscher Vorstandsetagen in das Silicon Valley mit einem süffisanten „Alphatiere auf Safari". So zugkräftig diese Schlagzeile auch war, so missverstanden haben die Medien die Ursachen und Beweggründe.

Von Managern wird erwartet, dass sie auf alles eine Antwort haben oder wenigstens einen Plan, um Antworten zu erhalten. Gleichzeitig sollen sie dabei Selbstsicherheit und Vertrauen ausstrahlen und Aktionäre, Mitarbeiter, Kunden sowie Öffentlichkeit dürfen nicht verunsichert werden. Es soll nicht der Eindruck vermittelt werden, das Management habe keinen blassen Schimmer, was es tut.

Keine Ahnung haben, wohin die Zukunft geht, ist aber genau das, was Delegationen implizit zugeben. Sie zeigen sich verwundbar, geben offen zu, dass sie große Lücken im Wissen darum haben, was als Nächstes kommt und wie sie sich darauf vorbereiten können oder zu reagieren haben. Und das ist gut so. Es braucht Größe, zugeben zu können, dass man etwas nicht weiß. Während meines Studiums bewunderte ich genau diejenigen Studienkollegen, die ihre Frage an den Professor mit dem mir so mutig erscheinenden Satz „Das habe ich jetzt nicht verstanden …" einleiteten. Diese Kommilitonen hatten nämlich die meiste Ahnung vom Fach und erkannten, wo ihnen die Antworten fehlten.

Die äquivalente Frage lautet: „Welches ist der nächste Trend?" Diese Frage ist nicht unbedingt die beste, aber wenn sie von Managern kommt, ist sie mutig. Und sie eröffnet die Suche und bedeutet den ersten Schritt auf der Reise in die Zukunft.

Trendtypen

Anstelle von Vorhersagen und Weissagungen reden wir lieber von Trends, wenn wir über die Zukunft sprechen. Ersteres klingt nach Aberglauben und wenig wissenschaftlich Belegbarem. Die Beobachtung und Analyse von Trends hingegen ist ein Instrument zur Beschreibung von Veränderungen und Strömungen in Bereichen der Gesellschaft, Politik oder Technologie sowie eine Abschätzung der Richtung der Entwicklungen. Trends sind inhärent schwierig zu erfassen. Befragt man drei Experten zu einem Trend, kriegt man vier diametral auseinanderliegende Meinungen.

Trend: Veränderung, die beobachtbar ist und einen zeitlich stetigen Verlauf vermuten lässt (Beispiel: Immer weniger Jugendliche machen einen Führerschein.)

Trendsignal: Informationen und Neuigkeiten, die größere Veränderungen auslösen könnten (Beispiel: Babyboom in Hamburg)

Emerging Trend: gerade entstehender Trend (viele Signale), weiterer Verlauf schwer abzuschätzen (Beispiel: Künstliche Intelligenz in Form von Siri, Amazon Echo oder Google Home dringt in Haushalte vor.)

Mikrotrend: Veränderung in kleinem Maßstab, regional ausgeprägt oder kaum beobachtbar (Beispiel: Steigende Zahl von Ein-Kind-Familien führt zu verändertem Verhalten in der Gesellschaft.)

Makrotrend: spezifische Ausprägungen der Megatrends. Sie beschreiben Teilströmungen, die einen unterschiedlichen Wirkungshorizont aufweisen (Beispiel: 3D-Drucker).

Megatrend: Trend in großem Maßstab, langanhaltend mit tief greifenden Veränderungen (Beispiel: alternde Gesellschaft)

Exponentieller Trend: ein Trend, der das Potenzial hat, eine Milliarde Menschen zu betreffen, und sich nicht linear, sondern als S-Kurve ansteigend exponentiell verbreitet (Beispiel: künstliche Intelligenz)

Metatrend: Bündelung von Trends und/oder Megatrends (Beispiel: demografische Veränderung)

Schlüsseltrend: als besonders wichtig eingestufter Trend (Beispiel: Marketingfokus verschiebt sich Richtung reifere Gesellschaft.)

Pseudotrend: Phänomen wird als Trend dargestellt, obwohl es keiner ist (Beispiel: Unternehmen setzen sich verstärkt für Familien ein.)

Trendbruch: Als Trend gekennzeichnete Entwicklung wird abrupt in Stärke oder Verlauf verändert (Beispiel: Pillenknick).

Pre-Trend-Erkennung

Im Film „Minority Report" spielt Tom Cruise den Polizisten John Anderton, der in einer speziellen Abteilung der Polizei in Washington D.C. im Jahr 2054 auf Verbrecherjagd geht. In dieser „Precrime"-Einheit verhaftet Cruise Mörder, bevor sie einen Mord begangen haben. Möglich ist die Arbeit der Einheit, weil sie dank dreier Hellseher – sogenannter „Precogs" – den Zeitpunkt und Namen des Täters und Opfers vorzeitig erfährt. Diese Precogs werden durch Drogen in einer Art Trance gehalten, in der sie in Albträumen die Morde träumen, die dann wahr werden.

Die Handlung des Films, der auf einer Kurzgeschichte von Philip K. Dick basiert, nimmt einige unerwartete Wendungen, bescherte uns aber zwei Dinge: Einerseits beschäftigten die Filmemacher einige Zukunftsforscher, um für die Welt im Jahr 2054 einige Szenarien für die Zukunft beschreiben zu können, und andererseits entsteht der Begriff „Precrime". Und genau der soll uns nun beschäftigen.

Wäre es nicht schön, wenn wir Pre-Trend-Erkennung machen könnten, also Trends erkennen, bevor sie Trends sind? An dieser Stelle möchte ich gleich allzu große Hoffnungen wieder ersticken. Leider haben wir keine Precogs, welche die Zukunft erträumen und sie uns mitteilen. Und mit Vermerk auf Minority Report ist das vielleicht gut so, dort wurden die Precogs als dauieralbträumende Sklaven gehalten, mit zweifelhafter Erfolgsquote.

Allerdings – und das ist die gute Nachricht – braucht man keine Precogs, um Trends vorhersehen zu können. Dazu genügt eine systematische Herangehensweise, mit der wir unterschiedliche Trendtypen definieren und identifizieren können. Und diese Trendkategorisierungen gehen wir jetzt der Reihe nach durch.

Weiche und harte Trends

Wissenschaftlich betrachtet deutet ein Trend auf „eine generelle Richtung hin, in die sich etwas entwickeln oder ändern wird". Trend ist aber nicht gleich Trend.

Als Elvis Presley starb, gab es knapp über 100 Elvis-Imitatoren. Menschen, die sich kleideten wie Elvis, die ihr Haar schnitten und fönten wie Elvis und die Elvis' Lieder mit seiner charakteristischen Stimme sangen. Nach Elvis' Tod am 16. August 1977 explodierte die Zahl der Elvis-Imitatoren über Nacht.

Eine Betrachtung der Zahlen an Elvis-Imitatoren zwischen 1977 und 1982 ließ keinen anderen Schluss zu, als dass im Jahr 2000 ein Drittel aller Amerikaner ihr Geld als Elvis-Imitatoren verdienen würden.

Das ist natürlich nicht geschehen und jeder oder jede Befragte mit ein bisschen Hausverstand hätte uns sagen können, dass es dazu nicht kommen wird.

Obwohl es ein Trend war, hatte er ganz charakteristische Eigenschaften, die auf ein Verebben hindeuteten. Wir unterscheiden hier zwischen zwei großen Kategorien von Trends: weiche und harte Trends.

Weiche Trends, wie die Elvis-Imitatoren zeigen, basieren auf Annahmen, die nur so scheinen, als ob sie greifbar oder vorhersehbar sind, die sich so aber nicht materialisieren (müssen).

Ein harter Trend hingegen ist eine Projektion in die Zukunft, die auf messbaren, greifbaren und vorhersagbaren Fakten, Ereignissen oder Dingen basiert.

Ein weicher Trend *kann* passieren, er ist ein zukünftiges *Vielleicht*. Ein harter Trend hingegen *wird* passieren, er ist ein zukünftiges *Faktum*. Man kann sich darauf verlassen, dass er eintreten wird.

Diese Unterscheidung in weiche und harte Trends soll uns helfen, besser zu verstehen, was die Zukunft für uns sicher in der Hand hat und was sie vielleicht bringen wird. Unser Misstrauen gegenüber Vorhersagen und Trends ist oft darin begründet, dass wir die Unterscheidung zwischen weichen und harten Trends nicht treffen können. Wir hatten weder klare Kriterien noch Werkzeuge, um die Spreu vom Weizen trennen zu können. Doch das ändert sich jetzt und damit erhalten wir mehr Gewissheit in Bezug auf unsere Trendbetrachtungen und Vorhersagen. Die Zukunft wird für uns somit sicht- und greifbar.

Während harte Trends nicht beeinflussbar sind, sind weiche Trends steuerbar. Mein Alter kann ich nicht beeinflussen. Der Trend, dass ich älter werde, ist ein harter. Ich kann noch so sehr das Gegenteil wollen, ich werde einfach älter. Wie sich meine Gesundheit entwickelt, habe ich aber teilweise unter Kontrolle. Ich kann mich gesund ernähren, Sport betreiben und mich von Alkohol, Tabak, zu viel Fett, Drogen und Ähnlichem fernhalten. Zwar habe ich das möglicherweise genetisch bedingte Risiko einer erhöhten Herzinfarktanfälligkeit oder Alzheimer nicht ganz unter Kontrolle, aber mein Wohlbefinden und ein eventuelles Hinauszögern der Risiken sehr wohl.

Die folgende Tabelle listet mehr Beispiele von weichen und harten Trends auf, denen bestimmte Annahmen und Vermutungen zugrunde liegen. Man kann die Übung selbst vornehmen. Man nehme eine Reihe an Trends und versuche zu bestimmen, welche hart und welche weich sind. Hat man Schwierigkeiten damit, dann liegt übrigens die Vermutung nahe, dass es sich um einen weichen Trend handeln könnte.

Weiche Trends	Harte Trends
Meine Gesundheit in zehn Jahren.	Mein Alter in zehn Jahren.
Immobilienpreise werden immer steigen.	Anzahl der Babyboomer, die medizinische Versorgung und Altersheime benötigen, wächst.
Amerika wird die NATO nie infrage stellen.	Es wird mehr Regulierungen und Vorschriften geben.
Menschen werden immer dicker.	Genmodifikationen werden vorgenommen.
Immer weniger Menschen rauchen.	Das Internet der Dinge wird immer mehr Maschinen und Geräte miteinander verbinden.
Facebook ist auch in zehn Jahren die dominante soziale Plattform.	
Nationalsozialismus und Ausländerfeindlichkeit sind im Anstieg.	

Tabelle 3: Beispiele von weichen und harten Trends

Weiche und harte Trends — 45

Trend	Trendtyp	Vermuteter Typ	Änderungstyp	
	☐ hart ☐ weich	☐ hart ☐ weich	☐ zyklisch ☐ linear	☐ exponentiell ☐ unbekannt
	☐ hart ☐ weich	☐ hart ☐ weich	☐ zyklisch ☐ linear	☐ exponentiell ☐ unbekannt
	☐ hart ☐ weich	☐ hart ☐ weich	☐ zyklisch ☐ linear	☐ exponentiell ☐ unbekannt
	☐ hart ☐ weich	☐ hart ☐ weich	☐ zyklisch ☐ linear	☐ exponentiell ☐ unbekannt
	☐ hart ☐ weich	☐ hart ☐ weich	☐ zyklisch ☐ linear	☐ exponentiell ☐ unbekannt

Vorlage 1: Trendtypen

Zyklische und lineare Trends

Wenn ich alte Zeitschriften durchblättere, dann ist das teilweise von Nostalgie getrieben, teilweise aber auch, um Ähnlichkeiten zum Heute zu finden. Sieht man nämlich genau hin und betrachtet die Fotos, dann sind immer wieder Frisuren, Moden und anderes zu sehen, die in dieser oder abgewandelter Form gerade wieder aktuell sind. Die Glockenhosen aus den 1970er-Jahren? Vor einigen Jahren wieder en vogue in gewissen Kreisen.

Selbst Technologien kommen wieder zurück. Eigentlich sind sie ja nie weggegangen, denn das haben Technologien so an sich. Sie bleiben „kleben". Auch in Zeiten der Schreibmaschine oder des Computers sind Füllfedern und Bleistifte immer noch da. MP3s mögen zwar die Vorherrschaft übernommen haben, wie wir Musik konsumieren, trotzdem erfahren Schallplatten wieder eine Renaissance. Und nicht nur die älteren Herrschaften treiben diesen Trend voran, sondern interessanterweise Teenager, die in großer Zahl einen Schallplattenspieler besitzen und LPs kaufen.

Das zeigt uns, dass es auf der einen Seite wiederkehrende, zyklische Trends gibt und auf der anderen Seite ansteigende oder absteigende, die fortschreiten und nicht umkehrbar sind. Letztere können linear oder exponentiell sein.

Beispiele für zyklische Trends sind:
- Geburt und Tod
- Sonnenaufgang und Sonnenuntergang
- Aussaat und Ernte
- Jahreszeiten
- Vogelmigration
- Ebbe und Flut
- Wirtschaftskrisen
- Schlussverkäufe
- Börsenkurse
- ...

Beispiele von linearen Trends sind:
- Altern
- Anstieg der Daten- und Informationsmenge
- Weltweites Bevölkerungswachstum
- Globalisierung
- Menge an Energie, die pro Kopf zur Verfügung steht
- Anteil der Menschheit, der einen gewaltsamen Tod stirbt (dieser Trend ist negativ, der Anteil sinkt)
- ...

Exponentielle Trends sind:
- Computerrechengeschwindigkeit
- Künstliche Intelligenz
- ...

Trend Canvas

Erstellen Sie mit der folgenden Vorlage:

1. eine Liste aller **zyklischen Änderungen**, die Auswirkungen auf Sie selbst oder die Organisation haben können
2. eine Liste aller **linearen Änderungen**, die Auswirkungen auf Sie selbst oder die Organisation haben können
3. eine Liste aller **exponentiellen Trends**, die Auswirkungen auf Sie selbst oder die Organisation haben können
4. eine Liste aller **harten Trends**, die in Ihrer Industrie erkennbar sind. Eliminieren Sie aus dieser Liste alle *weichen Trends*
5. eine Liste aller **weichen Trends**, die in Ihrer Industrie erkennbar sind. Damit wird es möglich, beeinflussbare Trends herauszufiltern.
6. eine Liste aller Gewissheiten und Ungewissheiten
7. einen Businessplan, der auf Sicherheiten basiert. Solch ein Businessplan hat geringe Risiken.
8. eine Liste an Mitarbeitern, Geschäftspartnern oder Kunden, die Ihnen helfen können zu erkennen, was in den nächsten Wochen, Monaten oder Jahren kommen wird, was kommen könnte und was eher nicht kommen wird
9. eine Liste aller Annahmen. Hinterfragen Sie jeden einzelnen Punkt, ob es sich um einen harten oder weichen Trend handelt, um eine Gewissheit oder Möglichkeit.

Foresight Mindset – Vorbereitung

Zyklische Änderungen	Lineare Änderungen	Exponentielle Änderungen	Harte Trends	Weiche Trends

Gewissheiten ✓	Ungewissheiten ?

Vorlage 2: Trend Canvas

Megatrends

Megatrends sind Trends in großem Maßstab, die lange anhalten und mit tief greifenden Veränderungen einhergehen. Die Singularity University in Mountain View identifizierte sechs Trends, die alle mit D beginnen.

1. Dematerialisierung
2. Digitalisierung
3. Dezentralisierung
4. Demonetisierung
5. Devaluierung
6. Demokratisierung

Sehen wir sie uns im Einzelnen an.

Dematerialisierung

Im Jahr 1935 bot das amerikanische Brauunternehmen „Gottfried Krueger Brewing Company" zum ersten Mal Bier in Dosen an. Was damals einem ähnlichen Frevel gleichkam – wie Wein im Tetra Pak oder mit Schraubverschluss –, wurde umgehend zu einem kommerziellen Erfolg. Innerhalb von zwei Jahren konnte die Brauerei ihren Umsatz um über 500 Prozent steigern. Die ersten Bierdosen ähnelten damals Konservendosen, die mit einem Öffner zum Aufstechen der Dosen ausgeliefert wurden. Eine leere Dose wog etwa 100 Gramm.[9] Bereits in den 1950er-Jahren war durch neue Materialien und Fertigungstechniken das Gewicht einer 0,33-Liter-Dose auf 80 Gramm gesunken, in den 1970er-Jahren dann auf etwa 21 Gramm. Moderne Halbliterdosen, wie sie heute in Gebrauch sind, wiegen nur noch an die 16 Gramm, 0,33 Liter kommen damit auf knappe 13 Gramm.

Selbiges trifft auf andere Produkte zu. Autos haben dank Leichtbauweise um ein Viertel weniger Gewicht als noch vor wenigen Jahrzehnten.[10] Und auf die gesamte Wirtschaft umgelegt hat diese „Gewicht" verloren. 1870 benötigte man für eine Einheit an Bruttonationalprodukt vier Kilogramm an Produkten. 1930 war es dann ein Kilogramm.[11] Der Beitrag am Bruttonationalprodukt pro Kilogramm an Rohstoffen verdoppelte sich innerhalb von 23 Jahren von 1,64 Dollar auf 3,58 Dollar.

Dieses Phänomen wird als Dematerialisierung bezeichnet.

Wir haben verstanden, dass Musik nicht mehr auf Langspielplatten oder CDs kommt, sondern uns als Musikdatei auf iTunes bereitsteht. Bücher kommen als E-Books, Filme werden gestreamt, auch Spiele kommen nicht mehr in einer Schachtel, sondern werden als App geliefert. Aber dass selbst physische Produkte wie Autos, Bierdosen oder Telefone viel leichter sind und weniger

---

[9] Wikipedia: Getränkedose – https://de.wikipedia.org/wiki/Getr%C3%A4nkedose

[10] Ronald Bailey; Dematerializing the Economy; September 5, 2001 – http://reason.com/archives/2001/09/05/dematerializing-the-economy

[11] Sylvia Gierlinger, Fridolin Krausmann; The Physical Economy of the United States of America; Journal of Industrial Ecology 16, no. 3 (2012): 365–77, Figure 4a

Materialeinsatz benötigen als noch vor wenigen Jahren, ist dann doch überraschend.

Technologische Entwicklungen verwandeln materielle in immaterielle Güter. Immaterielle Entwicklungen wie besseres Design, innovative Prozesse, integrierte Computerchips, die das physische Produkt mit dem Internet verbinden, ersetzen Atome. Autos, die dank digitaler Technologie selbstfahrend werden, können intelligenter eingesetzt werden. Während heutige Autos im Durchschnitt mehr als 23 Stunden pro Tag nur parken, können sie zehn und mehr Stunden herumfahren und Passagiere aufnehmen. Damit werden weniger Autos benötigt, obwohl sie mehr Fahrleistung aufbringen werden.

Dass uns die Dematerialisierung so nicht immer ganz bewusst ist, hängt damit zusammen, dass wir gleichzeitig einfach mehr Dinge konsumieren. Es gibt viel mehr Produkte denn je zuvor.

Digitalisierung

Software frisst die Welt auf. — Marc Andreessen

Spricht man Leute im Silicon Valley auf die Auswirkungen der digitalen Transformation an, kriegt man als Antwort leicht ein „digitale ... was?". Nur diejenigen mit Kontakten zu Deutschsprachigen haben davon bereits gehört.

Was die Sache nicht erleichtert, ist, dass wir die digitale Transformation oftmals missverständlich als etwas über einen bestehenden Prozess oder ein Produkt Gestülptes betrachten. Für diese Herangehensweise haben Amerikaner ein einprägendes Gedankenbild: „Putting lipstick on a pig", also Lippenstift auf ein Schwein malen. Das Schwein ist damit sicherlich hübscher, aber im Kern ist es nach wie vor eine Sau.

Wie auf einen Kuchen streuselt man „Digital" darauf. Das aber verwandelt den Schokoladekuchen nicht in einen Erdbeerkuchen. Die Eigenschaften mit allen Vor- und Nachteilen des Objekts bleiben gleich. Ein Mercedes, der nun per Smartphone-App geöffnet werden kann, verwandelt sich damit nicht in ein selbstparkendes Fahrzeug oder eines, das gesharet werden kann.

Digitale Transformation ist nicht ein Projekt mit einem Anfang und einem Ende, sondern es ist ein Mindset. Die Produktentwicklung startet heute von einem digitalen Ausgangspunkt. Digital ist der Kern des Produktes, nicht etwas künstlich darüber Gelegtes.

Das sieht man bei der nächsten Evolution der Dematerialisierung. Waren die vergangenen Phasen durch Fertigungs- und Materialoptimierung getrieben, so wird die Evolution jetzt von Digitalisierung getrieben. Ein heutiges Auto hat ein Viertel weniger Gewicht als vor wenigen Jahrzehnten. Die nächsten 25 Prozent Gewichtsreduktion werden durch Digitalisierung erreicht werden. Über 100 Kilogramm an Gewicht in modernen Autos werden beispielsweise durch Sicherheitseinrichtungen wie Airbags, Versteifungen und erweiterte Knautschzonen hinzugefügt. Autonome Autos, die aufgrund intelligenter Algorithmen und künstlicher Intelligenz nicht mehr in

Autounfälle verwickelt werden, benötigen diesen Ballast nicht mehr. Sie vermeiden aktiv Unfälle, anstelle Unfallauswirkungen zu verringern.

Dezentralisierung

> *Wir sind in großer Eile, einen Telegraphen von Maine nach Texas zu bauen, aber Maine und Texas haben sich vielleicht gar nichts Wichtiges zu sagen.*
> – Henry David Thoreau, Walden, 1854

Ein Smartphone, mit dem wir an einer Videokonferenz mit Kollegen in den USA teilnehmen, erscheint uns modernen Arbeitsplatznomaden als nichts Außergewöhnliches. Nicht nur international aufgestellte Unternehmen haben solche Technologien im Einsatz, das Enkelkind kann genauso mit der Oma im benachbarten Wohnblock abends noch skypen wie Kollegen über Kontinente und Zeitzonen hinweg. Doch vor 100 Jahren wäre genau diese fortschrittliche Technologie als Zauberei erschienen. Und auch die Organisationsformen, die wir heute als selbstverständlich ansehen.

Und es stellt sich heraus, dass wir uns mehr als genug zu sagen haben. Wir kommunizieren mehr als je zuvor, und das zeitnah. Dauerte das Schreiben und Versenden eines Briefes noch Tage oder Wochen, so sind wir dank der modernen Kommunikationstechnologien gleichzeitig auf demselben Stand.

Genau das erlaubt Organisationen, sich dezentral aufzustellen und effizient zu kollaborieren. Dezentralisierung beschränkt sich nicht nur auf Organisationen selbst. Die Grenzen verschwimmen zwischen Unternehmen und dem Rest der Welt. Nicht nur Partnerfirmen können enger mit der Organisation zusammenarbeiten, sondern auch Unternehmensfremde. Ein Beispiel ist die Innovationsplattform InnoCentive, auf der Experten aus aller Welt Lösungsvorschläge für von Unternehmen gestellte und oft knifflige Aufgaben vermerken können. Die Erkenntnis, wie wichtig und wirksam das sein kann, ist durch die einfache Tatsache bedingt, dass ein Unternehmen zwar 50.000 Experten im Haus haben kann, es aber immer noch mindestens zehnmal so viel Experten außerhalb des Unternehmens gibt.

Open-Source-Plattformen und -Software sind die prominentesten Beispiele, wie dezentrale Organisationen großartige und für die Menschheit wertvolle Produkte schaffen können.

Dezentralisierung stoppt aber nicht bei Organisationen oder Software. Auch Technologien wie die Blockchain oder Bitcoin sind dezentral. Es gibt keinen zentralen Server, keine zentrale Stelle, keinen zentralen Steuermann dafür. Während bei traditionellen Währungen eine Zentralbank oder Bundesbank Geld druckt, auf den Markt bringt und die Geldmenge steuert, machen das dank Blockchain und Kryptowährungen Algorithmen.

Und noch wo macht sich die Dezentralisierung heute schon bemerkbar. Nicht nur bemerkbar, sondern tatsächlich mit großen Auswirkungen auf Gesellschaft und Politik. Früher waren Medien die Schleuse, durch die man kommen musste, um Informationen und Meinungen zu den Massen zu bringen. Heute reicht ein Blog, ein Twitterkonto, ein Instagramfeed, um Menschen zu informieren und zu Handlungen zu inspirieren. Randmeinungen und Nischenhobbys, die früher nur durch handkopierte Pamphlete einen kleinen Kreis erreichten, können heute ein weltweites Publikum auf sich aufmerksam machen. Ein paar (teilweise staatlich gesteuerte) Trolle können ganze Wahlen zum Kippen bringen – Stichwort Brexit oder Donald Trump – oder Autoritäten unterwandern, wie beim Arabischen Frühling, bei dem ein auf Twitter verbreitetes Video einer Selbstverbrennung eines Polizeiwillkür ausgesetzten Gemüsehändlers den Ausschlag gab, Regierungen in mehreren arabischen Ländern unter Druck zu setzen und zu stürzen.

Demonetisierung

Auf einer belebten Straße spielt ein Straßenmusiker vor einer stattlichen Menge an verweilenden Passanten populäre Melodien. Dieses in vielen Fußgängerzonen Europas so vertraute Bild unterscheidet sich aber vom Gewohnten. In mehrfacher Hinsicht. Die Szene spielt sich nämlich in einer chinesischen Großstadt ab und anstelle eines Hutes oder eines offenen Gitarrenkoffers, der zum Spenden einlädt, steht dort ein Schild mit einem QR-Code. Die Zuhörer zücken ihre Smartphones, scannen den QR-Code und spenden kleine Beträge an den Straßenmusiker.

Bemühte sich im London von 1696 Isaac Newton (ja, genau dieser Isaac Newton) höchstpersönlich als Münzmeister in der englischen Geldkrise um die Umstellung auf fälschungssichere Goldmünzen, mit all den Unkosten und Problemen, die damit einhergingen, so sind Gesellschaften langsam auf alternative Zahlungsformen umgestiegen. Von Gold- und Silbermünzen zu Münzen aus anderen Metallen, von Papiergeld zu digitalen Währungen heute.

Die Transaktionskosten sanken damit, die umständliche Handhabe mit schweren Münzen und voluminösen Scheinen, die nur allzu leicht gestohlen oder anderweitig verloren werden konnten, wurde einfacher. In Schweden beispielsweise fiel die Anzahl der Bankraube von 110 im Jahr 2009 auf 11 im Jahr 2017, weil die Banken kein Bargeld mehr vorrätig haben, für das es sich lohnt, dort mit einem Schießeisen „Geld abzuheben". Nur noch zwei Prozent des Wertes aller Transaktionen wird in Schweden mit Bargeld abgewickelt.

Wie schon bei der Dezentralisierung erwähnt, geht die Demonetisierung bereits in die nächste Phase. Immer mehr geraten Fiat-Gelder, also von Zentralbanken ausgegebene Währungen, durch dezentral ausgegebene und verwaltete Währungen wie Bitcoin, die auf dezentral betriebenen Technologien wie der Blockchain basieren, unter Druck.

Devaluierung

Die Devaluierung ist mit den anderen Megatrends eng verknüpft. Sie erlaubten, dass Produkte und Dienstleistungen über die Zeit immer günstiger wurden. Gemäß einer Wirtschaftsstudie des Internationalen Währungsfonds sanken die Preise für Commodities in den vergangenen 140 Jahren jedes Jahr um ungefähr ein Prozent.[12]

Wir selbst erleben das hautnah mit Computern und Speicherchips. Die Technologie, die wir heute in unseren Smartphones haben, hat Rechenpower, die um mehrere Zehnerpotenzen über dem liegt, was das Apollo-Raumfahrtprogramm der NASA in den 1960er-Jahren zur Verfügung hatte. Und das zu einem Bruchteil der Kosten.

Wollte eine findige Unternehmensgründerin im Jahr 2000 die Basis für ihr Unternehmen aus dem Boden stampfen, mussten zuerst einmal die Kosten für Computer eingerechnet werden, dann die für einen Server, die Lizenzkosten für die Geschäfts- und Buchhaltungssoftware sowie Speicherplatten und Disketten. Man zähle die Designer für die Website hinzu und die Websitebetreiber und schon beliefen sich die Kosten auf mehrere Tausend Euro, nur um den Betrieb aufzunehmen.

Heute verwenden Gründer anstelle eigener Server solche in der Cloud, die mit wenigen Konfigurationsschritten gratis bereitstehen und ohne große Kosten installiert werden können. Die Geschäftssoftware ist gratis dank Angeboten wie Google Docs oder CRM-Software. Selbst die Website ist kostenlos, man kann aus unzähligen professionellen Webdesigns auswählen und das Teuerste ist dabei die Domainregistrierung für 20 Euro. Statt mehreren Tausend Euros genügen wenige Hundert, um an den Start zu gehen und einen professionellen Auftritt hinzulegen.

Während leicht austauschbare Dienstleistungen und Produkte stetig im Preis sinken, so steigen Erlebnisse im Preis. Dienstleistungen, die uns besondere Erlebnisse verschaffen, wie Konzerte, Restaurant und Vergnügungsparks, aber auch einzigartige Dinge, die nicht kopiert werden können und oft auch die eigene Beteiligung verlangen, um zu gelingen.

Demokratisierung

Digitalisierte Technologien sind nicht nur billig und endlos kopierbar, sie ermöglichen damit auch jedem Einzelnen Zugriff darauf. Konnten früher nur große Unternehmen, staatliche Stellen oder die Superreichen sich den Einsatz solcher Technologien leisten, so stehen Individuen diese Technologien genauso zur Verfügung. Einzelpersonen erhalten damit Zugriff zu genau derselben Technologie und den Möglichkeiten, wie sie große Player haben. Demokratisierung gleicht somit die Wettbewerbsbedingungen aus.

---

[12] Paul Cashin, C. John McDermott: The Long-Run Behavior of Commodity Prices : Small Trends and Big Variability; May 1, 2001 – https://www.imf.org/en/Publications/WP/Issues/2016/12/30/The-Long-Run-Behavior-of-Commodity-Prices-Small-Trends-and-Big-Variability-15096

Und das spielt sich immer so ab, auch wenn manche meinen, dass diese Wirklichkeit sich geändert hat. Um 2000 war Microsoft mit seinen Betriebssystemen und der Office-Software dominant. Doch dann kamen Open-Source-Software, Internetbrowser und Anbieter wie Google mit den kostenlos angebotenen Google Docs und änderten das Gleichgewicht. Das heutige Äquivalent, bei dem manche meinen, dass es zu einem uneinholbaren Vorteil der großen Unternehmen – und damit implizierten Ende der Technologiedemokratisierung – gekommen ist, läge bei künstlicher Intelligenz. Die dazu benötigte Expertise und Datenmenge wäre bei Google, Microsoft, IBM, Facebook und Co. bereits so konzentriert, dass die Vorentscheidung gefallen sei. Wenn wir allerdings eines aus der Vergangenheit von Unternehmens- und Technologieentwicklungen gelernt haben, dann das: Kein Vorsprung besteht auf lange Dauer.

Sich selbst erfüllende Prophezeiung

Gordon Moore, Intel-Mitgründer und einer der originalen „Verräterischen Acht"-Ingenieure, die Fairchild Semiconductors im Silicon Valley gründeten und damit den Grundstein für die spezielle Kultur legten, fand Mitte der 1960er-Jahre heraus, dass sich etwa alle 18 bis 24 Monate die Anzahl der Transistoren auf Computerchips verdoppelte und damit auch die Rechengeschwindigkeit. Damals stand die Computertechnologie noch am Anfang und weder wusste man, ob sich dieser Trend fortsetzen, noch welche Auswirkungen er haben würde.

Trotzdem wurde in der Branche dieser Zusammenhang als Mooresches Gesetz bekannt und es hat sich bis heute erfüllt. Allen Unkenrufen zum Trotz wurden immer wieder unüberwindbare Hürden dank des Einfallsreichtums der Beteiligten durchbrochen. Die Auswirkungen fühlen wir heute alle. Digitale Technologie durchdringt alle Lebensbereiche und Produkte und hat unser Leben generell verbessert.

Gordon Moore allerdings meinte vor einigen Jahren auf einer Konferenz, dass dieser Zusammenhang ja gar kein Gesetz sei. Es sei kein unumstößliches Naturgesetz, sondern eine „sich selbst erfüllende Prophezeiung". Die Ingenieure und Manager in den Computerfirmen betrachteten Moores Zusammenhang, extrapolierten auf die nächsten 18 bis 24 Monate und sagten zu sich selbst, dass sie besser ihre Entwicklungs- und Produktpläne auf diese Verdoppelung anpassen. Würden sie das nämlich nicht tun, dann machten das sicherlich die Konkurrenten und man selber sei „weg vom Fenster".

Und so wurde dieser scheinbar bedeutungslose Zusammenhang in den Köpfen der Beteiligten zu einem „Naturgesetz", dem man besser folgte, und erfüllte dieses Gesetz. Da digitale Technologien andere Bereiche immer mehr durchdringen, sickert dieses Gesetz auch in ebendiese Bereiche ein. Plötzlich finden sich gestandene Branchen, die wenige Prozentpunkte pro Jahr an Verbesserungen gewohnt waren, unter größerem Druck, diese Anstrengungen zu steigern. Und da alles von digitaler Transformation berührt wird, ist das mit einem

Schlag auch möglich. Technologisch sicherlich, aber in den Köpfen der Menschen aus diesen Industrien noch nicht ganz.

Es gibt allerdings auch umgekehrte sich selbst erfüllende Prophezeiungen – oder das „Reverse Moorersche Gesetz", wie ich es zu nennen pflege. Man redet sich ein, dass es diesen Zusammenhang nicht gibt, dass niemand diese neue Technologie will, dass sie viel zu schwierig zu meistern sei und zu teuer und unpraktisch. Während Silicon-Valley-Firmen an autonomen Fahrzeugen und Elektroautos mit einem Blick auf das Mooresche Gesetz arbeiten, erzählen einem Manager und Ingenieure deutscher Hersteller, dass ja die Leute lieber selber fahren wollen („Freude am Fahren"), es viel zu kompliziert und schwierig sei, keine Ladestationen vorhanden wären („Huhn und Ei"-Dilemma) und die benötigten Rohstoffe für Stromer ja aus diesen „bösen" Ländern kämen.

Da das Moorersche Gesetz aber einen exponentiellen Zusammenhang darstellt, wächst der Abstand zwischen Organisationen, die dem Zusammenhang folgen, gegenüber denen, die dem „Reversen Mooreschen Gesetz" huldigen. Und dieser Abstand wird somit immer schneller uneinholbar.

Von Hypes, Fads und Modeerscheinungen

Trends werden auch gerne klein- und schlechtgeredet. Es handle sich nur um einen Hype, einen Buzz, einen Fad, eine vergängliche Modeerscheinung, die rasch wieder in den Abgrund der schlechten Erinnerungen verschwinden wird. Genauso schlecht, wie Trends qualitativ erfassbar sind, sind die Gegenargumente, warum es sich nur um einen Hype handele, faktenbasiert.

Einen Trend von einem Hype unterscheiden zu können wird zu einer wichtigen Fähigkeit. Oft wird ein Trend von einem Hype begleitet, das macht es umso schwerer, den zugrunde liegenden Trend wahr und ernst zu nehmen. Welches sind also die Kriterien, die Hypes und Trends ausmachen?

Hypes legen auf Aufmerksamkeit wert und werden durch oft spektakuläre und reißerische Meldungen aufgebauscht. Sie dienen zumeist dazu, ein Produkt oder eine Dienstleistung zu promoten. In vielen Fällen sind die Medien selbst die eigentlichen Akteure, die am Aufrechterhalten des Hypes interessiert sind.

Trends hingegen treten in vielen unterschiedlichen Formen auf. Häufig werden sie von einer breiteren Öffentlichkeit oder den Betroffenen nicht oder erst dann wahrgenommen, wenn sie zum Mainstream geworden sind.[13]

---

[13] Wikipedia: Trend – https://de.wikipedia.org/wiki/Trend_(Soziologie)

Wie erkennt man nun, was ein Trend und was wirklich nur ein Hype ist?

Die Autoren von *Algorithms to Live By*, Brian Christian und Tom Griffiths, schildern von einer öffentlichen Auktion zu Ölförderrechten, bei der die interessierten Erdölunternehmen Zugriff auf dieselben Unterlagen und geologischen Daten hatten. Jedes der Unternehmen hatte die Gelegenheit, eigene geologische Untersuchungen anzustellen, um eine Bewertung vornehmen zu können. Das erste Unternehmen kommt zum Schluss, dass sich in dieser Gegend große Ölvorkommen befinden. Ein zweites kommt zu widersprüchlichen Ergebnissen und die anderen kommen zum Schluss, dass es dort keine Ölreserven gäbe.

Als die Auktion beginnt, eröffnet das erste Unternehmen mit einem hohen Angebot. Klar, seine Untersuchungen ließen den Schluss zu, dass sich dort reiche Vorkommnisse befinden. Das zweite Unternehmen wird durch dieses Angebot des Mitbieters darin bestärkt, die eigenen widersprüchlichen Ergebnisse als positiv zu interpretieren, und erhöht das Gebot. Ein drittes Unternehmen, das dachte, in der Gegend dort befände sich nichts, fühlt sich durch die positive Einstellung der ersten beiden Bieter ermutigt, ebenfalls mitzubieten, und wird sogleich von anderen Unternehmen überboten.

Die Folge ist ein Bieterkampf, der den Preis schnell in die Höhe schnellen lässt. Die Mehrheitsmeinung, dass diese Förderstelle keine Vorkommen hat, zerfällt. Die Mehrheitsmeinung löst sich von der Wirklichkeit.

Die beiden Autoren bezeichnen das als Informationskaskade, bei der es wichtiger wird, die anderen Teilnehmer zu beobachten, als die Fakten im Auge zu behalten. Während jeder der Teilnehmer rational handelt und keiner von ihnen böse Absicht hatte, so ist das Ergebnis für die Allgemeinheit trotzdem schlecht. Es wird eine „Blase" erzeugt.

Die Tulpenblase in der ersten Hälfte des 17. Jahrhunderts, die Internetblase von 2000 und die Finanzkrise von 2008 litten alle unter solcher Trennung von Marktteilnehmerverhalten und Realität.

Informationskaskaden geben uns einen theoretischen Hintergrund für solche Hypes und Fads. Es wird der Schein erweckt, dass öffentlich verfügbare Information besser ist oder mehr Gehalt hat als private Information. Dabei übersehen die Teilnehmer, dass sie mehr auf das achten, was die anderen Teilnehmer tun, und sich darauf konzentrieren als auf das „Warum". Die Beurteilung der Handlung wird wichtiger als der Grund und ob sie mit den Fakten noch übereinstimmt.

Wenn jeder jeden beobachtet, dann übersieht man leicht, dass die anderen auch auf das eigene Verhalten schauen. Gleichzeitig interpretieren die anderen unsere sichtbaren Handlungen, während sie unsere gedachten Zweifel klarerweise nicht sehen können. Und um die Sache noch komplizierter zu machen, bewerten wir, was die anderen dabei denken könnten, höher als das, was sie wirklich tun. Wir schauen sozusagen in den Spiegel, wenn wir andere beobachten.

Wen dies nun zum Schluss führen mag, ab sofort nur noch das zu tun, woran man selber glaubt und was recht ist, dann stelle man sich lieber auf eine böse Überraschung ein. In den meisten Fällen hat die Mehrheit wirklich recht und man selber nicht. Allerdings kann man hin und wieder doch zum Retter der Allgemeinheit werden, wenn man an die Richtigkeit seiner eigenen Annahmen glaubt und die Mehrheit falschliegt.

Ein Glanzbeispiel ist der „Big Short". Einige wenige Wall-Street-Akteure, sahen den Finanzcrash von 2008 anhand der Datenlage vorher, und handelten entgegen der überwiegenden Mehrheit. Das Buch und der bemerkenswert unterhaltsame Film beschreiben das in spannender Weise.

Hype-O-Meter

In Anlehnung an die Website Politifact und deren „Truth-O-Meter" möchte ich hier ein humoristisches Ausschneidespiel vorstellen, das sogenannte Hype-O-Meter.[14] Ausdrucken, auf einen Karton kleben und ein aktuelles Thema eintragen. Und schon hat man sein persönliches Messgerät für einen Hype oder echten Trend.

Vorlage 3: Hype-O-Meter

Big Shifts

> Ich bin zum Schluss gekommen, dass die Dinge besser und besser und schlechter und schlechter werden, und das gleichzeitig immer schneller und schneller.
> – Tom Atlee

Als die Gründer des Ridesharingunternehmens Uber im Dezember 2008 ihr Start-up vor Risikokapitalgebern „pitchten" – also vorstellten –, führten sie als Beispiel die Größe des Taximarkts in San Francisco an. Damals erwirtschafteten die dortigen Taxis jährlich an die 125 Millionen Dollar.[15] Zehn Jahre und Milliarden Dollar an Investitionen später waren die Erlöse für Uber alleine in San Francisco mit 530 Millionen Dollar um das mehr

---

[14] https://www.politifact.com/truth-o-meter/

[15] https://www.scribd.com/document/357024585/UberCab-Dec2008

als Vierfache höher, als das gesamte Taxi-Geschäft 2008 aufgewiesen hatte. Von nahezu 100 Prozent Marktanteil 2011 hielten Taxis nur noch 12 Prozent im Jahr 2017. Gleichzeitig waren die für Uber eingesetzten Privatfahrzeuge, die bis dahin im Durchschnitt mehr als 23 Stunden am Tag nur herumstanden, nun jeden Tag teilweise bis zu 60 Prozent der Zeit in Betrieb. Die Ressource „Auto" wurde somit besser ausgelastet.

Dieses Beispiel von Uber spiegelt große Verschiebungen wider, die gesellschaftsweit und oft global vor sich gehen. Uber ist ein Beispiel, wie ein „Big Shift" von „Besitz" (eines Autos) zu „Zugang" (zu einem Auto) vonstatten geht. Immer mehr Stadtbewohner und vor allem junge Menschen verzichten auf den Besitz eines Autos und nutzen stattdessen das Mobilitätsangebot von Unternehmen wie Uber oder Lyft, Byrd oder Lime, Ford Go-Bike oder Citibike.

Die Änderung von Besitz zu Zugang zu einer Ressource ist nur einer der Big Shifts, die wir aktuell beobachten können. Hier sind weitere Schlüsseländerungen, die vor sich gehen:

- Von fossilen zu alternativen Brennstoffen
- Von vom Menschen gesteuerten zu selbstfahrenden Autos
- Von Autos, die Menschen verbinden, zu Telefonen, die Menschen verbinden
- Von undurchsichtig zu transparent
- Von Big Data zu Liquid Data
- Von Ausbildungsstätten zu Lernflüssen
- Von Vollzeitangestellten zu Selbstständigen
- Vom gedruckten zum digitalen Buch
- ...

Big Shifts sind nicht mit Megatrends zu verwechseln. Megatrends spielen sich über Jahrzehnte und sogar Jahrhunderte ab, während große Änderungen beispielsweise auf Technologien oder wirtschaftlichen Fortschritten beruhen.

Die oben genannten Big Shifts sind nur einige allgemeine Beispiele, die für spezifischere Bereiche anders aussehen können. So war im IT-Bereich der Umstieg von serverbasierten, innerhalb des Unternehmens installierten IT-Landschaften auf außerhalb des Unternehmens in der Cloud basiertem System die Rede. Oder analoge Prozesse werden durchgängig digitalisiert. Diese passieren nicht nur innerhalb einer Branche, sondern industrieübergreifend und global.

Schon der Umstieg vom Pferd auf Dampfmaschinen und dann wiederum auf Elektrizität stellten solche Big Shifts dar. Auch Gesellschaft oder Politik unterliegen dem Einfluss von Big Shifts. Von hierarchischen Systemen zu flachen in Unternehmen und Militär, zu direkter Demokratie und Selbstorganisation, die dank sozialer Medien und Technologie in einer Geschwindigkeit ermöglicht wird, die noch vor wenigen Jahren unvorstellbar war.

Am eingangs erwähnten Beispiels von Uber lässt sich auch erkennen, dass ein solcher Big Shift nicht nur einen alten Status quo ersetzt, er schafft neue Möglichkeiten. Die Erlöse in wenigen Jahren von 125 für die gesamte Branche auf 530 Millionen Dollar für das eigene Unternehmen zu erhöhen – ohne die Erlöse anderer Ridesharinganbieter zu berücksichtigen – bedeutet, dass da nicht nur einfach eine bestehende Industrie durch neue Technologie und Geschäftsmodelle ersetzt wurde, sondern gleichzeitig neue Dienstleistungen und Werte geschaffen wurden, die ein zuvor nicht ausgeschöpftes Potenzial anzapfen konnten.

Big Shifts können Risiken und auch Möglichkeiten darstellen. Manche sehen mit Big Shifts aber vor allem nur die Risiken. Allerdings:

> *Ein Schiff ist im Hafen am sichersten. Doch kein Schiff wird gebaut, damit es im Hafen liegt.*

Ereignisse

Trends können durch unerwartete Ereignisse in ihrer Richtung geändert oder aufgehalten werden. Der libanesisch-amerikanische Autor Nassim Nicholas Taleb bezeichnete ein solches Ereignis als „schwarzen Schwan", also als etwas, das nicht eingeplant werden kann. Diese Ereignisse sind unerwartet und unwahrscheinlich, aber wenn sie eintreten, dann haben sie eine große Auswirkung auf die Zukunft.

Schwarze Schwäne – ich rede nun von den Vögeln – waren in Europa unbekannt, man kannte nur weiße Schwäne. Gleichzeitig konnte die Existenz schwarzer Schwäne nicht ausgeschlossen werden. Sie waren – im philosophischen Sinne – nicht verifizierbar, sondern nur falsifizierbar. Bis schwarze Schwäne in Australien entdeckt wurden.

In jüngster Vergangenheit fallen darunter – und jetzt meine ich mit schwarzen Schwänen wieder die metaphorische Bedeutung – die Terrorattacken vom 11. September 2001, das Ergebnis der BREXIT-Abstimmung, die Finanzkrise von 2008 oder die Wahl von Donald Trump zum amerikanischen Präsidenten. Je nach Land, Organisation oder persönlicher Situation können andere solcher schwarzen Schwäne aufgezählt werden. Die Ermordung des Thronfolgers in Sarajevo im Jahr 1914 stellte sich als bedeutend für Europa der nächsten Jahrzehnte dar. Der GAU im Atomkraftwerk Tschernobyl 1986 läutete das Ende der Sowjetunion ein.

Science-Fiction

Ihr aber seht und sagt: „Warum?" Aber ich träume und sage: „Warum nicht?" – George Bernard Shaw

Im Frühjahr 2017 gewann Final Frontier Medical Devices den begehrten X Prize mit einem Preisgeld von 2,6 Millionen Dollar für ein medizinisches Gerät, das schlicht und einfach als „Tricorder" bezeichnet wurde.[16] Wem der Name bekannt vorkommt, vermutet richtig. Dr. McCoy, Raumschiff-Enterprise-Fans als „Pille" bekannt, verwendet einen solchen Tricorder, um den Gesundheitszustand seiner Patienten zu untersuchen.

Genau das war auch die Inspiration zu diesem Wettbewerb, ausgeschrieben von der X-Prize Foundation, die mit solchen Mitteln die Innovationskraft und Imagination der Teilnehmer anzuspornen versucht. Und was liegt dabei näher, als sich von Science-Fiction inspirieren zu lassen?

Überhaupt bietet die Star-Trek-Serie, im deutschsprachigen Raum als „Raumschiff Enterprise" bekannt, einen reichen Fundus an Anregungen für Innovatoren. Auch das Klapphandy, wie es Motorola oder Nokia anboten, war vom Kommunikator aus dieser Serie inspiriert.

Der Film „Minority Report" mit Tom Cruise, in dem zukünftige Verbrechen vorhergesagt und durch präventive Verhaftungen der Täter vermieden werden können, gab Inspiration für navigierbare Berichte, wie sie Unternehmen zur Datenanalyse einsetzen, oder bei Technologien um virtuelle und augmentierte Realität.

Wer hätte nicht gerne das aus „Zurück in die Zukunft" bekannte Hoverboard, mit dem Michael J. Fox über Wasser und Straßen levitieren konnte? In dieselbe Kerbe schlagen die aus „Star Wars" bekannten Hoverfahrzeuge, die nun von einer Unzahl an Start-ups angepackt werden, die das fliegende Auto entwickeln wollen.

Viele Science-Fiction-Stoffe betrachten Technologien aus einer dystopischen Perspektive, in der die Menschheit von Maschinen beherrscht wird und die Zukunft trübselig aussieht. Roboter übernehmen die Macht und machen Jagd auf Menschen („Terminator") oder Systeme künstlicher Intelligenz halten Menschen als Sklaven („Matrix"), manipulieren Menschen („Ex Machina", „I, Robot") oder versuchen, eigene Fehler vor den Menschen zu vertuschen und, wenn nicht anders möglich, sie auszuschalten („2001: Odyssee im Weltraum").

Andere Science-Fiction-Romane wiederum scheinen mit fast erschreckender Genauigkeit Technologieentwicklungen vorhergesagt zu haben, und das mindestens ein halbes Jahrhundert bevor wir diese Entwicklungen sahen. So kommen im Roman *Der Unbesiegbare* des polnischen Science-Fiction-Autors Stanislaw Lem Mikroroboter zum Einsatz, die als Schwarm den wesentlich größeren Gegner ausschalten.[17] Erinnert uns das an et-

---

[16] https://tricorder.xprize.org/

[17] https://de.wikipedia.org/wiki/Der_Unbesiegbare

was? Genau, an die Millennium Challenge und General Van Ripers Taktik, die ihm bei der Simulation half, den Kampfflugzeugträgerverband zu versenken.

Ein anderer von Lems Romanen nahm die Abrüstungsabkommen auf die Schaufel. In *Frieden auf Erden* behandelt er die geheimnisvollen Entwicklungen, die autonome Waffensysteme untergruben, die man im Rahmen von Friedensabkommen auf den Mond verbannt hatte.[18] Leider versagten nach der Reihe alle Überwachungssatelliten, die ein Auge auf das Treiben der Waffen auf dem Mond hätten werfen sollen. Stattdessen muss nun der Held des Romans mittels virtueller Realität den Ort von einem Raumschiff aus untersuchen und erlebt so seine Wunder. Wenn wir nun Diskussionen zu autonomen KI-Systemen, die sich ohne menschliches Zutun selbstständig verbessern, betrachten, dann hat Stanislaw Lem in seinem Roman manche dieser Lehren und Erkenntnisse bereits vorweggenommen.

Oder werden wir nicht mehr als „Roadkill" – also ein überfahrenes Tier – für Außerirdische oder – vielleicht wahrscheinlicher – künstliche Intelligenz werden? Die Brüder Strugatzki beschreiben einen merkwürdigen und gefährlichen Ort, der voll von Gefahren, aber auch wertvollen Hinterlassenschaften strotzt. In „Picknick am Wegesrand" beschreiben sie die für Menschen so gefährlichen Gegenstände, die eine außerirdische Zivilisation zurückgelassen hatte. Verlockend und gefährlich zugleich. Werden uns KI-Systeme irgendwann genauso wenig wahrnehmen und einfach so über Städte hinwegfegen, weil sie ihren Zielen im Wege stehen?

Bei Weitem nicht alles, was Science-Fiction vorhersagt, wird Realität. Den Treffern stehen auch viele Fehlschüsse gegenüber. Die Zukunft richtig vorherzusagen ist auch nicht das Ziel und die Aufgabe der Science-Fiction-Autoren. Manche Serien und Autoren sind jedoch besser darin, mögliche Zukünfte vorherzusagen, als andere. Isaac Asimov, Jules Verne oder Stanislaw Lem beschrieben in manchen ihrer Romane die Zukunft mit einer beinahe schon unheimlichen Präzision. Isaac Asimov als promovierter Chemiker und Stanislaw Lem als Arzt zogen ihre Inspiration und analytische Herangehensweise dabei sicherlich aus ihrer wissenschaftlichen Ausbildung. Auch Jules Verne als studiertem Juristen lag Logik nicht fern. So fantastisch die Romanstoffe damals schienen, sie sagten die Zukunft doch voraus – oder halfen dabei, sie als sich selbst erfüllende Prophezeiung wahr werden zu lassen.

Im Gegensatz zu dieser Gruppe liegen andere wiederum spektakulär daneben. Das macht die Romane aber nicht weniger unterhaltsam. Eine große Zahl an Autoren liegt zwischen diesen beiden Extremen, die hin und wieder etwas richtig vorhersagen und mit anderem doch falschliegen.

Und dann scheint es eine ganze Reihe von Entwicklungen zu geben, die keiner der Autoren imstande war vorherzusagen. Das Smartphone ist so ein Beispiel. Für uns heute ein Alltagsgegenstand, kommt es in keinem

---

[18] https://en.wikipedia.org/wiki/Peace_on_Earth_(novel)

bekannten Werk vor. Ein weiteres Beispiel ist das der künstlichen Intelligenz. Nicht dass Maschinen mit künstlicher Intelligenz nicht als Romanstoff vorkommen, es ist mehr die Form. Sie werden immer in menschenähnlicher Form dargestellt. Dystopisch und verteilt als System „irgendwo" in „Matrix" und „Terminator", wird sie ansonsten von den Autoren vor allem in Menschen nachgeformten Androiden dargestellt („Ex Machina", „Blade Runner"). Dass wir künstliche Intelligenz heute in unterschiedlicher Form wie auf dem iPhone als Siri, in Amazons Echo Alexa, in Google Home vorfinden oder sie im Hintergrund bei der Suche auf Google und Shoppen auf Amazon läuft oder sie Charaktere in Videospielen steuert, wird auffällig selten als Science-Fiction-Stoff thematisiert.

Das ist aus einer Storytelling-Perspektive nicht verwunderlich. Ein Gegner, der physisch nicht angreifbar ist, der schlecht auf dem Bildschirm visualisierbar ist und dem keine menschenähnliche Form als Frau, Mann oder Kind Gefühle zugeschrieben und Mensch-Maschine-Romanzen angedichtet werden können, lässt sich nur schlecht für eine dramaturgische Behandlung als Romanstoff verarbeiten.

Wie weit diese Art von Science-Fiction von der Realität entfernt liegt, ist auch am einfachen Strickmuster bei den Gegenspielern in diesen Geschichten zu sehen. Die Schöpfer dieser „bösen" Technologien überspringen im Alleingang ganze Innovationszyklen, abseits von allen anderen. In Dan Browns Buch O*rigin* entwickelt ein exzentrischer Milliardär ein mächtiges KI-System, ohne dass jemals andere Helfer erwähnt werden oder auftauchen. In „Ex Machina" ist ebenso ein Milliardär der Chefentwickler hinter dem KI-System in einem Androiden in Frauenform. Tony Stark scheint der Einzige zu sein, der über solch wertvolle Technologie verfügt, wie er sie als Iron Man benötigt. Batman wiederum hat in seinem Batcave eine Unmenge an Technologien bereitgehalten, die ihm bei der Verbrechensbekämpfung helfen, der Polizei aber nicht zugänglich sind.

Diese Liste lässt sich beliebig fortsetzen. Ein über unbegrenzte Ressourcen verfügender Einzelgänger bekämpft selbst entweder Verbrechen oder ist der Verbrecher und hat die Zeit, all diese Technologien losgelöst vom Rest der Forschung zu entwickeln und auszureifen. Diese Art von Technologieabhandlungen imaginiert weniger die Zukunft. Sie befriedigt heutige Sehnsüchte.

Innovation funktioniert so aber nicht. Die Menschheit bewegt sich in ihren Entwicklungen schrittweise fort. Neue Technologien bauen auf alten auf. So wie man von einem Raum in den nächsten durch eine Tür geht, kann man nicht mehrere Räume einfach so überspringen. Das „benachbarte Mögliche" muss erkennbar und logisch sein.

Wo Science-Fiction immer zitiert wird, wenn es um aktuelle Technologie geht, ist bei ethischen Problemen. Vor allem wenn wir von Robotern sprechen. Und hier sprechen wir vor allem von den Robotergesetzen, die Isaac Asimov bereits 1942 postuliert hat. Diese sind hierarchisch aufgebaut und lauten:

1. Ein Roboter darf kein menschliches Wesen (wissentlich) verletzen oder durch Untätigkeit gestatten, dass einem menschlichen Wesen (wissentlich) Schaden zugefügt wird.
2. Ein Roboter muss den ihm von einem Menschen gegebenen Befehlen gehorchen – es sei denn, ein solcher Befehl würde mit Regel eins kollidieren.
3. Ein Roboter muss seine Existenz beschützen, solange dieser Schutz nicht mit Regel eins oder zwei kollidiert.

Später führte Asimov noch ein „Nulltes Gesetz" ein und dieses lautet:[19]

0. Ein Roboter darf nicht die Menschheit (wissentlich) verletzen oder durch Passivität gestatten, dass der Menschheit (wissentlich) Schaden zugefügt wird.

Dass sich diese Robotergesetze ein halbes Jahrhundert halten konnten, ohne weiter angepasst zu werden, spricht nicht unbedingt für uns. Betrachtet man die Gesetze näher, so entdeckt man rasch Stellen, wo sie zu kurz greifen und zu ungenau oder zu genau sind. Was ist mit Tieren? Muss ein Roboter Befehle von egal wem ausführen? Was ist, wenn er physisch gar nicht imstande ist, einen Befehl auszuführen?[20]

Etwas anders sehen diese Gesetze in einer jüngeren Version aus einem anderen Science-Fiction-Roman aus, den Isaac Asimov noch entwarf, aber nicht mehr ausführen konnte:

1. Ein Roboter darf keinen Menschen verletzen.
2. Ein Roboter ist verpflichtet, mit Menschen zusammenzuarbeiten, es sei denn, diese Zusammenarbeit stünde im Widerspruch zum ersten Gesetz.
3. Ein Roboter muss seine eigene Existenz schützen, solange er dadurch nicht in einen Konflikt mit dem ersten Gesetz gerät.
4. Ein Roboter hat die Freiheit, zu tun, was er will, es sei denn, er würde dadurch gegen das erste, zweite oder dritte Gesetz verstoßen.

Robotern wird hier zum ersten Mal ein freier Wille zugesprochen. Eine Frage, die sich damit stellt, ist, ob wir Robotern erlauben sollen, sich überallhin zu bewegen. Und wenn ja, unter welchen Umständen?

Auch wenn Asimov 1942 nicht denselben Wissensstand haben konnte, wie wir ihn heute haben, sind die Robotergesetze sicherlich ein erster Ansatz, um diese Fragen zu beantworten. Und damit sind implizit Science-Fiction-Romane eine Technik, um sich eine Zukunft und deren Auswirkungen vorzustellen.

Spannender allerdings sind für Zukunftsforscher nicht die technologischen, sondern die sozialen und gesellschaftlichen Auswirkungen.[21] Und da vor allem diejenigen, die nur schwer absehbar sind. Die Vorhersage der

---

[19] Don Norman, Emotional Design: Why we love (or hate) everyday things; Basic Books, 2004
[20] Nick Bostrom; Superintelligence: Paths, Dangers, Strategies; Oxford University Press, 2014
[21] https://blogs.scientificamerican.com/observations/when-science-fiction-meets-social-science/

Auswirkungen von „pferdelosen Kutschen" aus technischer Sicht waren einfach. Keine Pferdezucht, keine Hufschmiede, weniger Pferdekot auf den Straßen, weniger Pferdefutter, dafür aber Motorenbauer, Tankstellen und erhöhte Erdölförderung werden benötigt.

Dass pferdelose Kutschen – vulgo „Autos" – uns Einkaufszentren bringen, das Autokino, die Autobahn, den Gastronomieführer und einen Platz, wo junge, unverheiratete Paare Sex haben und Kinder zeugen werden, das alles war fast unmöglich vorherzusagen. Selbst von Autoren mit sehr viel Vorstellungskraft. Und das bringt uns zu den Änderungen erster, zweiter und dritter Ordnung.

First, Second, Third Order Changes

Wir denken alle über die Zukunft nach, nur sind wir nicht sehr gut dabei.
— Jake Dunagan

Änderungen kommen in unterschiedlich starken Ausprägungen. Es wird zwischen drei Arten unterschieden: erste, zweite und dritte Ordnung von Änderungen.[22]

Änderungen erster Ordnung

Sogenannte „First Order Changes" (Änderungen erster Ordnung) bauen auf einer existierenden Struktur auf und stellen diese nicht infrage. Änderungen darin geschehen schrittweise und linear. Die Entwicklung schreitet den bestehenden Pfad entlang, allerdings indem man mit weniger Ressourcen mehr, schneller, besser und/oder präziser arbeitet. Es handelt sich dabei um inkrementelle Verbesserungen, die einzeln zwar alle klein sind, aber über einen längeren Zeitraum und zusammengenommen große Auswirkungen haben. Änderungen erster Ordnung stellen den Status quo nicht infrage.

Wir beschreiben sie als evolutionär, transaktional, inkrementell, kontinuierlich, indem bescheidene Anpassungen an den bestehenden Strukturen vorgenommen werden. Beispiele kennen wir alle und wir haben sie selbst angewandt. Durch überlegtes Üben werden wir

---

[22] Levy, A. (1986) Second-order planned change: Definition and conceptualization, Organisational Dynamics, Vol. 15, Issue 1, pp. 5, 19–17, 23

bessere Köche, Tänzer, Programmierer oder Musiker. Die Geschwindigkeit eines Computerchips wird durch Kühlung um fünf Prozentpunkte besser.

In dieser Ordnung herrschen Schemata, sogenannte Herangehensweisen zur Problemlösung vor, die nicht geändert werden müssen.

Änderungen zweiter Ordnung

Der amerikanische Science-Fiction-Autor Robert A. Heinlein schrieb in seinem 1980 erschienenen Buch *Expanded Universe, The New Worlds of Robert A. Heinlein* von den Herausforderungen, vor denen die Autoren seines Genres stünden.

> *Die schwierigste Spekulation, die ein Science-Fiction-Autor anpacken würde, ist die Vorstellung von **sekundären** Implikationen eines neuen Faktors. Viele Menschen konnten das Zeitalter der pferdelosen Kutsche korrekt vorhersagen … aber ich kenne keinen Autor, sei es Roman- oder Sachbuchautor, der die gewaltigen Auswirkungen auf das Werbe- und Paarungsverhalten der Amerikaner vorhergesehen hatte.*

„Second Order Changes" (Änderungen zweiter Ordnung) ändern das Paradigma. Sie lassen uns Dinge auf völlig neue Weise sehen und geschehen in einer nicht linearen Weise. Sie verlassen den traditionellen Pfad und Menschen müssen Dinge umlernen. Bisheriges Wissen und die Art, wie etwas gemacht wird, veraltet. Und das beschränkt sich nicht nur darauf, wie die Änderung uns zwingt, Dinge neu zu benutzen, sondern auch wie wir uns verhalten, wie wir denken und wie wir fühlen.

Diese Änderungen sind revolutionär, transformativ, radikal, diskontinuierlich und erfinden vieles bisher als selbstverständlich Betrachtetes neu. Konflikte zwischen Vertretern der alten und neuen Sichtweise sind damit immer vorprogrammiert. Sie lassen sich nicht vermeiden.

Der Übergang von Pferdekutschen auf Autos war ein Beispiel einer Änderung zweiter Ordnung. Nicht das schnellere Pferd ersetzte das langsamere Pferd, eine Kutsche mit Motor ersetzte die beiden vollständig. Das Wissen der Hufschmiede, Pferdezüchter und Sattler veraltete damit und wurde überflüssig. Wie man den Motor baut und verbessert und die Kutsche an die neuen Gegebenheiten anpasst, wurde zur gefragten Fähigkeit.

In dieser Ordnung müssen Schemata geändert werden. Der alte Weg funktioniert immer schlechter bis gar nicht mehr.

Nicht nur das Auto, sondern auch E-Mail, Internet und das Smartphone haben das Datingverhalten zwischen den Geschlechtern geändert. Aus dieser Erfahrung müssten wir eigentlich Änderungen zweiter Ordnung auch für andere Technologien vorhersagen können, wie beispielsweise für künstliche Intelligenz, Roboter, autonome Autos, Bitcoin und so weiter.

Änderungen dritter Ordnung

In Folge der Änderungen zweiter Ordnung geschehen immer Änderungen dritter Ordnung. Die Konsequenzen von Änderungen zweiter Ordnung lassen sich mehr oder weniger gut vorhersagen. Autos benötigten Straßen und damit war die Entwicklung einer Straßenbaubranche mit entsprechenden Arbeitsplätzen klar vorhersehbar. Genauso wie der Bedarf nach Tankstellen und Automechanikern.

Das Spannende sind aber die nicht vorhersehbaren Änderungen, die als Ergebnis einer Änderung zweiter Ordnung geschehen. Und diese nennen wir Änderungen dritter Ordnung.

Autos brachten uns nämlich auch die Zersiedelung von Städten, Einkaufszentren am Stadtrand oder Restaurantbewertungen. Der Restaurantführer Guide Michelin wurde von einer Reifenfirma gegründet, um Autobesitzern attraktive Reiseziele vorzustellen und so den Reifenverbrauch zu erhöhen, sodass neue Reifen verkauft werden können.

Auch das iPhone hat Änderungen dritter Ordnung hervorgebracht, wie sie nur äußerst schwer vorhersagbar waren. Transportdienstleister wie Uber würden ohne Smartphones nicht existieren. Und Uber wiederum ergänzt oder beeinträchtigt eine andere Branche. Eine Studie ergab, dass Uber als Ersatz für Rettungswagen verwendet wird. Amerikanische Ambulanzen verrechnen an die 1000 Dollar für einen Transport, oft sehr zur Überraschung der Patienten. Versicherungen ersetzen davon nur einen Bruchteil, vor allem dann, wenn der Einsatz kein Notfall war. Die Forscher untersuchten 766 Städte in 46 Bundesstaaten und fanden heraus, dass überall dort, wo Uber als Service verfügbar war, der Einsatz von Ambulanzen um sieben Prozent zurückging.[23]

Das Smartphone generell ist eine Schlüsseltechnologie für viele weitere Änderungen, die so nie vorhergesagt werden konnten. Zu Virtual Reality bekamen erst in dem Moment viele Menschen Zugang, als Entwickler anstelle von teuren VR-Headsets einfach ein Smartphone, das die meisten ohnehin besitzen, in ein billiges Gehäuse steckten.

Manchmal braucht es Jahre oder Jahrzehnte, bis eine Änderung dritter Ordnung entsteht. Fabriken waren so ausgelegt, dass eine zentral stehende Dampfmaschine den Antrieb für um sie angeordnete Produktionsmaschinen liefern konnte. Der Ersatz von Dampfmaschinen durch Elektromotoren änderte da vorerst wenig. Erst Jahrzehnte nach der Einführung von Elektromotoren realisierte man, dass man diese kleiner bauen und direkt an jeder Maschine anbringen konnte. Das dominante, zentral ausgelegte Fabriklayout konnte geändert und damit die Produktivität aufgrund effizienterer Wege drastisch gesteigert werden.

Frühe Filme – eigentlich eher mehrminütige Filmsequenzen – waren nichts anderes als auf Zelluloid mit

---

[23] Leon S. Moskatel, David J.G. Slusky; Did UberX Reduce Ambulance Volume?, October 2017 http://www2.ku.edu/~kuwpaper/2017Papers/201708.pdf

Änderungen		
Erster Ordnung	**Zweiter Ordnung**	**Dritter Ordnung**
Vorherrschende Schemata werden ohne Änderung weiterhin angewandt.	Bewusste Änderung von Schemata in eine bestimmte Richtung	Schemata werden bewusst erkannt, geändert oder neu entwickelt; Schema von Schemata.
In einer oder mehreren Dimensionen, Komponenten oder Aspekten	Mehrdimensional und auf mehreren Komponenten und Aspekten	Neue Dimensionen, Komponenten und Aspekte entstehen.
Auf einer oder mehreren Ebenen (individuellen oder höhergeordneten Ebene)	Auf mehreren Ebenen (Individuen, Gruppen und gesamte Organisation)	
In einer oder zwei Verhaltensweisen (Einstellung, Werte)	In allen Verhaltensweisen (Einstellung, Normen, Werte, Wahrnehmung, Glaube, Weltanschauung und Verhalten)	
Quantitativ	Qualitativ	
Inhaltlich	Kontext	
Kontinuität, Verbesserung und Entwicklung in dieselbe Richtung	Diskontinuität, Entwicklung schlägt eine neue Richtung ein.	Völlig Neues entsteht
Inkrementell, schrittweise	Revolutionär, sprunghaft	
Umkehrbar	Unumkehrbar	Unumkehrbar
Logisch und rational	Scheinbar irrational und auf anderer Logik basierend	
Ändert nicht die Weltansicht, das Paradigma	Resultiert in neuer Weltanschauung, in neuem Paradigma	
Innerhalb des bestehenden Status des Seins (denken und handeln)	Resultiert in einem neuen Status des Seins (denken und handeln)	

Tabelle 4: Übersicht der Arten von Änderungsordnung

statischer Kamera gebannte Theaterstücke. Es dauerte Jahre, bis Großaufnahmen, bewegte Kameras, zeitliche Vor- und Rückblenden den Film vom Theaterformat löste. Und auch die ersten Eisenbahnen oder Automobile sahen zunächst eher wie mit Ketten zusammengehängte Kutschen auf Schienen mit Motor aus.

In dieser Ordnung müssen nicht nur Schemata geändert werden, die anwendenden Personen müssen sich dieser Schemata und deren Unzulänglichkeiten bewusst werden, damit sie neue Aufgaben anpacken können. Es wird ein „Schema von Schemata" benötigt. Damit lassen sich vorherrschende Schemata ändern und neue Schemata finden und entwickeln.

Konsequenzen

Änderungen erster, zweiter, dritter Ordnung werden in aufsteigender Reihenfolge schwerer vorherzusagen. Wir können aber aus der Vergangenheit lernen.

Elektroautos – wie beispielsweise ein Tesla – sehen heute nach wie vor wie Benzinautos aus. Mit großem Motorraum, auch wenn dort gar kein Motor mehr drinnen ist. Der Elektromotor ist viel kleiner und sitzt direkt an der Achse, während die Batterie im Fahrzeugboden verbaut ist. Hier ist zu erwarten, dass wir neue, mit Verbrennungskraftfahrzeugen bislang nicht mögliche Designs sehen werden.

Oder nehmen wir selbstfahrende Autos. Heute ist ein Fahrzeug um den Fahrer herum designt. Lenkrad, Armatur, Pedale. Selbstfahrende Autos brauchen keinen Platz für den Fahrer. Die Fahrzeuginneneinrichtung kann stattdessen mehr für lesende, arbeitende oder schlafende Passagiere ausgerichtet sein. Es ist sogar vorstellbar, dass sich gar keine Passagiere mehr im Fahrzeug befinden und stattdessen ein Supermarkt auf Rädern auf den Straßen zu uns unterwegs ist.

Gute Vorhersagen behalten die langfristigen Auswirkungen im Auge und nicht nur die kurzfristigen gewünschten Ziele. Die langfristigen Auswirkungen vom Bestreben einer sozialen Medienplattform wie beispielsweise Facebook, Benutzer zu mehr Aktivitäten auf der Plattform zu bewegen, führte zu der Blase, in der sich die Benutzer nur noch mit Kontakten unterhalten, die ihre Meinungen teilen. Das führt zu einer politischen und gesellschaftlichen Spaltung. Oder Airbnb wiederum sah die Auswirkungen von kurzzeitigen Wohnungsvermietungen auf den langfristigen und leistbaren Mietmarkt in Städten wie San Francisco oder Amsterdam nicht voraus.

Wertvolle und achtsame Vorhersagen berücksichtigen somit die unterschiedlichen Ebenen der Auswirkungen in Bezug auf wirtschaftliche, soziale, kulturelle oder umweltbewegende Einflüsse.

Die Frage nach der Zukunft darf nicht einfach nur „Wie wird sie aussehen?" sein, sondern auch: „Zu welchen Kosten?"[24]

---

[24] https://www.fastcompany.com/90154519/10-new-principles-of-good-design

First, Second, Third Order Changes

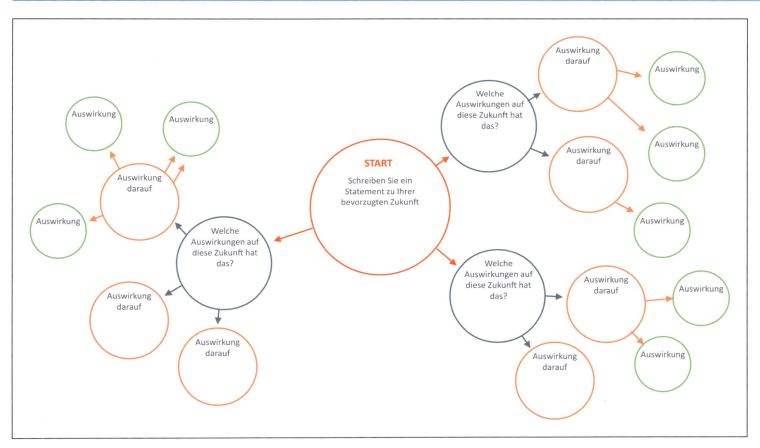

Abbildung 6: Futures Wheel

Eine gute Frage stellen

> *Computer sind nutzlos. Sie geben dir nur Antworten.*
> – Pablo Picasso

Albert Einstein stellte sich eine Frage, die eine ganze Wissenschaftsdisziplin schuf. „Wie sähe die Welt für mich aus, wenn ich auf einem Lichtstrahl reiten würde?" Das Ergebnis war die Relativitätstheorie mit der bekannten Formel $E=mc^2$.

Diese Frage ist ein großartiges Beispiel, welche Eigenschaften eine gute Frage haben sollte.

- Ihr geht es nicht vorrangig um eine richtige Antwort.
- Sie kann nicht sofort beantwortet werden.
- Sie hinterfragt bestehende Antworten.
- Man will die Antwort darauf hören, sobald sie gestellt wurde, ohne dass man sich vorher dessen bewusst war.
- Sie schafft einen neuen Denkraum.
- Sie strukturiert die eigenen Antworten neu.
- Sie ist der Kristallisationspunkt für Innovation in Wissenschaft, Technologie, Kunst, Politik und Wirtschaft.
- Sie ist eine Sondierung, ein Was-wäre-wenn-Szenario.
- Sie bewegt sich am Scheidepunkt des Bekannten und Unbekannten, weder Verrückten noch Offensichtlichen.
- Sie kann nicht vorhergesagt werden.
- Sie ist das Zeichen eines gebildeten Kopfes.
- Aus ihr gehen viele neue gute Fragen hervor.

- Ist vermutlich die letzte Aufgabe, die eine Maschine je lernen wird.
- Ist etwas, wofür Menschen geschaffen wurden.

Fragen zu stellen unterscheidet Menschen von Primaten. Selbst bevor Kinder sprechen können, beginnen sie, Fragen zu stellen. Die Art der Fragen ändert sich mit dem Alter. Anfänglich lauten die Fragen „Was ist das?", ändern sich dann zu „Wieso macht der Mann das?" zu „Wie funktioniert das?" und „Warum ist der Himmel blau?" bis zu den Vorstellungen „Was wäre, wenn…?". Tatsächlich stellen Kinder im Alter zwischen zwei und vier Jahren 40.000 Fragen.[25]

Gute Fragen zu stellen kommt nicht von selbst. Das Right Question Institute hat sich das Ziel gesetzt, Menschen dabei zu helfen, bessere Fragen zu stellen, um effektiver bei Entscheidungen mitwirken zu können.[26] Beim Denken und Brainstorming in Gruppen dürfen nur Fragen gestellt werden.

Die Frage „Wie bereiten wir unser Unternehmen auf digitale Transformation vor?" wird dabei nicht mit einer Liste an nächsten Schritten beantwortet, sondern mit weiteren Fragen analysiert. „Welches sind die Elemente der digitalen Transformation, die uns betreffen?", „Was wäre, wenn wir keine Apps bauen?", „Wie würden wir unsere Mitarbeiter darauf vorbereiten?", „Wie können wir sie aktiv miteinbinden?".

---

[25] Paul Harris; Trusting What You're Told – How Children Learn from Others; Harvard University Press, 2015
[26] http://rightquestion.org/

Die Teilnehmer an solch einer Gruppenarbeit engagieren sich viel mehr und sind am Thema interessierter. Eine solche Herangehensweise ist eigentlich recht subversiv, disruptiv und sicherlich verspielter. Und sie bringt die Teilnehmer in ein kreatives Mindset.[27]

Fragen zu stellen ist etwas, womit jedes neue Unternehmen beginnt. „Was wäre, wenn es keinen Fahrer mehr gibt?" war der Beginn von mehreren Start-ups, die autonome Autos entwickeln. „Warum müssen wir mehrere Tage auf die Entwicklung von Fotos auf Fotopapier warten?", wunderte sich Polaroid.

Doch je erfolgreicher diese Unternehmen werden, desto weniger oft werden Fragen gestellt. Hierarchien werden eingezogen, Methodologien und Prozesse eingeführt, Entscheidungsgremien dazwischengeschaltet, weil die Fragen vermeintlich geklärt sind und in diesen Rahmen passen müssen.

Expertise verliert über Zeit dramatisch an Wert. Sie veraltet rascher. Antworten zu geben verliert an Wert, Fragen – die richtigen Fragen wohlgemerkt – zu stellen wird umso wertvoller. Wissen wird zu einem Rohstoff, der von überall bezogen werden kann. Dank Google, Siri und Co. stehen uns Antworten sofort zur Verfügung.

Eine Studie berechnete 2010 den Wert von Antworten, indem die Forscher Studenten nur in einer Universitätsbibliothek nach Antworten suchen ließen.[28] Die Fragen waren solche, die normalerweise mit Google beantwortet werden konnten. Im Durchschnitt benötigten die Studenten 22 Minuten, um eine Antwort zu erhalten. Das waren 15 Minuten mehr als bei einer Suche mit Google. Bei einem durchschnittlichen Stundenlohn von 22 Dollar hilft Google, 5,50 Dollar pro Frage zu sparen.

Google-Chefökonom Hal Varian berechnete die Zeit, den eine Antwort mit Google erspart, auf durchschnittlich 3,75 Minuten pro Tag und spart somit jedes Mal 60 Cent. Google kostet heute eine Antwort 0,3 Cent, jede Suche generiert für Google aber 27 Cent an Erlösen. Deshalb können Antworten gratis gegeben werden. Jede Frage, die Google gestellt wird, trägt auch zur Verbesserung der Suchergebnisse und damit zur Kostensenkung bei.[29]

Nicht nur die Antworten werden besser. IBM Watson, das System künstlicher Intelligenz, wird beispielsweise zur Diagnose von Krebs in Kliniken eingesetzt. Der überraschende Nebeneffekt war, dass die Ärzte und Medizinstudenten lernten, bessere Fragen zu stellen. Nicht weil Watson nur mit beschränkten Fragestellungen arbeiten konnte, sondern weil Watson so viele Daten hat, dass sich neue Fragemöglichkeiten für die Mediziner erga-

---

[27] Warren Berger; A More Beautiful Question – The Power of Inquiry to Spark Breakthrough Ideas; Bloomsbury, 2014

[28] Yan Chen, Grace Young Joo Jeon, Yong-Mi Kim; A Day without a Search Engine: An Experimental Study of Online and Offline Searches; University of Michigan, 2010 – http://yanchen.people.si.umich.edu/papers/VOS_2013_03.pdf

[29] Kevin Kelly; The Inevitable – Understanding The 12 technological Forces That Will Shape Our Future; Penguin, 2016

ben. Fragen, die sie in einer Runde von menschlichen Experten so nicht gestellt hätten. IBM Watson schult die Mediziner somit, bessere Fragen zu stellen und damit bessere Ärzte zu werden.

Bessere Fragen und bessere Antworten alleine reichen nicht. Es muss auch gehandelt werden Die Formel dazu lautet:

$$F (Frage) + H (Handlung) = I (Innovation)$$

Wenn nicht gehandelt wird, dann bleibt man sehr „deutsch":

$$F (Frage) - H (Handlung) = P (Philosophie)$$

Kommen wir nochmals zu den Fragemeistern, den Kindern. Kinder zwischen dem Alter von zwei und vier Jahren stellen 40.000 Fragen.[30] Obwohl wir mit Neugier und dem Hunger nach Antworten auf die Welt kommen, wird es uns ausgetrieben und wir verlernen rasch, Fragen zu stellen.[31]

So hat das Right Question Institute, basierend auf Daten des 2009 erschienenen „Nation's Report Card: Grade 12 Reading and Mathematics 2009 National and Pilot State Results", die Anwendungshäufigkeit von Fähigkeiten, die Kinder zeigen, wie Fragen, Lesen und Schreiben, mit deren Alter verglichen. Dabei zeigt sich, dass Zweijährige, die natürlich noch nicht lesen und schreiben können, vor allem Fragen stellen. Die Häufigkeit des Fragestellens sinkt kontinuierlich und erreicht bei 11-Jährigen zum ersten Mal die Prozentzahl von Lesen und Schreiben. 18-Jährige hingegen wenden Fragen nur noch zu 25 Prozent an, Lesen und Schreiben hingegen mit mehr als 75 Prozent.

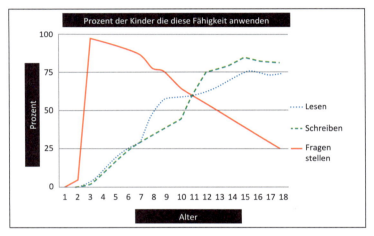

Tabelle 5: Anwendungshäufigkeit von Lesen, Schreiben und Fragen

Regeln für gute Fragen

Die „Question Formulation Technique" vom Right Question Institute verwendet einige Grundregeln, um richtige Fragetechniken zu lernen.[32] Zu Beginn wird eine

---

[30] Paul L. Harris; Trusting What You're Told – How Children Learn from Others; Harvard University Press, 2015

[31] Nation's Report Card: Grade 12 Reading and Mathematics 2009 National and Pilot State Results – https://nces.ed.gov/nationsreportcard/pdf/main2009/2011455.pdf

[32] Question Formulation Technique – http://rightquestion.org/education/

provokante These vorgelegt: „Folter kann gerechtfertigt sein." Die Teams arbeiten dann an dieser These, ohne sie zu beantworten, sondern um so viele Fragen wie nur möglich in einem limitierten Zeitraum zu finden. Dabei werden zuerst die naheliegenden Fragen gefunden, wie etwa „Wie ist Folter definiert?" und „Wann wird Folter angewandt?". Aber auch im ersten Moment abwegig klingende Fragen werden gestellt: „Kann Folter glücklich machen?" Ebenso Fragen, die den Fragenbereich erweitern: „Hat Folter etwas mit Gerechtigkeit zu tun?" Oder: „Wer wird am wahrscheinlichsten gefoltert?"

In der zweiten Phase werden die offenen Fragen geschlossen – und umgekehrt. Eine Frage wie „Warum ist Folter effektiv?" wird von der offenen zu der geschlossenen Frage „Ist Folter effektiv?". Damit wird den Teilnehmern gezeigt, dass man Fragen aufbohren und erweitern oder eben einengen kann. Die Art, wie eine Frage gestellt wird, kann die Richtung der Diskussion ändern und neue Fragen hervorbringen.

In der dritten Phase werden die Fragen dann priorisiert. Dabei lernen die Teilnehmer, wichtige Fragen zu identifizieren und analysieren, also nicht endlos Fragen zu stellen und dabei nicht weiterzukommen. Einige der so priorisierten Fragen lauten dann „Warum funktioniert Folter?", „Wer entscheidet, ob Folter gerechtfertigt ist oder nicht?" und „Wie kann jemandes Schmerz der Preis für ein von dir gewünschtes Ergebnis sein?".

Fragesteller müssen auch nicht die Antwort zu den Fragen wissen, Antworten zu haben ist keine Voraussetzung.

Damit wird verhindert, dass Domänenexperten die Diskussion dominieren. Auch wird das Stellen von Fragen aus den Händen des Managements genommen. Dieses tendiert dazu, mit Fragen zu dominieren, zum Beispiel: „Warum wurde das bisher nicht gemacht?", „Wer macht das?", „Bis wann können wir damit rechnen?", „Bin ich der Einzige, dem das Sorgen macht?". Das sind Fragen, die nach Schuldigen suchen. Sie sind wie ein Kreuzverhör interrogativ. Eine der dümmsten Varianten ist eine Frage der Art: „Was ist unsere Version eines iPad?"[33]

Solche „Her-mit-den-Fakten-Fragen" haben sehr wohl ihren Platz. Sie helfen, den Betrieb aufrechtzuerhalten. Sie dienen aber definitiv nicht dazu, das Unternehmen in die Zukunft zu führen.

Eine „wertschätzende Recherche" (Englisch: „Appreciative Inquiry") geht von der Voraussetzung aus, dass eine positive Frage, die sich auf Stärken und Aktivposten konzentriert, effektivere Ergebnisse hervorbringt, als auf negative Qualitäten und Probleme zu achten. Konzentriert man sich auf solche Fragen wie „Warum habe ich nicht mehr Geld, mehr Freunde, mehr Erfolg im Beruf?", dann gerät man rasch in eine Spirale von Unzufriedenheit, Frust und Gefühl von Hilflosigkeit.

„Was wäre, wenn du nicht scheitern könntest?" Sebastian Thrun, der deutsche Pionier der selbstfahrenden Autos bei Google und Serienunternehmer, meinte dazu: „Menschen scheitern zumeist, weil sie Angst vor dem

---
[33] Warren Berger; A More Beautiful Questions: The Power of Inquiry to Spark Breakthrough Ideas; Bloomsbury, NY, 2014

Scheitern haben." Mit einer solchen Art von Frage beseitigt man zumindest zeitweise Beschränkungen und nimmt den Leuten die Angst vor dem Scheitern.

„Keine Angst vor dem Scheitern" hat mit dem Silicon Valley eine gewisse Prominenz gewonnen. Und viele Delegationsreisenden führen das als die Nummer-1-Erkenntnis an, warum aus dieser Gegend so viele Innovationen kommen. Doch es gibt dämliches Scheitern und kluges Scheitern. Kluges Scheitern geschieht schnell, ohne viel Ressourcen verschwendet zu haben und das Unternehmen zu gefährden und indem aus dem Scheitern gelernt wird.

Auch und vor allem das Scheitern gibt Antworten und lässt neue Fragen aufkommen. Wir sind allerdings mit der Angst vor dem Scheitern großgezogen worden. Eltern, Lehrer, Verwandte, Freunde, Schulkollegen am Schulhof erwarten von uns Erfolg, ohne dass wir scheitern. Inquisitorische Fragen im Unterricht werden als störend und lästig empfunden. Eltern und Verwandte zu hinterfragen wird als Respektlosigkeit interpretiert. Wir verlernen nicht nur, Fragen zu stellen, wir lernen auch nie, gute Fragen zu formulieren. Erwartet werden Antworten.

Das ist zugleich ein Dilemma für das Management. Es wird von ihm erwartet, Antworten zu haben, Lösungen zu finden. Offene Fragen zu stellen wird als Unwissenheit und Schwäche dargestellt. Deshalb tendieren Führungskräfte dazu, ihre Fragen immer stärker auf Personen, Verantwortung und Zeitpläne einzuschränken. Auf den Wirtschaftsschulen wird ihnen beigebracht, Managementtheorien und -methoden anzuwenden und Lösungen zu finden. Das klappt aber dann nicht mehr, wenn sich die Welt ändert. Bessere Fragen zu stellen wird somit Aufgabe des Managements und der Mitarbeiter. Letztere müssen dazu motiviert werden und ein Umfeld erleben, wo sie das dürfen.

Ein Nebeneffekt, wenn gute Fragen gewünscht und erlaubt sind, ist ein höheres Engagement der Teilnehmer. Grund dafür ist, dass die Beschäftigung mit eigenen Fragen zu mehr Interesse am Thema selbst führt.

Zusammenfassend sieht die Question Formulation Technique folgendermaßen aus:

1. These.
2. Teilnehmer stellen in Kleingruppen Fragen.
3. Teilnehmer verbessern die Fragen.
4. Teilnehmer priorisieren die Fragen.
5. Teilnehmer und Kursleiter entscheiden die nächsten Handlungsschritte.

Warum, Was wäre, wenn, und Wie

Wir betreiben dieses Unternehmen mit Fragen, nicht mit Antworten. — Eric Schmidt, ehemaliger Google-CEO

Hier sind drei einfach aussehende Satzanfänge und doch haben sie dazu beigetragen, ganze Industrien umzukrempeln.

„Warum müssen wir auf die Bilder immer warten?" In einer Zeit, als man seinen vollen Film einschicken musste, damit er entwickelt werden konnte und man die Bilder mehrere Tage später auf Fotopapier ausgedruckt erhielt, schien anderes nicht möglich. Doch dann stellte sich jemand diese Frage und gab uns die Polaroid-Kamera.

„Warum sind in Paris zu dieser Tageszeit keine Taxis da? Und warum nehmen sie keine Kreditkarten?", fragten sich zwei junge Programmierer und gründeten Uber.

„Was wäre, wenn die Firma nicht existieren würde?" Diese Frage erlaubt einen Neuanfang, bei dem alteingefahrene Annahmen und Denkweisen über das Unternehmen und den Industriesektor fallen gelassen werden können. Würden wir das Unternehmen wieder so gründen und organisieren? Oder doch anders?

Auf diese Weise können Führungskräfte den Fokus von existierenden Annahmen, Strukturen und ungeschriebenen Regeln abwenden und stattdessen neue Möglichkeiten betrachten.

- „Was wäre, wenn Geld kein Hindernis wäre? Wie würden wir das Projekt dann angehen?"
- „Was wäre, wenn wir nur 10 statt 100 Euro verlangen würden?"
- „Was wäre, wenn wir eine Bewegung für einen Zweck würden und kein Unternehmen sind?"

Anstelle zu fragen, wie man damit Geld verdienen kann, frage man lieber danach, ob damit das Leben der Kunden wesentlich verbessert würde.

Leider ist in Organisationen nicht oft die Gelegenheit, in einer sicheren Umgebung solche Fragen zu stellen. Zuerst sind alle immer hoch beschäftigt, keiner hat Zeit. Die alltäglichen operationalen Geschäftstätigkeiten können einen vollständig vereinnahmen. Und wenn es tatsächlich Zeit gäbe, dann mag die Umgebung nicht immer förderlich sein. Mit Umgebung sind die Kollegen gemeint, die solche Fragen als lächerlich empfinden und einer mentalen Übung wie dieser nichts abgewinnen können. Es helfe ja nicht, die momentanen, aktuell drängenden Probleme anzupacken und zu lösen.

„Jetzt soll ich neben meiner Arbeit, die mich 110 Prozent beansprucht, auch noch über die Zukunft nachdenken?" So und ähnlich reagieren die Mitarbeiter darauf. Allerdings: Die Mitarbeiter bei General Motors waren auch sehr beschäftigt. Bis zum Ende. Bis zum Bankrott. Ebenso die Mitarbeiter von Kodak. Jeder hatte ausreichend zu tun. Bis das Licht abgedreht wurde.

„Wo ist deine Petrischale?" bedeutet: „Wo im Unternehmen kann man solche radikalen Fragen in sicherem Umfeld stellen?"

Question Storming

Bei der Question-Storming-Methode vom Right Question Institute liegt der Schwerpunkt auf der Generierung von Fragen. In konventionellen Brainstorming-Übungen werden typischerweise Antworten harscher beurteilt als Fragen. Das Right Question Institute hat dabei in mehr als 100 Question-Storming-Übungen beobachtet, dass die meisten Teams nach 25 Fragen aufhören wollen. Bei dieser Anzahl an Fragen gibt es nämlich oft einen Durchhänger und die Teilnehmer glauben, dass die Fragen erschöpft sind. In diesem Moment ist es aber wichtig weiterzumachen. Die wirklich interessanten Fragen kommen nämlich erst nach der 50. oder sogar 75. Frage.

Ähnliches hat bereits die Stanford-Professorin Tina Seelig erkannt. Bei Kreativitätsübungen mit ihren Studenten lässt sie diese in Kleingruppen zu einem alltäglichen Gegenstand wie einem Ziegelstein oder einem alten Autoreifen 50 alternative Anwendungszwecke finden. Sobald die Studenten ihr die Listen bringen, zerreißt sie diese vor ihren Augen und fordert sie auf, weitere 50 Anwendungszwecke zu finden. Das geht meist nur unter großem Protest der Studenten vonstatten. Diese meinen, dass sie genug Ideen gesammelt hätten und es kaum weitere oder gar wertvolle Ideen geben könne. Seelig ignoriert diese Proteste immer und mürrisch machen sich die Studenten dann doch wieder an die Arbeit. Seelig sieht den Studenten ihre Anstrengung bei der Arbeit förmlich an. Die Körpersprache, die Verzweiflung, die Stimmen zeigen das deutlich. Und doch hat sie die Studenten in diesem Moment genau dort, wo sie sie haben will. Sie müssen an ihre Grenzen gehen und nicht nur die naheliegenden Lösungen runterschreiben, sie beginnen, Assoziationen mit weit entfernten Disziplinen herzustellen. Es ist nicht überraschend, dass diese nächste Liste an Verwendungszwecken viel kreativere Lösungen bringt. Und das ist der Moment, wo die Studenten ihre Professorin verstehen.[34]

Question-Storming ist oft realistischer bei den Erwartungen. In eine Brainstorming-Session gehen die Teilnehmer mit der Erwartung rein, nachher „die Antwort" zu haben. Und das geschieht meistens nicht und frustriert die Teilnehmer.

Beim Question-Storming hingegen ist die Erwartung, dass man aus der Übung mit ein paar vielversprechenden und kraftvollen Fragen herauskommt, die eine Richtung und Antrieb vorgeben können.

Besonders mächtig ist eine Frage, die mit den drei Worten „Wie könnten wir ..." beginnt. Sie fordert kreatives Denken und Zusammenarbeit geradezu heraus. „Wie würde IKEA dieses Problem anpacken?" Oder die umgekehrte Frage: „Was würde Steve Jobs von unserem Produkt erwarten?"

Auch wenn wir uns mit den vielen Arten, wie Fragen gestellt werden, auseinandergesetzt haben, das tatsächliche Problem ist, dass wir zu wenig davon stellen. Nicht weil wir wenig Fragen haben, sondern weil wir den Druck fühlen, Gewissheit zeigen zu müssen. Wer keine Gewissheit hat oder wenigstens den Eindruck vermitteln kann, Gewissheit zu haben, und wer keine Antworten hat, ist in den Augen der anderen schwach, uninformiert und entscheidungsschwach.

Der Neurologe Robert Burton nennt das die „Gewissheitsepidemie". Bei der Gewissheitsepidemie fragen Menschen weniger, als sie sollten.[35] Und selbst wenn

---

[34] Tina Seelig; InsightOut: Get Ideas Out of Your Head and Into the World; HarperOne, 2015

[35] Robert Burton; On Being Certain. Believing You Are Right Even When You're Not; St. Martin's Press, 2008

sie fragen, dann verlassen sie sich zu sehr auf ihr Bauchgefühl und ihre Vorurteile. Alles, was Menschen je erfahren haben, beeinflusst ihre Entscheidungen – und somit welche Fragen sie stellen. Burton empfiehlt, wann immer man eine Frage formuliert, zuerst einen Schritt zurückzugehen und sich zu fragen: „Was sind die dieser Frage zugrunde liegenden Annahmen? Gibt es hier nicht eigentlich eine andere Frage, die ich stellen sollte?" „Warum frage ich warum?" Das lässt uns unsere eigenen Fragen infrage stellen.

Fragenvorlage

Hier ist noch eine konkretere Vorlage für einfache Fragen. <X> steht dabei als Platzhalter in den folgenden Fragen für eine Technologie, Fähigkeit, Prozess, Produkt, Dienstleistung, Unternehmen oder Markt.
- Was ist die Zukunft von <X>?
- Wird <X> bedeutsam sein?
- Wann wird <X> bedeutsam werden?
- Wie wird <X> bedeutsam werden?
- Was ist mit <X> noch verwandt?
- Wer wird <X> dominieren?
- Was wird von <X> disruptiert/verdrängt?
- Was wird <X> selbst disruptieren/verdrängen?

Beschleunigung und Singularität

Das Geschäftsmodell von Kodak beruhte auf dem Verkauf von Filmpapier. Wie mittlerweile jedem bekannt ist, kam diesem Geschäftsmodell die Digitalkamera dazwischen, die das Ausdrucken von Fotos auf Filmpapier überflüssig machte. Die Ironie der Geschichte ist, dass der junge Eastman Kodak-Ingenieur Steve Sasson 1975 die Digitalkamera erfand. Der Prototyp, ein zusammengebasteltes Ding mit Audiokassette als Speichermedium, steht heute im Smithsonian Museum in Washington, D.C. Seine Vorgesetzten und Kollegen konnten nur wenig mit dieser Erfindung anfangen und der Rest ist Geschichte.

Konnten die Eastman Kodak-Manager wirklich nicht diese Entwicklung vorhersehen? Zumindest eine einfache Rechnung hätte aussagekräftige Informationen liefern können. Nämlich die Extrapolation des Zuwachses von Fotos, die geschossen werden. Im Jahr 2000 wurden weltweit 80 Milliarden Fotos gemacht.[36] Diese Zahlen wurden sogar von Kodak veröffentlicht.

Im Jahr 2017 lag die Zahl bei 14,6 Billiarden. Das ist das mehr als 182-Fache von 2000. Allein zwischen 2010 und 2015 verdreifachte sich die Anzahl der aufgenommenen Bilder. Betrachtet man Filmpapier und weiß, dass man aus einem Baum Filmpapier für ungefähr 20.000 Bilder produzieren kann, dann hilft ein bisschen Rechnen, um

---

[36] Photos, Photos Everywhere; New York Times 2015 https://www.nytimes.com/2015/07/23/arts/international/photos-photos-everywhere.html

zu sehen, wie rasch wir den Waldbestand der Erde aufbrauchen würden, nur um dem Bedarf an Filmpapier nachzukommen. Da der weltweite Baumbestand heute auf drei Billiarden geschätzt wird, zeigt uns eine einfache Kalkulation, dass wir Reserven für 4.000 Jahre haben. Nicht weiter bedrohlich, wie es scheint. Aus den Wachstumszahlen erkennen wir aber auch den exponentiellen Verlauf der Fotomengen. Eine Verdopplung alle zwei Jahre halbiert die verbleibenden Jahre entsprechend. Nur 25 Jahre vorausberechnet, und wir holzen den gesamten Waldbestand der Erde in nur einem Jahr für alle Fotos ab.

Das wäre zwischen 2040 und 2050 und dabei haben wir nicht mal die anderen Verwendungszwecke für Holz einkalkuliert.

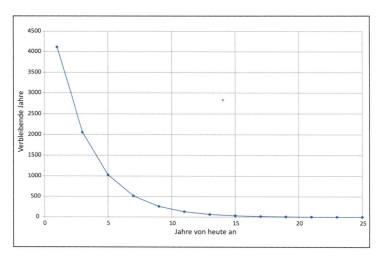

Abbildung 7: Verbleibender globaler Waldbestand in über 25 Jahren bei Verdopplung der Fotozahlen alle 2 Jahre

Das ist die Macht von exponentiellen Trends. Am Anfang erscheinen sie langsam, aber am Ende geht es rasend schnell. Menschen sind von Natur aus nicht damit vertraut. Lineare Trends, langsames, vorherschaubares Wachstum ist einfacher zu verstehen als die Macht von exponentiell wachsenden Trends. Die Rechengeschwindigkeit von Computerprozessoren ist so ein exponentieller Trend. Am Anfang ging es sehr langsam, aber aktuell erleben wir eine so rasante Geschwindigkeit, dass Technologieanwendungen wie künstliche Intelligenz möglich werden, die viele schon als nicht mehr möglich abgeschrieben haben.

Die bekannte Frage, wie lange es dauert, bis eine Seerose den ganzen Teich bedeckt, wenn sie sich jeden Tag verdoppeln kann und sie nach 15 Tagen die Hälfte des Teichs bedeckt hat, zeigt, wie intuitiv viele die falsche Antwort geben. Sie meinen, es dauere weitere 15 Tage. Dabei dauert es genau einen Tag.

Wir lachen natürlich heute über das Seerosenbeispiel oder belächeln die Kodak-Manager. Dabei brauchen wir nicht weiter als bis zu unserer eigenen Nasenspitze zu schauen, dass wir davor nicht gefeit sind. Beispiel gefällig? Wann werden Elektrofahrzeuge die Mehrheit aller neuen Autos stellen, wenn sich die Neuzulassungen alle eineinhalb Jahre verdoppeln? Es braucht gerade neun Jahre. Und das ist nicht nur ein theoretisches Beispiel, im Schnitt über die Länder verdoppeln sich die Neuzulassungen gerade alle 18 Monate.

Am Beispiel der Automobilmanager sehen wir deutlich, dass sich dieselben Verhaltensmuster wie schon bei

Eastman Kodak zeigen. Und wir sind vermutlich überrascht, dass wir vielleicht eine etwas andere Erwartung hatten und selbst da blind unterwegs waren.

Ist das Denken in exponentiellen Kategorien bereits schwer genug, wie schwer muss es dann erst für „superexponentielles" Wachstum sein? Und ja, auch das gibt es. Das ist Wachstum, das sich beschleunigt.

In seinem Buch *Scale: The Universal Laws of Growth, Innovation, Sustainability, and the Pace of Life in Organisms, Cities, Economies, and Companies* beschreibt der Physiker Geoffrey West das Wachstum am Beispiel von Städten und dessen Auswirkungen. Die Verdopplung der Bevölkerungszahl führt auch zu einer 15-prozentigen Effizienzsteigerung. Diese wiederum führt zu sogenannten „Singularitäten" sowohl von guten als auch schlechten Einflüssen.

Aktuell ist das Wort Singularität in aller Munde und bezeichnet den Moment, wo künstliche Intelligenz menschliche Intelligenz überschreiten wird. In der Mathematik ist es der Punkt, wo eine Funktion einen unendlichen Wert annimmt.

Jede Wachstumsverdopplung einer Stadt benötigt sich beschleunigende Innovationszyklen, um einen sozioökonomischen Zusammenbruch der Stadt zu verhindern. Ähnliches gilt auch für Unternehmen. Wenn diese Innovation nicht schneller wachsen kann als das Unternehmen selbst, dann führt das unweigerlich zum Untergang des Unternehmens.

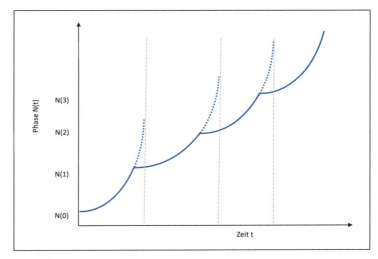

Abbildung 8: Wachstumsbeschleunigung

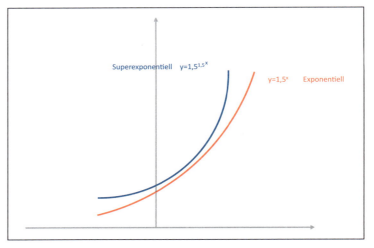

Abbildung 9: Superexponentielles und exponentielles Wachstum

Short Nose Innovation

Neben dem Long Tail und der Long Nose sowie exponentiellem und superexponentiellem Wachstum gibt es eine Spezialform von exponentiellen Kurven, die sogenannte „Short Nose".

Wir kennen die exponentielle Funktion, wie sie bei Mikroprozessoren vorkommt. Alle 18 bis 24 Monate verdoppelt sich die Anzahl der Transistoren. Am Anfang geht das in uns langsam vorkommenden Schritten, doch dann geht es rasant.

Die Short Nose ist auch exponentiell. Der technologische Fortschritt schreitet zuerst rasch voran, wird dann aber immer langsamer, während gleichzeitig der Aufwand exponentiell ansteigt.

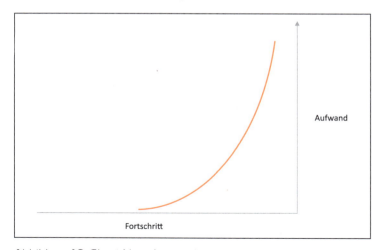

Abbildung 10: Short Nose Innovation

Sehen wir uns das am Beispiel der Entwicklung von autonomen Autos an. Wenn die Entwickler beginnen, Fahrsituationen und Verkehrssituationen zu definieren, die autonome Autos beherrschen müssen, dann ist bestimmt die Fahrt auf der Autobahn oder einer Straße zwischen Spurmarkierungen darin enthalten. Abstandhalten hinter einem Auto. Spurwechsel, Abfahrt auf der Autobahn, Rechtsabbiegen an der Kreuzung, Stopp vor einem Fußgängerübergang. Man hat rasche Erfolge, glaubt, all das zu beherrschen.

Jedes der Szenarien kann jedoch in multiplen Varianten vorkommen. Man füge nur einfach Gegenverkehr oder Fußgänger hinzu. Dann Straßenschilder, Signale, Baustellenhütchen, Radfahrer, Polizeiautos, Schulbusse, Lastwagen, Objekte, die auf eine Straße fallen – und es wird schon viel komplexer.

Aus wenigen Dutzend Fahrsituationen und Verkehrsszenarien wurden einige Tausend oder sogar Hunderttausend. Man streue noch unterschiedliche Lichtbedingungen je nach Tageszeit darüber oder Wetterbedingungen wie eine blendende Sonne, Schneegestöber, leichtes Nieseln, Windböen, oder spezielle Ereignisse wie Freudenfeiern nach einem WM-Sieg, Karnevalsumzüge, Kinder zu Halloween, randalierende Personen – und die Zahl an möglichen Verkehrsszenarien explodiert förmlich. Milliarden von sogenannten Randszenarien, nur sehr selten auftretenden Situationen, sind möglich.

Nicht alle Kombinationen werden jemals auftreten (Kinder zu Halloween wird man bei Hagelschlag eher nicht vorfinden) oder sind gleich wahrscheinlich. Manche Szenarien sind nicht vorausdenkbar, wie beispielsweise die Rentnerin im Elektrorollstuhl, die mitten auf der Straße Kreise fährt, um eine Ente zu verscheuchen, oder der halbnackte Mann, der freudig erregt auf die Straße hüpft und auf dem Motorraumdeckel des Autos auf und ab springt (alles Szenarien, die autonome Autos von Waymo tatsächlich so erlebt haben). Andere Szenarien fallen einem wiederum gleich ein und werden häufig in Diskussionen vorgebracht, sie kommen in Wirklichkeit aber nur äußerst selten vor.

Die Wahrscheinlichkeit vieler dieser Momente, dass sie überhaupt eintreten, ist gering. Trotzdem wollen wir autonome Autos für solche Situationen vorbereiten, damit sie entsprechend sicher reagieren können, wenn so ein Fall doch eintreten sollte. Um das zu erreichen, müssen sie in solchen Situationen getestet werden.

Hersteller, die derartig unwahrscheinliche Situationen erleben wollen, tun gut daran, viele autonome Autos häufig in echtem Verkehr mitfahren zu lassen. Damit steigt die Wahrscheinlichkeit, solchen weniger häufig vorkommenden Szenarien zu begegnen.

Im konkreten Fall bedeutet das, dass mit einer Handvoll fleißig herumfahrender Autos sehr rasch eine – hier von mir für das Beispiel zur Anschauung beliebig gewählte – Sicherheitsstufe von 50 Prozent erreicht werden kann, vorausgesetzt, dass diese Situationen dann auch gut in der Software verarbeitet werden. Wie wir im folgenden Diagramm sehen, reichen dazu um die 1.700 Situationen, welche die Handvoll Autos erleben müssen. Um allerdings auf eine Sicherheitsstufe von 60 Prozent zu gelangen, brauchen wir an die 7.700 durchgespielte Situationen.

Mit jedem Sprung um zehn Prozentpunkte Sicherheit steigt die Zahl der zu testenden Szenarien exponentiell. Von 50 auf 60 Prozent sind das nicht um 10 Prozentpunkte mehr Szenarien, sondern um 452 Prozent mehr. Nicht 20 Prozent, sondern um 452 Prozent sicherer ist ein Auto auf Sicherheitsstufe 60 Prozent als ein Auto auf 50 Prozent.

Der Aufwand dafür aber steigt gewaltig, man arbeitet sich immer langsamer und langsamer an eine höhere Sicherheitsstufe heran. In unserem Beispiel brauchen

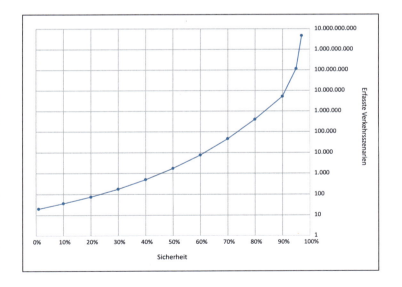

wir über fünf Millionen berücksichtigte Szenarien, um 90 Prozent zu erreichen.

Ein Unternehmen, das nicht nur eine Handvoll an Fahrzeugen, sondern mit mehreren Hundert Autos gleichzeitig fleißig testet, verbessert die Sicherheit rascher. Eines mit Tausenden Autos auf den Straßen klarerweise noch viel rascher. Da manche der Szenarien sehr selten auftreten, beispielsweise jedes Jahr im Testgebiet nur ein Mal oder nur alle fünf Jahre, kann es einige Zeit dauern, bis auch diese erfasst wurden. Je länger getestet wird, je mehr Fahrzeuge daran beteiligt sind und je weiter sich das Testgebiet erstreckt, desto rascher verbessert sich die Sicherheit der beteiligten Fahrzeuge.

Ein Vorsprung von 10 Prozentpunkten von 50 auf 60 Prozent kann bedeuten, dass dafür zwei Jahre Tests notwendig sind. Dieselben 10 Prozentpunkte Vorsprung zwischen 80 und 90 Prozent können aber eine Differenz von zehn Jahren Entwicklungszeit bedeuten. Selbst eine Entwicklungsdifferenz von zwei Jahren kann eine Regulierungsbehörde dazu veranlassen, den weniger sicheren Fahrzeugen die Weiterentwicklung zu verbieten, um die Sicherheit der Öffentlichkeit nicht unnötig zu gefährden, und stattdessen den Mitbewerbern mit der sichereren Technologie den Vorzug geben.

Wie unterscheidet sich die Short Nose von einer linearen Entwicklung wie beim Diesel? Nehmen wir an, ein Verbrennungsmotor kann jedes Jahr um zwei Prozent verbessert werden. Das kann die Emissionen betreffen, den Wirkungsgrad, die Geschwindigkeit, den Verschleiß, womöglich eine Kombination von all dem. Auch das würde, wenn auch viel langsamer, letztendlich dazu führen, dass der Verbrennungsmotor irgendwann fast keinen Treibstoff mehr verbraucht, superleise ist, nicht verschleißt und höchstmögliche Effizienz hat – und eben die physikalisch möglichen Grenzen erreicht.

Jeder Prozentpunkt Fortschritt wird bei inkrementeller Innovation mit erhöhten Kosten erkauft. Je mehr er schon optimiert ist, desto rascher steigen die Kosten für jedes weitere Prozentpünktchen an. Während der Fortschritt linear verläuft, steigen die Kosten exponentiell. Die Weiterentwicklung des Verbrennungsmotors wird rasch unwirtschaftlich. Es sei denn, es kommt zu einem technologischen Quantensprung, den es aber beim Verbrennungsmotor in den letzten 100 Jahren nicht wirklich gab.

Der beste Motor, sobald er im Auto verbaut und an die Kunden ausgeliefert ist, wird nicht mehr besser. Ein Verbesserungsschritt, der nach der Auslieferung gefunden wird, kommt in die nächste Generation von Autos, nicht aber an die ausgelieferte. Die Verbesserung stoppt hier.

Ein autonomes Fahrsystem hingegen wird langsam immer besser. Je mehr Autos damit ausgestattet sind, Situationen erfahren und diese in die Software für alle aufgenommen werden, desto rascher werden alle Autos in dieser Flotte besser. Dabei tritt ein selbstverstärkender Effekt ein, wie er von Netzwerken bekannt ist.

Ein Telefon ist ziemlich wertlos. Zwei Telefone können sich anrufen und haben nun einen Wert. Ein drittes Telefon erlaubt mir, gleich zwei Teilnehmer anzurufen, der Wert hat sich verdoppelt. Jedes weitere Telefon, das zum Netzwerk hinzukommt, erhöht den Wert aller Telefone.

Jedes weitere autonome Auto, das in einer Flotte hinzukommt, steigert den Wert der Flotte, weil die Wahrscheinlichkeit steigt, dass die gesamte Flotte mehr Situationen erfahren kann und damit die Sicherheit aller Autos in der Flotte erhöht. Je sicherer sie sind, desto häufiger werden sie von Passagieren benutzt, desto mehr fahren sie, desto mehr Situationen erleben sie, desto sicherer werden sie. Ein selbstverstärkender Effekt.

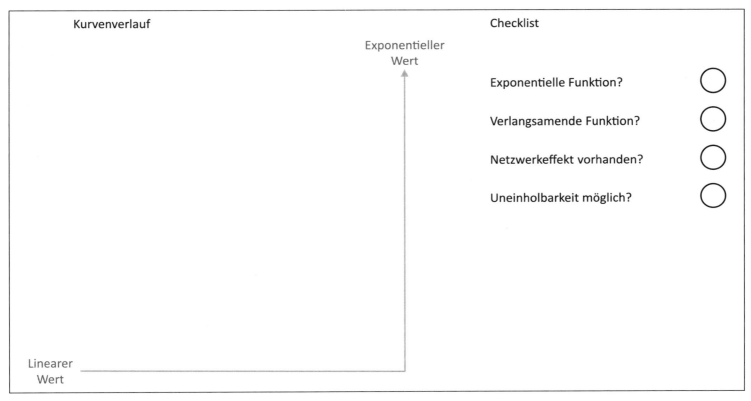

Vorlage 4: Short Nose Innovation

Das Short-Nose-Beispiel der autonomen Autos betrachtet der Einfachheit halber nur den Fortschritt anhand der diskutierten Kriterien und nimmt an, dass einzig und allein die Anzahl der gefahrenen Kilometer und eingesetzten Autos die Sicherheit verbessert. Tatsächlich gibt es immer wieder Momente, wo man mit den bekannten Algorithmen und eingesetzten Technologien trotz Aufwand nicht mehr weiterkommt. Diese lassen sich manchmal nur durch einen neuen Algorithmus, der erst gefunden werden muss, durch einen neuen Sensor, der erst zu entwickeln ist, oder durch einen schnelleren Mikroprozessor lösen.

Für den Einsatz der Short Nose Innovation im Foresight-Mindset-Prozess gilt es herauszufinden, ob es sich um eine solch exponentielle Kurve handelt, die anfänglich rasche Erfolge verspricht, dann immer schwieriger wird, aber durch Netzwerkeffekte einen Vorsprung erlaubt, der fast uneinholbar für Mitbewerber wird.

Die Katze Oscar

Im dritten Stock des „Steere House Nursing and Rehabilitation Center" in Providence im US-Bundesstaat Rhode Island lebt Oscar. Die zwei Jahre alte Katze ist ein gewohnter Anblick unter den Patienten und dem Personal des Hospizes. An sich ist heutzutage der Anblick einer Katze in Krankenhäusern und Altersheimen nichts Ungewöhnliches mehr, hat sich doch die therapeutisch positive Wirkung von Haustieren bei Patienten bewährt.

Doch Oscar ist kein gewöhnlicher Kater. Als er durch die Flure und Zimmer des Hospizes seinen Rundgang macht und auf die Betten springt, schnuppert und weiterzieht, bleibt er beim Bett von Frau K. stehen. Sie atmet ruhig und gleichmäßig, umrahmt von Bildern ihrer Kinder und Kindeskinder.

Oscar schnuppert, rollt sich zweimal und bleibt auf dem Bett von Frau K. liegen. Wenig später kommt die Hospizschwester ins Zimmer. Sie zögert, als sie Oscar sieht. Und dann geht alles schnell. Sie läuft ins Büro zurück, zieht Frau Ks medizinische Akte heraus und beginnt, eine Telefonnummer nach der anderen zu wählen. Innerhalb der nächsten Stunde treffen der Reihe nach die besorgten Verwandten ein, stellen Stühle um das Bett von Frau K. und der eilig gerufene Priester verabreicht die Letzte Ölung. Kurze Zeit danach verstirbt Frau K. Die ganze Zeit lag Oscar ruhig neben Frau K., fast unbemerkt von der Familie.[37]

Ein Jahr zuvor hatten die Krankenpfleger im Hospiz bemerkt, dass immer dann, wenn ein Patient im Sterben lag, Oscar sich im Bett dazugesellt hatte. Ein Nachforschen ergab, dass er die 25 letzten Todesfälle „vorhergesagt" hatte.

Die Ärzte glaubten, dass Oscar anhand des Geruchs, den die Patienten ausströmen, den nahestehenden Tod „erschnuppert" hatte und ihnen Gesellschaft in den

---

[37] David M. Dosa; A Day in the Life of Oscar the Cat; July 26, 2007; New England Journal of Medicine, 2007; 357: 328–329 – https://www.nejm.org/doi/full/10.1056/nejmp078108

letzten Stunden ihres Lebens leistete. Das Hospizpersonal begann, auf Oscar achtzugeben. Wann immer Oscar sich im Bett eines Patienten niederließ, wurden die Verwandten angerufen, um noch Zeit zu haben, vom Patienten Abschied zu nehmen.

Mit dieser Trefferquote liegt Oscar besser als die besten Ärzte. Und selbst Onkologen verschätzen sich teilweise gewaltig. Um bessere Aussagen zur Lebensdauer zu erhalten, bräuchten wir Tausende Oscars, aber selbst die paar Stunden vor dem Tod würden uns nur wenig Hilfe geben, unsere Angelegenheiten in Ordnung zu bringen. Deshalb packen Wissenschaftler das mit künstlicher Intelligenz und Maschinenlernen an.

Stanford-Informatikstudent Anand Avati fütterte ein neuronales Netzwerk mit Daten von Patienten, die innerhalb von 12 Monate verstorben waren. Als Ergebnis schuf er einen Algorithmus, der anhand der Daten in neun von zehn Fällen den Tod des Patienten innerhalb der nächsten drei bis zwölf Monate vorhersagen konnte.[38]

Der Nachteil des „Todesalgorithmus"? Das KI-System konnte den Forschern keinen Anhaltspunkt geben, welche Daten ihm dabei geholfen hatten, die Todeskandidaten zu identifizieren.[39] Das Einzige, was uns jetzt fehlt, ist eine Foresight-Katze, die für uns neue Technologien und Geschäftsmodelle erschnuppert. Ich befürchte, wir werden darauf vergeblich warten.

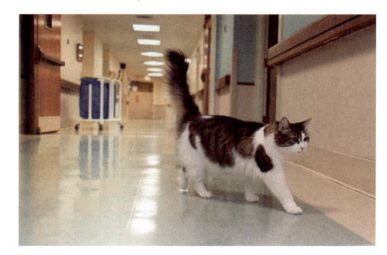

---

[38] Anand Avati, Kenneth Jung, Stephanie Harman, Lance Downing, Andrew Ng, Nigam H. Shah; Improving Palliative Care with Deep Learning; IEEE International Conference on Bioinformatics and Biomedicine 2017

[39] This Cat Sensed Death. What if Computers Could, Too? https://www.nytimes.com/2018/01/03/magazine/the-dying-algorithm.html

Foresight-Praktiker

> *Die Zukunft ist nicht ein leerer Raum, sondern wie die Vergangenheit ein aktiver Bestandteil der Gegenwart.*
> – Ivana Milojević

Vor einigen Jahren erschien ein Buch, das versuchte, die Schlucht zwischen den zwei Welten von Geschäftsleuten und Technikern zu überbrücken. Die Techniker, also die „Geeks", die so vertieft in ihre Materie sind, dass sie in einer merkwürdigen, von technischen Floskeln durchsetzten Sprache sprechen, trafen hierbei auf Manager, Außendienstmitarbeiter, Buchhalter oder Personaler, die diesen technischen Jargon nicht verstanden. Umgekehrt kämpften die Programmierer, Techniker, IT'ler mit dem Business-Jargon der „Business People" wie ROI, Gewinnmarge, Nettoerlöse oder Streuverluste.

Eine Person musste her, die nicht nur als Übersetzer zwischen diesen Welten dienen, sondern auch die unterschiedlichen Kulturen und Erwartungen der beiden Pole verbinden konnte. Die Autoren des Buchs *Geek Gap* führten dazu den „Geschäftsprozessexperten" (Englisch: „Business Process Expert") ein. Das ist eine Person, die mit beiden Welten Erfahrung hat und jede der beiden Gruppen zielgerecht ansprechen kann.

Das ist auch die Aufgabe von Foresight-Praktikern. Sie überbrücken das Tal zwischen dem Heute und der Zukunft, die Schlucht zwischen Existierendem und Möglichem. Sie übernehmen dabei vier Rollen: die des Analysten, des Übersetzers, des Moderators und Vermittlers sowie des Beraters.

Analyst

Foresight-Praktiker schlüpfen in die Rolle einer Analystin, die Informationen aus verschiedenen Quellen sammelt, versteht und vereint. Dazu benötigt sie Werkzeuge und Gerüst, um die Änderungen zu verstehen. Die Verwendung von entsprechendem Vokabular hilft dem Zielpublikum, die Änderungen besser zu verstehen.

Metaphern, die beschreiben, wie sich die Änderungen abspielen oder was die bedeuten (könnten), erleichtern das Verständnis. „Diese Änderung ist ähnlich wie der Übergang von Kutschen auf Automobile" oder „Das könnte der iPhone-Moment für Elektroautos" sein, die zukünftigen Sachverhalte besser zu verstehen.

Die Herausforderungen sind dabei, dass eine Organisation in Produkten und Dienstleistungen denkt, während ein Foresight-Prozess eben ein Prozess ist. Selbst wenn ein Foresight-Bericht geschrieben wurde, bedeutet das nicht das Ende des Prozesses. Die Foresights sollten in regelmäßigen Abständen auf einen aktuellen Stand gebracht werden. Dabei darf nicht vergessen werden, dass an neuen Foresights gearbeitet werden muss. Es gilt, eine Balance im Aufwand zwischen notwendigen Updates alter und der Erstellung neuer Einsichten zu treffen.

Änderungen werden in dieser Analystenrolle auch kategorisiert. Was ist disruptiv, was ist inkrementell? Wann sollte welche Art von Änderungen vorangetrieben und Mitarbeiter dazu inspiriert werden? Gerade disruptive Änderungen bedeuten, dass vielleicht neue Abteilungen eingerichtet und neue Forschungsziele vorgegeben werden müssen.

Und genau dafür müssen Foresight-Praktiker auch flexibel zwischen Betrachtungszeiträumen von langfristigen auf heutige Anforderungen wechseln können. Da Foresight nicht im leeren Raum geschieht, sondern der Organisation im Heute helfen soll, jetzt Entscheidungen für die Zukunft zu treffen, sollte immer ein Kontext für das Heute geschaffen werden. Gibt es den nicht, dann wird niemand die Ergebnisse im Foresight-Bericht beachten.

Wirtschaftlich raue Zeiten stellen auch Foresight-Praktiker vor Herausforderungen. Manche Organisationen sparen bei diesen Prozessen, für andere wird Foresight in solchen Momenten erst recht wichtig.

Foresight unterscheidet sich somit von Zukunftsstudien, die eher der Wissenserweiterung dienen, ohne dabei praktische Auswirkungen auf die aktuelle Situation zu haben.

Übersetzer

Die Auftraggeber von Foresight-Praktikern stammen oft aus unterschiedlichen Fachrichtungen. Die richtige Sprache zu finden, um die Erkenntnisse aus der Foresight-Studie zu vermitteln, ist nicht zu unterschätzen. Forscher in Entwicklungsabteilungen erwarten zu technischen Trends anderes Vokabular als Marketingexperten, die gesellschaftliche Trends herausfinden möchten. Gesetzgeber, Regulatoren, Energieexperten, Lehrer und Trainer benötigen ebenso eine für ihren Kontext maßgeschneiderte Sprache, um sie umzusetzen zu können und effektiv zu sein.

Aber nicht nur das: Idealerweise werden die Erkenntnisse in eine abteilungsspezifische Sprache übersetzt, um der alltäglichen Realität, der Mitarbeiter dort ausgesetzt sind, entgegenzukommen. Für den Foresight-Praktiker stellt sich die Herausforderung, einen aufwendig maßgeschneiderten statt einen rascher erstellbaren, dafür aber eher generellen Bericht zu verfassen.

Moderator und Vermittler

Als Moderator und Vermittler sollen Mitglieder einer Organisation für Ideen gewonnen werden, um Dynamik zu erzeugen und interne Netzwerke zu aktivieren. Wie aber schafft man Engagement, gerade wenn es sich um komplexe Ideen handelt, die bisheriges Denken und Handeln infrage stellen?

Ich selbst habe Online-Communities dazu verwendet. Zu einem Thema richtete ich eine Gruppe ein, in der sich Interessierte austauschen konnten. Die Mitglieder kamen dabei aus allen möglichen Abteilungen und Niederlassungen und wir posteten Links, Erkenntnisse, hielten Webinare ab, diskutierten und trafen uns sogar bei „physischen" Veranstaltungen. Die Teilnehmer wiederum informierten andere Kollegen und mit der Zeit wuchsen die Mitgliederanzahl und das Wissen zu einem Thema, bis die Erkenntnisse auch im „Mainstream" ankamen.

Meine Arbeit als Moderator erforderte sehr viel an Kommunikation mit den Mitgliedern, um sie zu unterstützen oder Vorgehensweisen zu diskutieren. Meine Arbeit als Vermittler brachte Teams, die nach Experten in diesem Bereich suchten, und Kollegen, die an solchen Themen mitarbeiten wollten, zusammen.

Eine solche Community läuft nicht von alleine, sie muss besonders am Anfang von einem oder mehreren Moderatoren zum Laufen gebracht werden. Die ersten drei Monate ist man sicherlich recht einsam beim Posten von Informationen, bis sich dann auch andere zu engagieren beginnen.

Vertrauensvolle Berater

Und zu guter Letzt, aber meiner Meinung nach eine der wichtigsten Rollen, kommt die des Beraters. Ich bin ein großer Anhänger vom Heranführen der Beteiligten an die Methoden des Foresight Mindset. Nicht nur macht das die Foresight-Studie nachvollziehbarer, es erlaubt den Beteiligten auch, aktiv am Prozess mitzuarbeiten und eigenes Wissen einzubringen. Als Ergebnis werden die Erkenntnisse aus dem Foresight-Bericht auch besser akzeptiert und der Bericht selbst gewinnt an Qualität. Bezieht man die Beteiligten stärker ein, dann werden diese auch stärker zu Fürsprechern der Ergebnisse innerhalb der Organisation. Als Foresight-Praktiker gewinnt man Mitstreiter und Advokaten für die Sache.

Insofern biete ich immer Foresight Mindset-Workshops zu Beginn einer Studie an, um das Team abzuholen und auf denselben Wissensstand zu bringen. Dabei lernen sie, selbst aufmerksamer auf Trends zu achten, was sie dank der im Workshop vermittelten Methoden dann auch strukturierter angehen können.

Die bleibende Herausforderung ist, wie man die Auswirkung und den Einfluss jeder dieser Rollen messen kann. Welchen Impact hat eine Foresight-Studie auf eine organisatorische Änderung oder eine Produkteinführung?

Foresight Mindset – Messbarkeit

> *Es fällt nicht schwer, Entscheidungen zu treffen, sobald man seine Werte kennt.* – Roy E. Disney

Wie genau Vorhersagen zutreffen, hängt vor allem vom Foresight-Praktiker ab. Analysten im Fernsehen oder Kommentatoren in Zeitungen, die mehr oder weniger Expertise in einem Fachgebiet haben, versuchen, für die Allgemeinheit Aussagen über mögliche zukünftige Auswirkungen von aktuellen Geschehnissen zu treffen. Egal ob es einen Terroranschlag, eine Gesetzesänderung oder Unternehmensneuigkeiten gibt, die Analyse ist nicht vollständig, wenn keine Vorhersage mitgeliefert wird.

Aufmerksame Beobachter werden erkennen, dass scheinbar immer dieselben Analysten und Experten auftreten, auch wenn man sich dumpf erinnert, dass deren Vorhersagen in der Vergangenheit oft meilenweit danebenlagen. Die Vermutung, dass diese „Experten" nicht gut mit ihren Vorhersagen sind, hat der Politwissenschaftler Philip Tetlock genauer studiert. Er sah sich 28.000 Vorhersagen von 284 Experten über einen Zeitraum von mehr als 18 Jahren an.

Seine Erkenntnisse daraus waren, dass der einzige Einfluss auf die Richtigkeit der Vorhersage im „Wie man denkt" liegt, nicht im „Was man denkt". Egal ob die Experten eine politische Präferenz hatten oder nicht, wichtiger war, ob sie differenziert dachten oder eine große Idee zu verkaufen versuchten.

Fuchs und Igel

Bereits 1953 hat der Philosoph Sir Isaiah Berlin seinen Essay *Der Igel und der Fuchs* veröffentlicht, in dem er große Autoren und Denker in zwei Kategorien einteilt. Auf der einen Seite die Igel, die eine große Idee propagieren, auf der anderen Seite diejenigen, die aus einer Reihe von Ideen und Prinzipien schöpfen und postulieren, dass die Welt nicht auf eine einzige Idee oder ein einziges Prinzip reduziert werden kann. Zu den Igeln zählte er beispielsweise Plato, Dostojewski oder Nietzsche, zu den Füchsen Aristoteles, Shakespeare oder Goethe.

Philip Tetlock griff diese Einteilung für Vorhersagen auf. Experten und Analysten, die vor allem eine Idee oder ein vereinheitlichendes Prinzip, das oft auf ideologischem Denken basierte, wiederholt vorbrachten, lagen signifikant oft mit ihren Vorhersagen falsch. Diese nannte er die „Igel".

Diejenigen Analysten und Experten, die eine differenziertere Betrachtungsweise bevorzugten, lagen öfter richtig. Das waren die „Füchse". Sie holen sich Informationen aus verschiedenen Quellen und suchen auch aktiv nach widersprüchlichen Informationen, um ihr Denken und ihre Schlussfolgerungen zu hinterfragen

Da Vorhersagen nie zu 100 Prozent eintreten, fanden selbst Igel, die immer falschlagen, Gründe, warum sie trotzdem recht hatten. Oder sie verwarfen die Hinweise auf die falschen Vorhersagen mit einem Schulterzucken. Nicht nur das. Sie fühlten sich auch ermutigt, ihre Ideen und Prinzipien auf andere Fachbereiche auszudehnen. Je mehr sie das machten, desto mehr gruben sie sich in ihr intellektuelles Loch und wurden immer weniger bereit, neue Information, die ihrer Idee widersprach, aufzunehmen. Sie gelangten in eine Filterblase, wo sie nur noch bestätigende Information zuließen oder so interpretierten.

Welche Analysten und Experten sind die in den Medien beliebteren? Nicht die Füchse, die häufiger richtig mit ihren Vorhersagen liegen, sondern die Igel. Sie liefern mit ihren einfachen Ideen und knackigen Talkingpoints die bessere Dramatik für das Fernsehen. Die professoral wirkenden Füchse mit ihren vorsichtigen Abwägungen unter Verwendung von Vokabular wie „wahrscheinlich", „vermutlich" und „signifikant" klingen wie Langweiler.

Unsicherheit beunruhigt Menschen, deshalb wirken einfache, klare Lösungen für viele beruhigend. So ist es wenig verwunderlich, dass es eine umgekehrt proportionale Relation zwischen Berühmtheit und Vorhersagegenauigkeit gibt. Je berühmter der Analyst oder Experte, desto häufiger liegt er normalerweise falsch.

Brier-Wert

Wie aber maß Philip Tetlock die Vorhersagegenauigkeit der Analysten und Experten? Dazu zog er eine mathematische Formel heran, die als „Brier-Wert" (Englisch: „Brier Score") bekannt ist und nach dem Statistiker Glenn Brier benannt wurde, der eigentlich Wettervorhersagen verbessern wollte.

$$BS = \frac{1}{N} \sum_{t=1}^{N} (f_t - o_t)^2$$

Von jeder Wahrscheinlichkeit f einer Instanz t einer Vorhersage wird das tatsächliche Ereignis o abgezogen, quadriert, anschließend aufsummiert und durch die Anzahl der Vorhersagen N dividiert. Der Brier Score BS ist eine Zahl, die zwischen 0 und 1 liegt. Je näher sie bei 0 liegt, desto besser war oder wahrscheinlich ist die Genauigkeit der Vorhersage.[40] Die perfekte Vorhersage hat einen Brier-Wert von 0, ein Zufallsergebnis liegt bei 0.5 (Chancen sind 50:50) und die schlechteste Vorhersage, das genaue Gegenteil, liegt bei einem Brier-Wert von 2.0.

Der originale Brier Score hatte übrigens nicht 2.0 als Höchstwert, sondern 1.0 Damit wurde ein Alarm zu einer bevorstehenden Terrorattacke, die sich dann als falsch herausstellte („false positive"), genauso gewichtet wie ein nicht gegebener Alarm zu einer tatsächlichen Terrorattacke („false negative"). Über Ersteres sind wir weniger erzürnt als über Zweiteres. Wir sind zwar nicht glücklich, dass wir am Flughafen Schuhe ausziehen oder unsere Habseligkeiten durch Scanner schieben müssen, aber wir werden zornig, wenn die 9/11-Attentäter, der „Schuhbomber" und der „Unterhosenbomber" trotz aller Warnsignale dann doch in ein Flugzeug kommen.

---

[40] https://en.wikipedia.org/wiki/Brier_score

Der Brier Score kann in der Praxis damit so umformuliert werden, dass „false positives" beispielsweise nur ein Zehntel von dem an „Strafpunkten" erhalten als „false negatives". Das kann Forecaster und Analysten verführen, lieber auf der sicheren Seite falschzuliegen und einmal zu oft „Wolf!" zu schreien als einmal zu wenig.

Superforecasting

> *Unser Geschäft ist nicht das mit Sicherheiten, sondern das mit Wahrscheinlichkeiten.* – Philip Tetlock

Philip Tetlock ging aber noch weiter und analysierte, was einen guten Vorhersager ausmacht. In seinem Buch *Superforecasting: Die Kunst der richtigen Prognose* listet er in seiner bahnbrechenden Forschung die Charaktereigenschaften, Vorgehensweise und Methoden von sogenannten „Superforecastern" auf.

Die gute Nachricht zuerst: Foresight ist nicht eine an wenige ausgewählte Personen geschenkte Gabe oder ein durch einen griechischen Gott überreichtes Geschenk. Foresight ist eine bestimmte Art, zu denken und Informationen zu sammeln, sowie der Wille zur Anpassung von Meinungen und Überzeugungen. Das bedeutet, dass man Foresight und Forecasting lernen kann, wenn man nur bereit ist, die notwendige Zeit und den notwendigen Aufwand reinzustecken und seine eigenen Meinungen hintanzustellen, sowie vor Selbstkritik nicht zurückscheut.

Unter den von Tetlock untersuchten Superforecastern war Demut sehr stark verbreitet. Sie wussten, dass sie viele Dinge nicht wussten, waren aber immer bereit, hinzuzulernen.

Es ist sogar von Vorteil, wenn Forecaster nicht Experten für Fragen in einem Gebiet sind, die sie zu beantworten versuchen. Damit fehlt es ihnen an Ego, was heißt, dass sie nicht Monate oder Jahre in ihre Expertise zu diesem Bereich investiert haben und damit weniger Präferenz für einen gewissen Ausgang zeigen als Experten. Automobilingenieure, die jahrelang an der Verbesserung des Verbrennungsmotors gearbeitet haben, tendieren dazu, Vorteile von alternativen Antriebsformen geringer zu schätzen und die von Motoren höher zu bewerten. Würden andere Antriebsformen den Motor verdrängen, dann wäre ihr jahrelang aufgebautes Wissen nicht mehr relevant, was für die Ingenieure Unsicherheit und einen Neubeginn bedeutet und obendrein Zweifel aufwirft, warum man nun wirklich Jahre seines Lebens mit etwas verbracht hat, das nicht mehr relevant ist.

Insofern können Forecaster, die nicht Experten in diesem Fragenbereich sind, eher Annahmen fallen lassen oder aufnehmen als Experten und schneiden in ihren Vorhersagen damit besser ab.

Wie Tetlock herausfand, waren die erfolgreichsten „Forecaster" – die er dann „Superforecaster" nannte –, aber nicht ahnungslos, sondern „Newsjunkies", die Nachrichten genau verfolgten, Neugierde zeigten, an vielen Fachgebieten interessiert waren und ihre Vorhersagen ständig anpassten und auf dem aktuellen Stand hielten.

Wie man rasch sieht, verlangt das viel Aufwand. Aber Opernsänger an der Wiener Staatsoper wird man auch nicht nach einem Gesangskurs übers Wochenende. Genauso nehmen sich Forecaster jeden Tag mindestens eine halbe Stunde Zeit, um neue Informationen in ihre Vorhersagen einfließen zu lassen. Übung macht den Meister.

Forecaster übersetzen ihre Vorhersagen in Zahlen, genauer gesagt in Wahrscheinlichkeiten. Vage formulierte Gedanken verleiten uns dazu, sie auch in vage Sprache zu übersetzen. Forecaster aber sind zu Präzision gezwungen. Was heißt „fast sicher" oder „kaum" genau? Die Reflexion, was es exakt bedeutet, wie wahrscheinlich ein Ereignis in Zahlen ist, erfordert Meta-Kognition, also das Denken darüber, wie sie selber denken. Forecaster, die diese Meta-Kognition viel praktizieren, werden auch in ihren Vorhersagen besser, so wie Maler oder Modedesigner besser darin werden, immer subtilere Farbschattierungen zu unterscheiden.

Einen nicht unbedeutenden Einfluss auf eine Vorhersage hat auch die Tatsache, ob der Forecaster der Meinung ist, gewisse Faktoren seien nicht beeinflussbar, ja gar vom Schicksal vorherbestimmt. Um das sogenannte „Schicksalsmindset" zu testen, wurden den Forecastern mehrere Aussagen und Fragen vorgelegt. Sie lauten unter anderem „Nichts ist unvermeidlich", „Sogar Ereignisse wie der Zweite Weltkrieg oder 9/11 hätten anders verlaufen können" oder „Zufall ist oft ein Faktor in unserem persönlichen Leben".

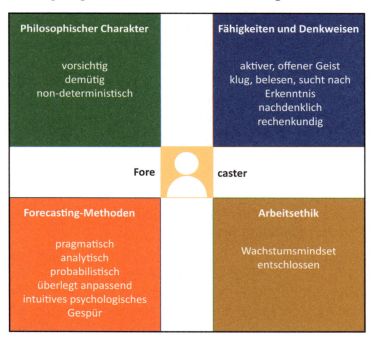

Auf einer Skala von 1 bis 9, wobei 1 für die Ablehnung von Zufällen steht und 9 für den Glauben an Zufälle, die unkontrollierbar und unbeeinflussbar sind, wurden die Forecaster eingeordnet. Und tatsächlich erstellen Forecaster, die mit niedrigen Werten auf der Schicksalsskala bewertet wurden, statistisch signifikant bessere Prognosen als die von Zufällen Überzeugten.

Bevor Forecaster Prognosen treffen können, müssen sie wissen, zu welcher Frage sie eine treffen sollen. Eine für das Forecasting gut geeignete Frage lautet beispielsweise so:

> Werden bis Ende des Jahres in Deutschland zehn Städte ein Dieselfahrverbot ausgesprochen haben?

Diese Frage beinhaltet einen konkreten Sachverhalt inklusive eines Zeitraums, in dem ein bestimmtes Ereignis eintreten soll.

Die Frage kann aber auch ins Gegenteil verdreht werden, um den sogenannten „Aufmerksamkeitsfehler" (Englisch: „Attentional Bias") zu vermeiden. Bei diesem konzentriert man sich zu stark auf diese Möglichkeit, ohne andere Hinweise zu betrachten. Ein Beispiel dafür erleben wir aktuell dank der Algorithmen in sozialen Medien, die darauf optimiert sind, uns Informationen einzublenden, die unsere Ansichten bestätigen. Damit ist unsere Aufmerksamkeit von uns bestätigenden Meldungen belegt, während unseren Ansichten und Meinungen widersprechende Informationen ausgeblendet werden.

Die Umkehrung der Frage könnte somit folgendermaßen lauten:

> Wird bis Ende des Jahres in Deutschland keine Stadt ein Dieselfahrverbot ausgesprochen haben?

Diese Frage kann nun in ihre Bestandteile zerlegt werden und uns zeigen, welche Details wir wissen und welche nicht. Hier sind wir wieder beim uns bekannten und unbekannten Wissen. Wir wissen, wie viele Autos und konkret Dieselfahrzeuge es in Deutschland gibt.

Wir wissen aus den Nachrichten, welche Städte ein Dieselfahrverbot in Betracht ziehen. Wir haben vielleicht von Klagen und Gerichtsurteilen gehört. Wir wissen von Städten aus anderen Ländern, die Ankündigungen gemacht haben oder darüber nachdenken. Wir wissen aber nicht den Zeitraum oder ob Städte ein Fahrverbot für das gesamte Stadtgebiet oder nur Teile planen. Unbekannt sind andere Einflussfaktoren, wie EU-Entscheidungen, vielleicht Strafzölle oder Ausnahmen, welche die Vorhersage ändern können. Und welche Gründe gibt es, Fahrverbote zu verhindern?

Diese bisher aufgelisteten Faktoren sind auch als „Außenbetrachtung" kategorisierbar. Sie basieren auf exakteren Zahlen und Stimmungen in der Öffentlichkeit. Bei der Außenbetrachtung vermeide man dann, diese Frage als einen speziellen Fall zu kategorisieren, der mit nichts vergleichbar und somit einzigartig ist. Es ist besser, den Fall als spezielle Ausprägung einer weiter gefassten Kategorie an Phänomenen zu betrachten. Das gibt Ansatzpunkte aus anderen Gebieten, wie sich dort Ereignisse in der Vergangenheit abgespielt haben.

Eine Innenbetrachtung folgt als Nächstes und die ergibt sich, wenn wir beispielsweise Erfahrungen aus unserem Bekanntenkreis miteinbeziehen. Informationen wie „Meine Nachbarin ist im Stadtrat und arbeitet mit ihrer Fraktion darauf hin, Dieselfahrverbote für unseren Ortsteil durchzusetzen" oder „Mein Vater fährt Diesel und der ist jetzt schon sauer und hat dem Stadtrat eine böse E-Mail geschickt". Innenbetrachtungen berücksichtigen Informationen von anekdotischem Gehalt und können, müssen aber nicht wertvolle Einsichten liefern. Die Innensicht erlaubt nun auch, die Einzigartigkeit des vorliegenden Falles zu betrachten.

Man sollte immer mit der Außenbetrachtung beginnen und nachfolgend eine Innenbetrachtung einbeziehen. Fängt man mit der Innensicht an, dann unterliegt man leicht einer anderen kognitiven Verzerrung, nämlich dem „Ankereffekt". Wir kommen in einem späteren Kapitel noch genauer auf die Außen- und Innenbetrachtung sowie den Ankereffekt zu sprechen und deren Bedeutung für Vorhersagen.

Nach der Zerlegung der Frage in bekanntes und unbekanntes Wissen können sich Forecaster auf die Suche nach Informationen machen, um die Wissenslücken zu füllen. Und dafür sollen alle Quellen angezapft werden. Von der Internetsuche, Bibliotheksrecherche, Lesen von Nachrichten, Setzen eines Google Alerts, Studien, Unternehmensberichte, Regierungsdokumente bis hin zu Experteninterviews ist alles erlaubt. Auch Prognose-

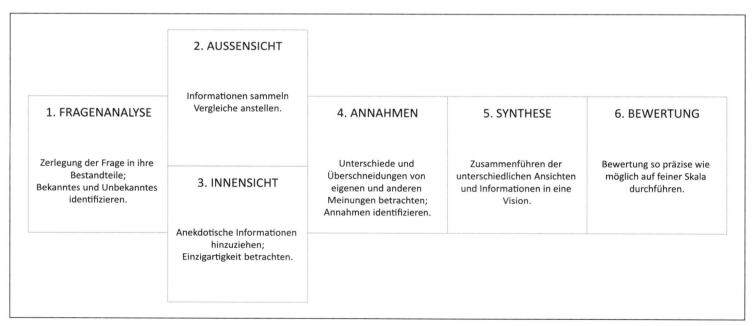

Abbildung 11: Superforecasting-Prozess

märkte und Schwarmintelligenz können wertvolle Informationen liefern.

Die gesammelten Informationen dienen dazu, aus den vielen Perspektiven eine aggregierte Vision und damit eine Zahl zu eruieren. Aber nicht irgendeine Zahl. Tetlock fand heraus, dass ein Drittel der besten Forecaster dazu tendierten, auf die erste Stelle genaue Wahrscheinlichkeiten anzugeben.

Werden bis Ende des Jahres in Deutschland zehn Städte ein Dieselfahrverbot ausgesprochen haben?	68 %

Das Ergebnis bleibt dabei nicht statisch. Im Verlauf des Gültigkeitszeitraums passen Forecaster ihre Schätzungen kontinuierlich an. Jede neue Information könnte Einfluss darauf ausüben. Zu jeder Frage und jedem Update führen Forecaster genau Buch, warum sie die Anpassung machen und welche Informationen sie dabei berücksichtigen. Das erlaubt ihnen im Nachhinein, aus den Vorhersagen und ihrem Gedankenprozess zu lernen, aber auch einfach sich zu erinnern, warum sie die Vorhersagewahrscheinlichkeit auf diesen Wert setzten.

Während Wahrscheinlichkeitszahlen den Forecastern bei der eigenen Arbeit helfen, sind Zahlen für Entscheidungsträger oft missverständlich und werden unterschiedlich interpretiert. Vor allem bei Vorhersagen. Die meisten Menschen haben eigentlich nur drei Bewertungen: „Es wird passieren", „Es wird nicht passieren", und „Vielleicht".

Deshalb hat Tetlock eine Übersetzung vorgeschlagen, die den generellen Möglichkeitsbereichen Intervalle zuordnet.[41]

Sicherheit	Möglichkeitsbereich
100 %	Sicher
93 % (plus/minus 6 %)	Fast sicher
75 % (plus/minus 12 %)	Wahrscheinlich
50 % (plus/minus 10 %)	Gleiche Chance
30 % (plus/minus 10 %)	Wahrscheinlich nicht
7 % (plus/minus 5 %)	Fast sicher nicht
0 %	Unmöglich

Tabelle 6: Wahrscheinlichkeiten und Formulierungen

Anstatt zu sagen: „Es wird morgen mit 30 Prozent Wahrscheinlichkeit Regen geben", sagt er: „Es wird morgen wahrscheinlich nicht regnen."

Philip Tetlock ging in seiner langjährigen Studie zum Forecasting einen Schritt weiter. Er stellte sich die Frage, ob diese Prognosen zufällig waren, und wenn nicht, ob durch Zusammenarbeit der besten Forecaster – sogenannte „Teams von Superforecastern" – die Prognosen sogar verbessert werden können.

Die erste Frage kann man testen, indem man die besten Forecaster einer Gruppe in ein Team fügt und herausfindet, wie erfolgreich sie in der nächsten Runde mit den

---

[41] Philip E. Tetlock, Dan Gardner: Superforecasting – The Art and Science of Prediction; Broadway Books, New York, 2015

Prognosen sind. Waren die Prognosen aus der ersten Runde nur durch Zufall richtig, dann sollten Teams von solchen Forecastern im Durchschnitt schlechter liegen, es sollte eine Regression zur Mitte stattfinden. Wenn das nicht nur Zufall war, sondern tatsächlich auf ihren Fähigkeiten basierte, dann können sie noch immer schlechter als beim ersten Mal sein, sie sollten aber bessere Ergebnisse als die Zufallskandidaten liefern. Je schneller ein Team zur Mitte regrediert, desto mehr waren die Ergebnisse dem Zufall zu verdanken, je langsamer, desto eher war das dank ihrer Fähigkeiten.[42]

Wirft man alle Prognosen von vielen Leuten, die nichts wissen, zusammen, dann erhält man viel von nichts. Wirft man Prognosen von Leuten, die ein wenig wissen, zusammen, dann erhält man ein bisschen etwas. Es können bei vielen Leuten mit wenig Wissen die Prognosen sogar beeindruckend sein, eben weil die hohe Menge an wenig Wissenden doch einiges an Wissen generiert.

Aber nur wenn man Prognosen von Leuten zusammenbringt, die allgemein viel in vielen verschiedenen Fachrichtungen und Disziplinen wissen, dann ist das die wirksamste Weise, gute Ergebnisse zu kriegen, weil diese kleine Menge an Menschen einen viel größeren Schatz an Wissen besitzt.

Wie gut auch immer Forecaster mit ihren Vorhersagen liegen, sie dürfen nicht überheblich werden. Eine Reihe von guten Prognosen mag die Illusion fördern, Vorhersagen zu beherrschen. Das ist dieselbe Art von Kontrollillusion, die Wettspieler haben, die meinen, sie könnten den Ausgang eines Pferderennens durch irgendwelche abergläubischen Tricks oder einen Münzwurf beeinflussen.

Erfolg bei Prognosen kann zu dem als „CEO-Krankheit" bekannten Effekt unter Menschen führen, die in der Vergangenheit Großes geleistet haben. Sie meinen nun, alles, was sie anpacken, wird, ja muss von Erfolg gekrönt werden.

All das bisher Erwähnte war nur Vorgeplänkel für Teams von Superforecastern. Tatsächlich können Superforecaster ihre Prognosegenauigkeit im Durchschnitt um 50 Prozent steigern, wenn sie in Superforecaster-Teams arbeiten und wenn sie sich der folgenden Tatsachen bewusst sind und diese Vorgehensweisen anwenden.

Je unterschiedlicher ein Team zusammengesetzt ist – und das gilt nicht nur für Superforecaster –, desto eher verfügt die Gruppe über Informationen, die andere nicht haben. Es kommen viel mehr Randinformationen und Minderheitsmeinungen ins Spiel. Was aber nicht heißt, dass Forecaster jeder Randinformation oder Minderheitsmeinung Beachtung schenken müssen. Diese können irrelevant sein, uns aber trotzdem in die falsche Richtung lenken. Man nennt das den „Verwässerungseffekt" (Englisch: „Dilution Effect"), der als kognitive Verzerrung bekannt ist. Ein Beispiel dafür sind Impfgegner, die falsche und damit irrelevante und sogar in

---

[42] Michael J. Mauboussin; The Success Equation: Untangling Skill and Luck in Business, Sports, and Investing; Harvard Business Review Press, 2012

Einerseits ...	... Andererseits
• Gruppendenken kann zu einer Gefahr werden, die wichtigen Randmeinungen weniger Beachtung schenkt. • Kooperieren ist wichtig, heißt aber nicht, dass man sich aus Gründen des Gruppenkonsens zurückhält. • Konsens ist nicht immer gut, Meinungsverschiedenheiten sind nicht immer schlecht. • Selbst wenn man gleicher Meinung ist, heißt das nicht, dass man richtigliegt und die Zustimmung der anderen als Beweis dafür gilt. • Niemals mit dem Zweifeln aufhören. • Zielgerichtete Fragen sind so wichtig wie Vitamine für den menschlichen Körper.	• Das Gegenteil von Gruppendenken – Teamdysfunktion und Verbitterung – ist ebenso gefährlich. • Gruppenmitglieder müssen einander widersprechen können, ohne einander unsympathisch zu werden. • Man übe konstruktive Konfrontation. • Präzise Fragen stellen ist eine Art, das zu tun. • Vage Behauptungen und Aussagen sollten taktvoll auseinandergenommen werden.

ihrer Wirkung gefährliche Informationen zu den Gefahren von Impfungen in ihrer Bedeutung überbewerten und wissenschaftlich lange bewiesene Informationen ausblenden. Das Ziel von Forecasting ist letztendlich *nicht*, die Zukunft zu sehen. Das Ziel ist, die Interessen der Forecaster und Auftraggeber voranzubringen. In eine ähnliche Kerbe schlägt Alan Kay, der bekanntermaßen sagte: „Die beste Art, die Zukunft vorherzusagen, ist, sie zu erfinden."

Die Fragen, die beim Forecasting gestellt werden, mögen wie kleine Fragen aussehen. Wird es ein Dieselfahrverbot bis Jahresende geben, ja oder nein? Liegt der Elektrofahrzeuganteil 2025 bei 10 oder 30 Prozent? Wird der nächste US-Präsident eine Frau sein?

Bedeutungsvoller scheinen uns doch die großen Fragen zu sein. Was bedeuten Dieselfahrverbote für die Menschen und Unternehmen? Elektrofahrzeuge brauchen Strom, Ladestellen, brauchen weniger Arbeitsplätze in der Automobilindustrie, was hat das für Auswirkungen auf Arbeitsplätze und Politik?

Die großen Fragen sind schwerer zu beantworten, bei den kleinen Fragen können wir es besser. Und wenn wir viele kleine Fragen stellen, erhalten wir ein Bild, das uns eine Aussage zu den großen Fragen erlaubt. Es ist wie in der Malerei beim Pointillismus. Viele kleine Punkte ergeben das Gesamtbild. Eine kleine Frage gibt keine Gesamtantwort, aber viele beantwortete kleine Fragen geben eine Antwort auf die großen Fragen.

Foresight – Woran scheitert es?

Wie wahrscheinlich ist es, dass bis Ende des Jahres zehn deutsche Städte ein Dieselfahrverbot ausgesprochen haben?	Score [%]
Argumente & Quellen	

Wie hoch ist die Wahrscheinlichkeit, dass der aktuell amtierende Stabschef des Weißen Hauses bis Ende des Jahres seinen Posten verlässt?	
Argumente & Quellen	

Wie sicher ist es, dass die EU eine erste Direktive zu künstlicher Intelligenz bis zur Mitte des Jahres herausgibt?	
Argumente & Quellen	

Abbildung 12: Superforecasting – Beispiele

#1	Score [%]
Argumente & Quellen	

#2	
Argumente & Quellen	

#3	
Argumente & Quellen	

Vorlage 5: Superforecasting – Wahrscheinlichkeiten

Foresight – Woran scheitert es?

> *Eine Vielzahl denkt, sie denken, während sie eigentlich nur ihre Vorurteile umsortieren.* – William James

Wir können noch so viele Methoden lernen, ob ihre Anwendung von Erfolg gekrönt ist, hängt immer vom Verhalten und von der Einstellung der Betroffenen ab. Alle folgenden Stolpersteine für das potenzielle Scheitern von Foresight beinhalten ein nicht darauf eingestelltes Mindset und bekannte oder weniger offensichtliche kognitive Verzerrungen, denen wir alle ohne Ausnahme unterliegen.

Am 20. Dezember 1922 hörte man das Klackern von Pferdehufen und das vertraute Gebimmel eines Feuerwehrwagens. Allerdings war nicht ein Feuer die Ursache der Ausfahrt der Brooklyn Heights Feuerwehr, sondern die Verabschiedung des letzten Pferdefuhrwerks, das diese Feuerwehrstation im Einsatz hatte. Ab sofort waren nur noch motorisierte Feuerwehrautos im Einsatz.[43]

Das Ganze war nicht ohne Emotionen vor sich gegangen. Immerhin waren Pferde drei Generationen lang im Einsatz und die Feuerwehrleute verabschiedeten sich nur schweren Herzens von ihren Pferden. Dabei war die Einführung der Pferde vor einigen Jahrzehnten sehr kontrovers gewesen. Bis 1832 waren es Freiwillige, welche die Feuerleitern und Wagen zogen und zum Einsatzort brachten. An Freiwilligen mangelte es nie, lungerten doch immer Jungen und Arbeitslose herum, die den Feuerwehrleuten bei ihrer Arbeit zusahen. Sobald es zu einem Einsatz kam, waren sie sofort dabei und packten mit an.

Zwar hatte man immer wieder Zugpferde als Alternative diskutiert, aber dann doch jedes Mal verworfen. Bis eine Krise eintrat, die radikales Umdenken verlangte. Im Jahr 1832 brach eine Choleraepidemie in New York City aus, die mehr als 3500 Tote bei einer Viertelmillion Einwohnern forderte. Die Zahl der Freiwilligen und Jungen, die bereitstanden, schwand. Aus der Not heraus musste die New Yorker Feuerwehr 864 Dollar (nach heutigen Preisen über 25.000 Dollar) ausgeben, um Pferde zu kaufen, damit sie überhaupt jemanden hatte, der die Wagen ziehen konnte.

Die Krise überließ den Pferden nur kurzfristig diese Aufgabe, zu sehr waren die Feuerwehrleute und Freiwilligen stolz auf ihre eigenen Fähigkeiten, die Wagen zu ziehen. Erst 1860 wurde dann komplett auf Pferde umgestellt. Und mit den Pferden kamen auch neue Berufe und Arbeitsplätze.

Widerstand gegen eine Umstellung ist nichts Neues. Sie kommt mit schöner Vorhersagbarkeit. Jeder Einzelne kann klar die kommende Änderung sehen, aber gemeinsam handeln wir nicht – oder zu spät. Und dafür gibt es eine ganze Reihe von zutiefst menschlichen Gründen, die wir uns jetzt ansehen werden.

---

[43] https://www.linkedin.com/pulse/today-technology-day-horse-lost-its-job-brad-smith/

Wenn das Dringliche dem Wichtigen im Weg steht

> *Morgen: ein mystisches Land, wo ich all meine Arbeit geschafft kriege.*

Einer meiner Bekannten arbeitet als Innovationsmanager bei einem kleinen Automobilzulieferer. Die Auftragslage in den letzten Jahren stieg, die Firma wuchs und die Mitarbeiter konnten über Arbeitsmangel nicht klagen.

Die Aufgabe meines Bekannten ist, sicherzustellen, dass bestehende Produkte verbessert und neue entwickelt werden, um das Unternehmen auch in Zukunft wettbewerbsfähig zu halten. Um das zu leisten, braucht er natürlich Hilfe und Ideen von seinen Kollegen. Doch seine Anfragen stießen auf taube Ohren. Einer seiner engen Mitarbeiter meinte dazu:

> *Ich habe so viel Arbeit, da soll ich mich jetzt auch noch um Innovation kümmern?*

Und er hat damit ja recht – bei oberflächlicher Betrachtung. Die tägliche Arbeit zieht einen unweigerlich hinein. Termine müssen eingehalten, Probleme gelöst und der Produktionsprozess am Laufen gehalten werden. Delegationen im Silicon Valley geht es genauso. Die Manager kommen hierher, erleben die Zukunft und werden inspiriert, aber sobald sie am Stammsitz zurück sind, werden sie von den alltäglichen Routinearbeiten wieder eingefangen und die nicht alltäglichen Arbeiten an der Zukunft – mit ungewissem Aufwand und Ausgang – werden verschoben.

Dabei übersehen sie, dass manchmal das „Dringliche" hintangestellt werden muss, um das „Wichtige" zu machen. Die 25.000 Mitarbeiter bei General Motors waren auch sehr beschäftigt und mit Arbeit überlastet, bis zum Bankrott des Unternehmens 2009. Genauso wie die 52.000 Mitarbeiter der Supermarktkette Schlecker oder die 3.500 beim Automobilzulieferer Karmann.

Sie taten das Dringliche: den Laden am Laufen zu halten; und übersahen das Wichtige: den Laden in die Zukunft zu bringen.

Warum das so oft geschieht, schildert Monty Python Star John Cleese in einem seiner Vorträge zu Kreativität sehr eindringlich.[44] Er identifiziert fünf Faktoren, die man benötigt, um eine kreative Routine zu schaffen.

1. Raum
2. Zeit (Dauer)
3. Zeit (Termin)
4. Selbstvertrauen
5. Humor

Neben Humor, um den Geist zu öffnen, Selbstvertrauen, ohne Angst zu scheitern oder beurteilt zu werden, und einem Raum, in dem man ungestört sich auf kreative Arbeit konzentrieren kann, braucht man auch einen kleinen Zeitraum, in dem man nichts anderes macht, und

---

[44] John Cleese: On Creativity https://www.youtube.com/watch?v=-bxOPAXGahlE

das Wissen, dass man die Entscheidung nicht heute am Donnerstag treffen muss, sondern bis Dienstag Zeit hat.

Dabei ist wichtig, was man mit Raum und Dauer „macht". Bei Routinearbeiten, wie eine E-Mail schreiben, einen Telefonanruf tätigen oder schnell mal der Kollegin eine Information schicken wissen wir, wie sie gemacht werden und wohin sie führen. Diese Arbeiten sind einfach, sie fordern uns geistig nicht wirklich. Kreatives Arbeiten, an die Zukunft zu denken, sich mühsam durch unbekanntes Territorium an Wissen durchzuarbeiten, die jeweilige Relevanz abzuschätzen und Auswirkungen vorzustellen ist schwer. Diese Tätigkeiten fordern geistig heraus. Es ist anfänglich nicht klar, wie viel Aufwand sie benötigen, in welche Richtung sie einen bringen werden und wie das Ergebnis – sofern es überhaupt eines gibt – sein wird.

Oft bedarf es nur der Initiative von ein oder zwei Mitarbeitern, um den Fokus vom Dringlichen aufs Wichtige zu lenken. Knapp vor der Jahrtausendwende arbeitete ich als Entwickler bei der deutschen Softwareschmiede SAP. Das zentrale Anzeigewerkzeug für das Analytische System basierte damals auf Microsofts Tabellenkalkulation Excel. Es funktionierte, war aber sperrig und langsam. Die Kunden jammerten, sahen es aber als notwendiges Übel.

Die Auslieferungspläne und Funktionalitäten für die nächste Softwareversion waren alle abgesegnet, die Kunden informiert und die Teams arbeiteten mit Volldampf dran. Wir waren mit Arbeit voll eingedeckt.

Doch dann setzten sich drei Kollegen zusammen und programmierten in einer Nacht einen Prototyp, der zeigte, wie man Excel durch eine webbasierte Anwendung ersetzen konnte. Das Internet war gerade erst so richtig in den Mainstream vorgedrungen und Browser auf dem Vormarsch.

Am nächsten Morgen pferchten sich alle Teams in einen Besprechungsraum und die drei Kollegen demonstrierten den Prototyp. Er war schneller, einfacher und löste etliche Probleme, an denen wir zu knabbern hatten. Mit einem Wort: Das war die Zukunft.

In einer halben Stunde Vorführung hatten die Kollegen alles auf den Kopf gestellt. Wir gingen aus dem Besprechungsraum und wussten, dass unsere Pläne damit hinfällig waren.

Foresight mag zwar scheitern, aber eine Vorhersage stimmt immer: Technologie wird sich weiterentwickeln und sie wird sich mit anderen Änderungen in der Gesellschaft verbinden und vermischen. Trends sind dabei die Vorboten der kommenden Änderungen und wie sie sich ausdrücken werden.[45]

---

[45] Amy Webb: The Signals Are Talking – Why Today's Fringe Is Tomorrow's Mainstream; Public Affairs, New York, 2016

Kassandra-Koeffizient oder Initial Occurrence Syndrome

Ich sehe nicht hell, ich sehe nur gut aus. — Jason King

Dass ein paar Teppichmesser dazu führen könnten, das World Trade Center in New York zum Einsturz zu bringen, konnte sich vor dem 11. September 2001 niemand vorstellen. Doch genau die hatten die Terroristen an Bord gebracht und damit die Flugzeuge unter Kontrolle, mit denen sie gezielt in die Wolkenkratzer fliegen sollten.

Nur weil es noch nie geschehen ist heißt nicht, dass es nicht passieren kann oder eine Warnung weniger wichtig ist. Und wie sich nachträglich herausstellte, waren die Entführung von Flugzeugen für Selbstmordanschläge und Signale über Flugschüler, die verdächtigerweise nicht landen lernen wollten, sondern nur fliegen, alle da, gingen aber in der Geräuschkulisse von unzähligen Einzelsignalen völlig unter.

Ereignisse, die noch nie vorgekommen sind und auf die Kassandras in ihren Warnungen hinweisen, sind besonders schwer zu bewerten. Soll man sich darauf vorbereiten? Wie richtig ist die Vorhersage?

Dieses „Syndrom des initialen Vorkommnisses" (Initial Occurrence Syndrom) ist schwer zu überwinden. Nur zu leicht wird man als Fantast hingestellt. Dass eine Bürokratie und Militärmaschinerie eines ganzen zivilisierten Landes dazu eingesetzt werden, um eine ganze Bevölkerungsgruppe auszulöschen, nur weil sie einer bestimmten Religion angehört, war bis zur Machtübernahme der Nationalsozialisten im Dritten Reich auch undenkbar. Dass der Hurrikan Katharina New Orleans überschwemmen wird, war auch unvorstellbar. Bis dahin hatte die Stadt doch noch jeden Hurrikan überstanden.

Wenn also jemand sagt „Das ist noch nie geschehen", dann muss man den Satz zu Ende denken. Es wird nämlich suggeriert: „…und deshalb wird es auch nie geschehen."

Organisatorische Erstarrung

Änderung ist schwer, aber Stagnation ist tödlich.
— Dr. Peter Bishop

Genau diese Aussage führt zu einer organisatorischen Erstarrung. Weil es noch nie geschehen ist und somit nie geschehen wird, brauchen wir uns auch nicht darauf vorzubereiten.

Um solche Situationen zu vermeiden, kommt der bereits vorgestellte Kassandra-Koeffizient ins Spiel. Als Technik hilft er, skizzierte mögliche Katastrophen zu erkennen, denen ansonsten nur geringe Aufmerksamkeit geschenkt wird.

Wetterdienste haben beispielsweise Vorschriften, wie mit extremen Wetterbedingungen umgegangen wird, die ihre Sensoren aufzeichnen. Auf diese Weise können die Mitarbeiter rechtzeitig Warnungen aussprechen, um Menschenleben zu retten. Für wirklich außergewöhnliche Fälle gibt es aber keine Vorschriften.

Navigationssystemhersteller – wie auch die meisten Unternehmen in anderen Industrien – beobachten die Konkurrenz sehr genau. Mittels der beliebten Mitbewerber- und Trendradars folgen sie den kleinsten Signalen und stellen Richtlinien auf, wie auf wettbewerbskritische Änderungen zu reagieren ist. Keiner der Hersteller hatte 2007 allerdings Apple und das iPhone auf dem Schirm. Weder sahen die Unternehmen diese Zukunft voraus noch erkannten sie die Gefahr, und hatten folglich keinerlei Richtlinien für eine geeignete Reaktion.

Neue Erwartungstheorie

Die Zukunft gehört denjenigen, die sich heute darauf vorbereiten. – Malcolm X

Für die deutschen Automobilhersteller war 2017 ein Rekordjahr. Volkswagen verkaufte weltweit die meisten Autos, Daimler fuhr Rekordgewinne ein und Porsche erlaubte sich den Spaß, den Spezialbonus für die Mitarbeiter an die Nummerierung eines Porsche-Modells anzulehnen. 9.656 Euro betrug dieser Bonus im Jahr 2018 für jeden Mitarbeiter.

Die Gewinne scheinen sicher und da geht man kein Risiko ein. Warum auch? Es läuft doch alles glänzend. Doch in dieser Fassade sind Sprünge. Als es nämlich vor ein paar Jahren nicht so rund lief und strenge Abgasgrenzwerte die Bilanzen bedrohten, scheute man sich bei den Herstellern nicht, ein großes Risiko einzugehen. Man installierte Schummelsoftware in die Abgasreinigung der Fahrzeuge, um Verluste abzuwenden.

Die von den Verhaltensforschern Amos Tversky und Daniel Kahnemann definierte „Neue Erwartungstheorie" beschreibt, wie Menschen auf zu erwartende Risiken reagieren. Sie scheuen vor Risiken, sofern ihnen ein sicher scheinender Gewinn winkt, und nehmen hohe Risiken auf sich, wenn ein großer Verlust droht und sie ihn abwenden wollen.[46]

Gewinn und Verlust sind dabei nicht unbedingt monetärer Natur. Der Brexit zeigt zwei Jahre nach der Abstimmung immer deutlicher, wie groß die finanziellen Verluste für Großbritannien bereits jetzt während der Austrittsverhandlungen sind und noch größer werden. Trotzdem machen Politik und Gesellschaft weiter, weil es zu viel an Reputation innerhalb des Landes und Verhandlungsposition bei einem Verbleib in der EU zu verlieren gäbe.

Welch fatale Auswirkungen das haben kann, zeigt das Beispiel eines Flugzeugabsturzes aus dem Jahr 1968.[47] Der Flug 352 der Braniff International Airways war auf dem Weg von Houston nach Dallas, als eine Unwetterfront auftauchte. Die Piloten baten den Fluglotsen um ein Umlotsen nach Westen. Dieser meinte allerdings,

---

[46] https://de.wikipedia.org/wiki/Prospect_Theory
[47] https://en.wikipedia.org/wiki/Braniff_Flight_352

dass alle anderen Flüge eine östliche Auswegroute genommen hatten. Die Piloten bestanden aber darauf, um nicht zu viel Zeit zu verlieren und auf einem anderen Flughafen landen zu müssen.

Als das Wetter noch schlimmer wurde, wies der Fluglotse noch einmal auf die östliche Route hin, die er vorgeschlagen hatte. Die beiden Piloten sahen das als etwas, bei dem der Fluglotse von den beiden hören wollte, dass sie mit der westlichen Route einen Fehler gemacht hatten. Sie bestanden auf ihrer Umleitung. Als sie dann doch in so starke Turbulenzen gerieten und um die östliche Route baten, war es zu spät. Das Flugzeug wurde von den Kräften in der Luft zerrissen und alle 85 Passagiere starben, gemeinsam mit der Crew.

Verfügbarkeitsheuristik

Die Verfügbarkeitsheuristik ist ein mentaler Kniff, den unser Gehirn durchführt, indem wir Wissen und Erinnerungen, die wir schnell bei der Hand haben, mehr Bedeutung zuordnen als denen, bei denen wir erst nachforschen und uns damit mehr anstrengen müssen. Information, die wir einfacher zur Hand haben, muss somit wichtiger sein als diejenige, die wir so „bereitwillig" vergessen haben. Damit tendieren wir dazu, Urteile zu fällen, die auf Informationen basieren, die wir erst vor Kurzem erhalten haben und an die wir uns eher erinnern.

Und das ist natürlich ein Problem, dessen wir uns bewusst sein müssen. Wir können ein Thema, Konzept oder eine Methode nicht beurteilen oder eine Entscheidung treffen, wenn wir Informationen auf diese Weise selektieren.

Außen- und Innenbetrachtung

In einem früheren Kapitel sprachen wir die Außen- und Innenbetrachtung bereits kurz an, hier ist nun die genaue Vorgehensweise, wie diese anzuwenden sind. Die Methode unterteilt sich in zehn Einzelschritte:

1. Die Frage in Bestandteile zerlegen
2. Bekannte und unbekannte Fakten trennen
3. Jede Annahme hinterfragen
4. Mit der Außenbetrachtung beginnen
5. Die Frage mit ähnlichen Problemstellungen vergleichen, um zu verhindern, dass die Frage als einzigartig betrachtet wird. Damit stellt man sie auf eine Stufe mit einem breiteren Phänomen.
6. Die Innenansicht anwenden und die Einzigartigkeit der Frage betrachten
7. Ähnlichkeiten und Unterschiede der eigenen Ansichten mit denen von anderen vergleichen
8. Eine besondere Aufmerksamkeit den Prognosemärkten und der Schwarmintelligenz schenken
9. Alle Ansichten in eine einzige Vision vermengen
10. Eine Vorhersage mit möglichst hoher Präzision und Wahrscheinlichkeit treffen

Eine Frage, die man auf diese Weise analysieren möchte, könnte folgendermaßen lauten:

> *Wie viele Klavierstimmer gibt es in München?*

Hier beginnt man mit der Außenbetrachtung (Englisch: „Outside View"), die Frage zu zerlegen und zu analysieren.

1. Wie viele Klaviere gibt es in München?
2. Wie oft im Jahr werden Klaviere gestimmt?
3. Wie lange braucht man, um ein Klavier zu stimmen?
4. Wie viele Stunden arbeitet ein Klavierstimmer im Durchschnitt pro Jahr?

Um die Frage nicht als Sonderfall zu behandeln, versuchen wir, sie als Teil eines größeren Phänomens zu beschreiben.

1. Welche anderen Produkte brauchen regelmäßig Wartung? Automobile beispielsweise.
2. Wie viele Automobile gibt es?
3. Wie oft werden Autos im Jahr gewartet?
4. Wie viele Werkstätten und Mechaniker gibt es in München?

Zur Überprüfung zieht man nun die Innenbetrachtung (Englisch: „Inside View") heran.

1. Was weiß ich über meine Nachbarn?
2. Hat von denen jemand ein Klavier?

Diese Übung erlaubt es, eine bessere, wenn auch wahrscheinlich nicht absolut richtige Abschätzung zu erhalten. Bei dieser Methode macht wiederum Übung den Meister. Je mehr man sie praktiziert, desto besser und hilfreicher werden die Ergebnisse.

Warum ist es absolut kritisch, mit der Außen- und nicht etwa mit der Innenbetrachtung zu beginnen? Das hat mit einer kognitiven Verzerrung, dem sogenannten „Ankereffekt", zu tun.

Ankereffekt

Gewiefte Verkäufer kennen diesen Trick: Man nenne zuerst einen Preis und der wird zum Ausgangspunkt der Verhandlungen. Der genannte Zahlenwert wird somit zum Anker für weitere Zahlen und Beträge, selbst wenn diese nichts mit dem ursprünglichen Wert zu tun haben. Man nennt diesen Effekt auch „Priming", wo solch ein erstgenannter Wert unbewusst als Ausgangswert genommen wird.

Beweis gefällig? Verhaltensforscher befragten eine Gruppe von Studienteilnehmern, ob Mahatma Gandhi starb, bevor er 9 Jahre alt war, und die andere Gruppe, ob Gandhi starb, nachdem er 140 Jahre alt war. Offensichtlich sind beide Zahlen falsch. Die darauffolgende Frage, in welchem Alter Gandhi denn nun wirklich starb, ergab zwei signifikant unterschiedliche Ergebnisse. Erstere Gruppe, die 9 Jahre als Anker erhalten hatte, schätzte sein Sterbealter im Durchschnitt auf 50 Jahre. Die andere Gruppe, die mit 140 Jahren, kam auf einen Durchschnittsschätzwert von 67 Jahren.[48]

---

[48] Strack, Fritz; Mussweiler, Thomas (1997). "Explaining the enigmatic anchoring effect: Mechanisms of selective accessibility". Journal of Personality and Social Psychology. 73 (3): 437–446

Beginnt man mit einer Innenbetrachtung, dann ist die anekdotische Erfahrung wie etwa „Haben meine Nachbarn ein Klavier?" so zufällig, dass sie keinen guten Ausgangspunkt bietet. Dank des Ankereffekts aber bleibt dieses anekdotische Wissen bei der Außenbetrachtung immer im Hinterkopf und beeinflusst die Abschätzung in diese Richtung.

Die Schlussfolgerung ist, dass man zuerst mit der Außenbetrachtung beginnt und dann die Innenbetrachtung folgen lässt.

Voreingenommenheit

Zukunft ist das, was kommt, auch wenn man nicht daran glaubt!

Der österreichisch-ungarische Arzt Ignaz Semmelweis wurde in einer Wiener Irrenanstalt von seinem Wärter erschlagen, nur wenige Monate nachdem er eingeliefert worden war. Warum das heute mehr als 150 Jahre nach seinem gewaltsamen Tod noch wichtig ist, liegt an einer Entdeckung, die Semmelweis Jahre zuvor gemacht hatte und die unzähligen gebärenden Frauen und ihren Kindern heute noch immer das Leben rettet.

In Wien gab es Mitte des 19. Jahrhunderts im Allgemeinen Krankenhaus zwei Abteilungen, die an jeweils abwechselnden Tagen gebärende Frauen aufnahmen. Das „Kindbettfieber" war dabei eine gefürchtete Krankheit, deren Ursache damals nicht bekannt war und an der gebärende Frauen und oft auch die Neugeborenen erkrankten und verstarben. Die Müttersterblichkeit lag in manchen Krankenhäusern bis zu – heute astronomisch hoch anmutenden – 30 Prozent.

Im besagten Krankenhaus gab es in den zwei Abteilungen allerdings einen Unterschied in der Sterblichkeitsrate. Eine hatte eine viermal so hohe wie die andere. Die Sterblichkeitsrate war unter der Bevölkerung so berüchtigt, dass sich an „falschen Tagen" niederkommende Frauen weigerten, in die „Todesklinik" zu gehen, und stattdessen lieber auf der Straße gebaren.

Die Ursache dafür und generell der Grund für das Kindbettfieber waren für die Ärzteschaft ein Rätsel. Und genau das hatte sich Semmelweis vorgenommen zu lösen.

Ein entscheidender Hinweis kam, als sich ein Gerichtsmediziner bei einer Leichensektion mit dem Skalpell in den Finger schnitt und einige Tage später daran verstarb. Der Krankheitsverlauf war dem von Kindbettfieber verblüffend ähnlich.

Semmelweis schloss daraus, dass von den Leichen irgendwie diese Krankheit „überspringen" musste. Man vergesse nicht, dass damals das Konzept von Viren und Bakterien noch nicht entdeckt war. Auch wies der Unterschied in der Sterblichkeitsrate der beiden Abteilungen darauf hin, dass es etwas mit dem darin arbeitenden medizinischen Personal zu tun haben müsste. In der Abteilung mit der hohen Sterblichkeitsrate arbeiteten die Ärzte, die oft zwischen der Leichenhalle und anderen Abteilungen eilten. In der anderen Gebärabteilung waren aber nur Hebammen beschäftigt. Und diese kamen nicht mit Leichen in Berührung.

Deshalb gab Semmelweis seinen Ärzten die Anweisung, ihre Hände und Instrumente mit Chlorwasser zu waschen, bevor sie in die Geburtsabteilung gingen. Das Resultat sprach für sich: Von 12 Prozent sank die Sterblichkeitsrate auf zwei bis drei Prozent.

Problem gelöst? Nicht so rasch! Die Ärzteschaft empfand diese Anweisung nämlich als „blasphemisch". Ärzte konnten doch nicht die „Todbringer" sein, sie waren doch die „Heiler", die Menschen gesund machten. Das zeigte sich auch in den Kitteln, die damals nicht weiß, sondern schwarz waren und auf denen mit Stolz der verkrustete Schmutz der harten Doktorarbeit klebte. Die „Götter in Weiß" beziehungsweise „in Schwarz" waren voreingenommen und ließen die Datenlage unbeachtet.

Genau das führte letztendlich zum Bruch mit Semmelweis, der seine Anstellung im Spital durch Intrigen seiner Gegner nicht verlängert bekam. Er begann einen Feldzug gegen die Ärzteschaft, die nicht an seine Theorie glaubte. Letztendlich begann sein unerbittlicher Kampf an seiner Psyche zu zehren und er wurde in eine Krankenanstalt eingewiesen, die er wenig später im Sarg verließ.

Auch wenn in Unternehmen oft nicht mit so dramatischen Resultaten zu rechnen ist wie in der damaligen Wiener Geburtsklinik und dabei Menschen sterben: Die Ablehnung von neuen Erkenntnissen und Fakten erfolgt oft reflexartig. Tatsächlich findet man im Englischen den Begriff des „Semmelweis-Reflex", der genau diese Voreingenommenheit bezeichnet.

Visionen versus Daten

Wer Visionen hat, braucht einen Arzt. – Helmut Schmidt

Im Film „Der Untergang", der die letzten Tage des Dritten Reiches im Führerbunker behandelt, gibt es eine Schlüsselszene, bei der Hitler, gespielt von Bruno Ganz, seinen Generalstab um sich hat und ihm auf einer Landkarte die aktuelle Kriegssituation um Berlin geschildert wird. Die Situation sieht nicht gut aus, die alliierten Kräfte massieren sich um Berlin und sind dabei, die Stadt einzukesseln.

Der Führer scheint den Ernst der Lage nicht ganz zu erkennen. Er kommentiert die Lage: „Mit dem Angriff Steiners wird das alles in Ordnung kommen." (Er meinte SS-Obergruppenführer Felix Steiner, der am 21. April 1945 von Hitler den Befehl erhalten hatte, eine Ersatzarmee aufzustellen für den Befreiungsschlag von Berlin.)

Als ihm die Generäle klarmachen, dass Steiner nicht ausreichend Kräfte sammeln könnte und es zu keinem Gegenangriff kommen werde, verliert Hitler die Contenance.

Der Wunsch war Vater des Gedankens, aber die Faktenlage sprach dagegen. Nicht viel hat sich geändert. Visionen und Strategien, die der Faktenlage widersprechen, werden immer wieder ausgegeben. So lange, bis die Daten gewinnen. Aber dann ist es meist zu spät und viel Geld versenkt und unter Umständen gerät sogar die ganze Organisation in Bedrängnis.

Selbst wenn Daten vorliegen, erhalten sie trotz aller gegenteiliger Beteuerungen der „data-driven Unternehmen" nicht die Aufmerksamkeit, die sie verdienen. Das hat damit zu tun, dass man den Daten aus einer anderen Disziplin, in die man selbst wenig Einsicht hat und kein Experte dafür ist, weniger Glauben schenkt als Daten aus dem eigenen Feld. Das ist so, als ob man einen Satz in einer unbekannten Sprache hört.

Das Phänomen ist als die „Nasenspitzenillusion" („tip-of-your-nose illusion") bekannt, die bereit- und naheliegende und oftmals leicht verständliche Information als so überzeugend bewertet, dass anderweitige Fakten und Informationen links liegen gelassen und Entscheidungen aus dem Bauchgefühl getroffen werden.[49]

Der ehemalige Microsoft-Chef Steve Ballmer ist mit seinen Aussagen zum Launch des iPhones ein Beispiel für jemanden, der nicht weiter als seine Nasenspitze sah. Er konnte nicht aus seinem Denkrahmen heraus, dass Kunden bereit sein würden, mehrere Hundert Dollar für – wie er es nannte – „ein Telefon" auszugeben, wo doch die Microsoft-Telefone alles auch und viel besser und viel billiger können.

Selbst wenn eine Abteilung mit dem ausdrücklichen Ziel eingesetzt wurde, Daten zu sammeln und Strategien und Vorgehensweisen zu hinterfragen und zu verbessern, wird das Ergebnis von den „Kunden" – dem Management – nicht immer angenommen.

Der National Intelligence Officer For Warning des CIA beispielsweise hat sogar die Macht, Daten anzufordern oder neue empirische Daten sammeln zu lassen. Das bedeutet beim CIA beispielsweise, dass das Team die Umpositionierung von Satelliten befehlen, die Auswertung von abgefangener Kommunikation neu priorisieren oder Geheimdienstmitarbeiter zum Informationssammeln aussenden kann.

Trotz der scheinbar objektiven Datenlage kann subjektives Empfinden – unter anderem wegen des Kassandra-Effektes – dazu führen, dass Entscheidungen die Fakten ignorieren. Die Meldung und der Melder werden miteinander vermischt und nicht unterschieden.

Wir werden später noch genauer von dem zu Eingang bereits erwähnten Kriegsspiel (im englischsprachigen Raum als „Red Teaming" bekannt) hören, bei dem mittels Simulationsspiel genau solche Schwachstellen in Strategien und Visionen aufgedeckt werden sollen, um sie verbessern zu können.

---

[49] Philip E. Tetlock, Dan Gardner: Superforecasting – The Art and Science of Prediction; Broadway Books, New York, 2015

Der Start-up-Indikator

Zu früh! Zu früh! Zu spät! – Risikokapitalgeber zu Start-up-Gründern, die Investitionen haben wollen

Eifrige Risikokapitalgeber hören sich im Jahr bis zu 2.000 Pitches an. Start-ups kommen mit ihren Ideen zu ihnen und versuchen, ihnen zu vermitteln, wieso sie Geld investieren sollen. Solche Pitches können von wenigen Minuten bis zu mehreren Stunden dauern. In sogenannten „Akzeleratoren" werden ausgewählte Start-ups aufgenommen, um dort in wenigen Monaten durch Mentoring, Netzwerken und Investitionen ihre Produkte und Dienstleistungen marktreif und die jungen Unternehmen fit fürs Überleben in der harten Marktwirtschaft zu machen.

Eines dieser Akzeleratorprogramme heißt „Y Combinator" und die Verantwortlichen analysierten anhand der über mehrere Jahre gehaltenen Pitches von mehreren Zehntausend Start-ups die Trends, die sich herauskristallisierten.[50] Dabei half, dass Start-ups, die in das „Y Combinator"-Programm aufgenommen werden wollen, einen Fragebogen ausfüllen müssen. Und dieser beinhaltet Fragen wie „Wer sind eure Mitbewerber? Vor wem fürchtet ihr euch am meisten?" oder „Woran arbeitet euer Start-up?".

Die erste Frage beispielsweise ergab, dass Technologiegiganten wie Facebook, Google, Twitter oder Microsoft ihren Höhepunkt um 2011 hatten und 2016 schon viel weniger genannt wurden. Kleinere, jüngere, aber populäre Mitbewerber wie Uber, Airbnb, Instagram oder Tinder waren 2016 noch auf dem aufsteigenden Ast, Ebay, Yahoo oder MySpace hingegen hatten keine Bedeutung mehr.

Bei der zweiten Frage verlor im Jahr 2016 zum ersten Mal „Web" gegen „App". Auch iPad oder Tablet verloren ihre Bedeutung für Start-ups zwischen 2012 und 2016. Hingegen nahmen Begriffe wie „Blockchain" und „künstliche Intelligenz" ab 2014 an Wichtigkeit dramatisch zu.

Aufgrund ihres Geschäftsmodells haben Risikokapitalgeber und Akzeleratoren eine einzigartige Einsicht auf frühe Trenderkennung. Die Trends kommen mehr oder weniger zu ihnen, indem die Start-ups sie pitchen. Mit einer Analyse der verwendeten Begriffe über die Zeit können sie sehr viel früher Trends erkennen und darin investieren.

Natürlich ist es für „normale" Unternehmen nicht praktikabel, selbst Tausende von Pitches anzuhören. Das ist nicht das Kerngeschäft eines Unternehmens. Doch kann eine Partnerschaft mit einem Akzeleratorprogramm oder einer Venture Capital Firma, die eine solche datenbasierte Analyse anbieten, zu früheren Einsichten in Bezug auf kommende Trends führen.

Zu solchen Einrichtungen zählen unter anderem das „Plug and Play Techcenter", der schon erwähnte „Y Combinator" oder „500 Start-ups", von denen einige auch Programme in Europa anbieten.

---

[50] The Start-up Zeitgeist https://blog.ycombinator.com/the-startup-zeitgeist/

Mentale Modelle

Anfang der 1980er-Jahre war ein neuer Produktionsprozess aus Japan in der Automobilindustrie der letzte Schrei. Die von Toyota eingeführte „Just in time"-Produktion erlaubte Lagerkosten und Inventar drastisch zu reduzieren und flexibler auf Auftragseingänge zu reagieren.

Managementteams von allen Automobilherstellern pilgerten daraufhin nach Japan, um sich diesen neuen Produktionsprozess vor Ort anzusehen. Und Toyota war nur allzu bereit, die Besucher durch das Werk zu führen. Wohlgemerkt: Toyota führte Managementteams der konkurrierenden Automobilhersteller durch die eigene Fabrik. Das allein ist bemerkenswert und zugleich eine ganz schlaue Finte gewesen. Toyota war sich sicher, dass selbst eine Führung durch das Werk das Geheimnis von Just-in-time nicht offenbaren würde. Und zwar deshalb, weil nicht die Produktionsanlagen oder deren Anordnung oder spezielle Werkzeuge das Geheimnis ausmachten, sondern das mentale Modell.

Das zeigte sich bei einem Besuch von amerikanischen Automobilvorständen, die bei der Werksbesichtigung den Eindruck nicht abschütteln konnten, dass es sich hier nicht um die „echte" Autofabrik handeln kann. Sie drängten die Toyota-Führung, ihnen doch die „richtige" Fabrik zu zeigen. Was sie übersahen, war, dass mit Just-in-time ein wesentlich reduzierteres Inventar in der Fabrik gelagert wird und nur die gerade notwendigen Teile zeitgerecht geliefert werden. Die vollen, überladenden Fabrikhallen, die den amerikanischen Automanagern vertraut waren, waren bei Toyota durch eine aufgeräumte, fast leere Fabrik ersetzt. In ihr mentales Modell passte diese Wirklichkeit nicht hinein.

Mentale Modelle machen es uns einfach, rasch gewohnte und ähnliche Zusammenhänge zu erfassen, um die Komplexität der Wirklichkeit zu begreifen. Aber genau diese mentalen Modelle, die uns so oft dabei helfen, behindern uns bei Änderungen, die eine neue Sicht auf die Wirklichkeit erfordern. Genau das verwirrte die amerikanischen Automobilmanager.

Andere, jüngere mentale Modelle, die nicht überwunden werden konnten, waren die Überzeugung, dass ein Smartphone ohne Tastatur keine Anwendung findet oder Menschen Bilder immer auf Papier, aber niemals wirklich auf einem Bildschirm betrachten wollen.

Gruppendenken

Wenn die Leute mir zustimmen, habe ich immer das Gefühl, ich muss mich irren. – Oscar Wilde

Wenn alle einer Meinung sind, dann könnten sie recht haben oder eben doch alle falschliegen. Letzteres geschieht dann, wenn eine Gruppe auf Teufel komm raus zu einem Konsens gelangen will und dabei interner Druck entsteht, widersprüchliche Meinungen und Informationen zu verdrängen. Mehrere kognitive Verzerrungen treten bei einer solchen Gruppendynamik auf, die zu „Gruppendenken" führen können. Dieses zeichnet sich durch folgende Eigenschaften aus:

1. Illusion der Unverwundbarkeit der Gruppe
2. Stereotypisierung ist die Illusion, dass Menschen, die nicht die Meinung der Gruppe teilen oder außerhalb der Gruppe stehen, dumm, inkompetent und böse sind.
3. Selbstzensur: Mitglieder der Gruppe tendieren dazu, Zweifel oder widersprechende Meinungen für sich zu behalten.
4. Rationalisierung: Widersprüchliche Daten und Information werden „weg erklärt".
5. Moral: Die Überzeugung der Gruppe ist, dass ihre Absichten automatisch richtig und gut sind.
6. Systemzwang: die Tendenz, abweichende Meinungen als Abtrünnigkeit zu betrachten
7. Illusion von Einstimmigkeit: die Tendenz, Schweigen als Zustimmung zu betrachten
8. Das Auftreten von selbst ernannten Wächtern, die unangenehme Informationen von der Gruppe fernhalten

Der Kontrast zwischen den Zentralen der Widersacher im Zweiten Weltkrieg konnte nicht größer sein. Betrachtet man alte Fotoaufnahmen vom Führerbunker in Berlin, dann sind die Innenräume sehr kahl und spartanisch. Die Ausnahme von den kargen Betonwänden bildeten einige Landkarten und die viele Beutekunst, welche die glorreiche Vergangenheit Deutschlands zeigte. Churchills Bunker hingegen mag zwar nicht glamouröser gewesen sein, inklusive einer kleinen abgeschlossenen Telefonzelle, aber diese Räumlichkeiten waren die Nervenzentrale des British Empire, wo Informationen zusammenliefen.

Je länger der Krieg dauerte, desto mehr verbarrikadierte sich die Naziführung und desto weniger an Information, die den eigenen Annahmen und den Wunschvorstellungen nicht entsprach, wurde zugelassen.

Weitere Heuristiken und kognitive Verzerrungen

Wir könnten uns beliebig lange in diese und weitere potenzielle Gründe vertiefen, wie Foresight scheitern kann. Doch das würde den Rahmen des Buches sprengen und eigentlich wollen wir uns auf die Aspekte konzentrieren, wie Foresight erfolgreich werden kann. Trotzdem möchte ich noch ein paar weitere Heuristiken und kognitive Verzerrungen zum Selbststudium aufzählen.

	Kurzbeschreibung
Affektheuristik	Urteile werden nach Gefühl gefällt.
Ankereffekt	Menschen werden bei speziell gewählten Zahlenwerten von momentan vorhandenen Umgebungsinformationen beeinflusst, ohne dass ihnen dieser Einfluss bewusst wird.
Attributionsfehler	Menschen unterscheiden nicht zwischen der Meldung und dem Überbringer einer schlechten Meldung.
Aufmerksamkeitsfehler	Die Tendenz, wiederkehrenden Gedanken oder Fakten besondere Aufmerksamkeit zu schenken und andere dabei zu übersehen.
Automationsvorurteil	Die Tendenz, Vorschläge von automatisierten Entscheidungsfindungssystemen auch entgegen widersprechenden Fakten zu bevorzugen.
Bestätigungsfehler	Neue Information wird so ausgewählt, ermittelt und interpretiert, dass sie mit den eigenen Erwartungen übereinstimmt.
Clustering-Illusion	Menschen erkennen in Daten zufällige Muster.
Eskalierendes Commitment	Obwohl bereits eine ganze Menge an Geld in ein zum Scheitern verurteiltes Projekt gesteckt wurde, will man es nicht aufgeben und steckt stattdessen noch mehr Geld hinein.
Kontrollillusion	Der Glaube, nachweislich nicht beeinflussbare Vorgänge kontrollieren zu können.
Kopf in den Sand stecken	Eine drohende Gefahr nicht sehen wollen und die Augen vor unangenehmen Realitäten verschließen.
Mitläufereffekt	Der Effekt, wenn ein wahrgenommener Erfolg Menschen dazu bringt, sich auf die Seite der Gewinner zu schlagen.
Negativitätseffekt	Ereignisse mit negativem Effekt hinterlassen stärkere Erinnerungen oder Emotionen als positive Ereignisse mit derselben Intensität.
Normalitätseffekt	Menschen unterschätzen die Wahrscheinlichkeit einer Katastrophe und glauben, dass selbst dann die Dinge wie üblich funktionieren werden.
Optimisteneffekt	Menschen glauben, dass sie weniger wahrscheinlich von einem negativen Ereignis getroffen werden.
Prävalenzfehler	Vorher bekannte Fakten führen zu einer falschen Einschätzung der Wahrscheinlichkeit einer anderen Variablen.

	Kurzbeschreibung
Planungsfehlschluss	Die Tendenz zu unterschätzen, wie viel Zeit zur Vollendung einer Aufgabe benötigt wird.
Regressionsfehlschluss	Der Glaube, dass ein Zustand dank der getroffenen Maßnahmen zu einem Normalzustand zurückgekehrt ist.
Rückschaufehler	Die Neigung, nachdem ein Ereignis eingetreten ist, die Vorhersehbarkeit dieses Ereignisses zu überschätzen.
Schubladendenken	Ereignisse und Dinge werden in bestehende Deutungsraster gepackt und falsch interpretiert.
Selbstüberschätzung	Fehleinschätzung des eigenen Könnens und der eigenen Kompetenzen.
Spielerfehlschluss	Logischer Fehlschluss, ein zufälliges Ereignis werde wahrscheinlicher, wenn es längere Zeit nicht aufgetreten ist, und umgekehrt.
Status-quo-Verzerrung	Bevorzugt übermäßig einen Status quo gegenüber Veränderungen.
Verfügbarkeitsheuristik	Bereitstehender oder erst kürzlich erhaltener Information wird mehr Bedeutung zugewiesen als schwer zugänglicher und länger zurückliegender.
Verlustaversion	Verluste werden höher gewichtet als Gewinne.
Wissensfluch	Eine sachkundige Person nimmt fälschlicherweise an, dass auch andere Personen dieses Wissen bereits haben, um den Sachverhalt zu verstehen.
Zeitliche Belohnungsabwertung	Die Tendenz, je weiter Belohnungen in der Zukunft liegen, sie desto geringer an Wert zu schätzen.

Tabelle 7: Weitere Heuristiken und kognitive Verzerrungen

Foresight Mindset Tool Kit

Wenn du alle glücklich machen willst, dann werde kein Manager, sondern verkaufe Schokolade!

Da es nicht nur eine Zukunft gibt, sondern mehrere, gibt es auch nicht nur ein Werkzeug, um diese zu beschreiben. Eine ganze Werkzeugkiste steht uns zur Verfügung. Das Foresight Tool Kit ist dabei vor allem für die erste Phase gedacht: das Foresight Thinking. Diese umfasst die Vorbereitung, die Foresight und die Erkenntnis. Es hilft, sich in eine Zukunft hineinzudenken, egal ob es sich um eine mögliche, wahrscheinliche oder bevorzugte Zukunft handelt. Aus dem Ergebnis können Einsichten und Erkenntnisse gewonnen werden. Damit bereiten sie den Pfad vor, anhand dieser Szenarien Entscheidungen zu treffen und zu handeln. Wir nennen das die Foresight Action, in der die Handlung und Beobachtung folgen.

Auf den folgenden Seiten stelle ich Methoden vor, die dabei helfen, bessere Einsichten in die möglichen Zukünfte zu erhalten und informierte Entscheidungen zu treffen.

Diese Methoden sind nicht die Einzigen, eine Reihe an neuen Werkzeugen entsteht, auch aus Bereichen, die man nicht vermuten würde. Google Street View beispielsweise kennen wir als Stütze, um eine Nachbarschaft virtuell zu erkunden. So sehe ich mir vor einem Urlaub damit die Gegend an und entdecke vielleicht schon im Vorfeld Interessantes und Praktisches. Bei einem Paris-Urlaub tatsächlich erinnerte ich mich, dass sich direkt neben dem Eingang des angemieteten Airbnb-Apartments ein Schokoladegeschäft befand. Damit konnten wir dem Taxifahrer helfen, den Eingang schneller zu finden, nachdem ich den Schokoladen schon aus der Ferne ausgemacht hatte.

Stadtplaner und Demografen hingegen kamen auf die Idee, Google Street View als demografisches Werkzeug zu verwenden. Die Art der auf der Straße geparkten Autos beispielsweise kann in vielen Teilen der USA Rückschlüsse auf das Wahlverhalten, die ethnische Zusammensetzung und das Einkommensniveau der Bewohner eines Stadtteils geben.[51] Anstelle auf die Daten des alle zehn Jahre durchgeführten Zensus zu warten, können Stadtplaner zeitnaher und in kürzeren Intervallen auf demografische Änderungen und damit einhergehende Bedürfnisse reagieren.

Die folgenden Methoden und Herangehensweisen sind wirklich als Werkzeuge zu betrachten. Jedes Projekt verlangt eine Auswahl davon. In meiner Werkzeugkiste mögen sich Hammer, Schraubenzieher, Sägen, Nägel, Zangen, Messer und Maßband befinden, aber ich verwende nur die, die ich für dieses konkrete Projekt benötige.

---

[51] Timnit Gebru, Jonathan Krause, Yilun Wang, Duyun Chen, Jia Deng, Erez Lieberman Aiden, and Li Fei-Fei: Using deep learning and Google Street View to estimate the demographic makeup of neighborhoods across the United States; PNAS November 28, 2017. 201700035; published ahead of print November 28, 2017. https://doi.org/10.1073/pnas.1700035114

Genauso ist das zu sehen. Weder sind die Methoden in dieser Reihenfolge zu verwenden noch manche für das vorliegende Projekt geeigneter. Welche konkret verwendet werden, liegt letztendlich im Ermessen der Teams, die mit dem Foresight-Projekt betraut worden sind.

Daten menscheln nicht

> *Ein Mann mit der Wahrheit stellt eine Mehrheit dar.*
> – Maximus der Bekenner

Unser Verständnis in Bezug auf die Zukunft basiert auf dem, was wir bereits kennen oder erlebt haben. Was geschah in der Vergangenheit, was passiert gerade eben, und das, glauben wir, wird auch in der Zukunft so sein. Stattdessen sollten wir die Möglichkeit in Betracht ziehen, dass die Zukunft völlig anders sein kann, als wir die Welt bisher erlebt haben.

Wir schauen somit auf die Muster, die in der Vergangenheit zugetroffen haben, und überlegen, wie sich diese Muster in der Zukunft ändern können. Daten, die man dabei erzeugt, sprechen nicht für sich selbst. Wir müssen sie interpretieren und andere zum Handeln inspirieren. Beim Foresight „menschelt" es also sehr.

Foresight wird nicht von einer Person alleine praktiziert. Es müssen eine Reihe von Perspektiven in den Foresight-Prozess gebracht werden, welche die eigenen Annahmen hinterfragen. Wir haben alle unsere eigenen Erfahrungen und das Wissen, die uns und unsere Vorurteile prägen.

Wie kann das gestartet werden?

Indem man ein Luncheon veranstaltet, wo einfach nur über Trends gesprochen wird. In dieser Diskussion hört man von verschiedenen Trends und durch das Bündeln aller erkennt man plötzlich neue Möglichkeiten, wie die Zukunft aussehen könnte. Wichtig dabei ist es auch, Trends von außerhalb der eigenen Industrie einzubeziehen. Unsere Welt ist nicht ein Silo, sie ist sehr systemisch.

Um sich in das Mindset der Zukunft in beispielsweise zehn Jahren zu versetzen, stelle man einfach die Frage: „Wie alt wirst du im Jahr 2027 sein? Wie alt werden deine Kinder sein? Wie alt werden deine Eltern sein?" Dieses Jahr wird kommen und es ist näher, als man denkt.

Schreibe beispielsweise einen Newsletter aus der Zukunft. Wie könnte eine Schlagzeile in der *Süddeutschen Zeitung* über unser Unternehmen in zehn Jahren lauten? Wie würde eine Schlagzeile über einen Misserfolg unseres Unternehmens aussehen? Indem man diese Schlagzeile verfasst und mit zwei oder drei Sätzen beschreibt, versetzen sich die Mitarbeiter mental bereits in diese Zeit.

Wie kann man diese Zukunft nun wahr werden lassen oder verhindern? Indem man diese Zukunft nimmt und zurückarbeitet. Was muss wahr werden oder vorhanden sein, damit wir in diesem Jahr diesen Stand erreichen? Was könnte in der Welt passieren und welches sind die Dinge, die wir selbst beeinflussen können? Entlang eines solchen Zeithorizonts markieren wir Fähnchen (Dinge, die in der Welt passieren beziehungsweise passieren müssen) und Tore (Dinge, die wir beeinflussen können) sowie mögliche Gefahren, die uns daran hindern, diese Zukunft zu erreichen. Dabei muss man kreativ sein, weil Gefahren oft nicht leicht zu erkennen oder zu beschreiben sind. Alleine durch diese Übung wird man sich dieser Fähnchen und Tore in der Gegenwart besser bewusst und beginnt, sie aufmerksamer zu beobachten. Wenn dabei einige nicht erreicht werden oder neue auftauchen, dann wird einem bewusst, dass der Zukunftspfad abweicht und man neu evaluieren muss.

Es ist schwierig, über die Zukunft nachzudenken. Und manchmal ist es erschöpfend, weil Entscheidungen getroffen werden müssen, ob man in diese oder jene Richtung gehen will. Menschen denken zwar sehr wohl an die Zukunft, aber nicht in einem solch strukturierten Prozess, wie Futuristen es praktizieren.

Oft gibt es auch vermeintlich keinen Grund, sich mit der Zukunft auseinanderzusetzen. Solange Unternehmen von Wirtschaftswachstum verwöhnt sind, fällt es ihnen schwer, an Alternativen zu denken, weil sie sich in Zukunft immer so weiterwachsen sehen.

Was Manager des Weiteren hindert, in solch einem strukturierten Prozess an die fernere Zukunft zu denken, ist das quartalsweise Denken, das durch Investoren erzwungen wird. Wenn der Fokus auf dem Gewinn und dem Wachstum in den nächsten drei Monaten liegt, dann ist langfristiges Planen und Denken schwierig.

Investitionen, die erst in fünf Jahren Ertrag bringen, erfordern unmittelbar Aufwände, denen kurzfristig keine Erlöse gegenüberstehen. Dabei wird mit solchen Vorgehensweisen von der Zukunft geborgt. Eine Abkürzung, die man heute vornimmt, rächt sich später. Kürzt ein Unternehmen oder ein Staat die Kosten für die Aus- und Weiterbildung seiner Mitarbeiter oder Bürger, hat man später mehr Aufwand, qualifizierte Individuen zu finden, und die eigenen haben nicht die Fähigkeiten, sich diesen Anforderungen zu stellen. Sie erst dann zu schulen kommt viel teurer und dauert meistens zu lange. Auch reduzierte Investitionen in die Grundlagenforschung haben kurzfristig einen positiven Effekt auf die Wirtschaftlichkeit von Unternehmen, langfristig unterminiert es die Fähigkeit der Organisation, konkurrenzfähig zu bleiben.[52]

Vorbereitungsübungen

„WUH! WUH! BRRRMMMLL WUH!" Diese Urlaute hatten nichts mit Verstopfung oder Husten zu tun. Wir standen im Kreis, an die 20 Personen von jungen Leuten bis ins gesetzte Alter, und schüttelten unsere Arme und Beine, während wir diese Schreie ausstießen.

---

[52] Anne Marie Knott: The Real Reasons Companies Are So Focused on the Short Term; Harvard Business Review https://hbr.org/2017/12/the-real-reasons-companies-are-so-focused-on-the-short-term

Ich befand mich bei einem Schauspielkurs auf der Stanford-Universität, und bevor wir in die Grundbegriffe der Schauspielkunst eingeweiht wurden, führten wir diese Lockerungsübungen durch. Sie sollten uns vom Alltag, von unserem Selbst lösen helfen und zugleich unseren Körper und unsere Gesichtsmuskeln lockern, die unsere Schauspielwerkzeuge waren.

Genauso wie Schauspieler sich vor dem Auftritt und der Probe lockern und in den „Charakter eintauchen", den sie verkörpern, genauso wie Sportler vorher Lockerungs- und Dehnübungen machen, genauso müssen wir beim Foresight Mindset vorgehen. Auch Formel-1-Rennfahrer drehen eine Aufwärmrunde, um Motoren und Reifen auf optimale Betriebstemperatur zu bringen. Es gibt ein beeindruckendes Video des Schauspielers und Comedian Robin Williams, der Minuten vor einer ausverkauften Vorstellung sich hinter der Bühne „warmredet" und in den „Spaßmodus" bringt. Die Umstehenden sind nur Staffage, er beachtet sie nicht mehr, auch wenn er, ohne dazwischen zu pausieren, seine Routinen und Witze auf sie niederprasseln lässt.

Einfach ansatzlos von dringenden Alltagsroutinen in das Foresight Mindset einzutauchen, ohne sich vorher zu lockern, sich warmzulaufen, sich in den „Zukunftsmodus" zu bringen, vermindert die Leistung, die notwendig ist, um Zukünfte zu entwickeln.

Um sich und das Team darauf einzustellen, gibt es das Foresight-Äquivalent von „Lockerungsübungen", um sich in Stimmung zu bringen.

Gedankenspiel

„Was würde passieren, wenn deine Firma nicht mehr hier wäre?" „Welche Jobaussichten hättest du?" „Was würde das für die Region bedeuten?"

Solche grundlegenden Fragen sind eine geeignete Übung, aus dem üblichen Selbstverständnis herauszutreten und gängige Annahmen beiseitezulegen.

Der Vorstandsvorsitzende eines Pharmariesen reagierte mit Zorn auf die Frage, wie das Unternehmen Geld machen könnte, wenn es kein Geld mit dem Medikamentenverkauf mehr verdienen würde. Das sei nicht nur unwahrscheinlich und Blödsinn, diese Übung lenke von der eigentlichen Aufgabenstellung ab. Dafür hätte das Unternehmen doch keinen Zukunftsforscher engagiert.

Nach einigem Überreden ließen er und das Management sich doch auf dieses Gedankenspiel ein. Nach einer Stunde Diskussion und Vollschreiben der Wandtafeln hatte man zwei mögliche Geschäftsmodelle gefunden. Eines davon lag in der Aufbereitung und dem Verkauf von medizinischen Daten, wie sie bei klinischen Tests und im Alltag anfielen. Alleine dieser neue Service versprach Milliarden an zusätzlichen Einkünften, die man bislang völlig außer Acht gelassen hatte, ja sie nicht mal auf dem Radarschirm hatte.

Und dabei begann dieses Gedankenspiel mit einer einfachen Frage: „Was wäre, wenn …?"

Trends in Magazinen finden

Eine bei Workshops äußerst beliebte Übung, die sich hervorragend als Lockerungsübung und zum Kennenlernen der Teilnehmer eignet, ist das Durchblättern von Zeitschriften und Auffinden von Trends. Vor jedem Workshop besuche ich einen mit Lesematerial gut ausgestatteten Zeitschriftenladen, wie sie beispielsweise oft an Bahnhöfen zu finden sind. Nach einer halben Stunde verlasse ich den Laden mit einem guten Dutzend Magazinen und um fast 100 Euro leichter.

Bei der Zeitschriftenauswahl gelten für mich folgende einfache Regeln: Je verrückter, desto besser. Je ausgefallener, desto mehr Spaß. Das Ziel ist, Zeitschriften zu wählen, welche die Workshop-Teilnehmer üblicherweise nicht kaufen und lesen würden. Also nicht den Spiegel, das Manager Magazin, Auto Motor Sport, oder 7 Tage, sondern die Trucker-Zeitschrift, das Kranfahrermagazin, Hochzeitsmagazine, Modelleisenbahnen, Gitarrenspieler, Caravaning, L.Mag, Rettung Magazin, Mittelaltermagazin, die Kanu-Revue, das Tattoo-Magazin, die Zeitschrift für Angler, Containerschiffliebhaber, Natürlich Leben und Gärtnern. Ich lade Sie ein, diese Zeitschriften auch mal durchzublättern.

Bevorzugt behandeln diese Zeitschriften Themenbereiche, die außerhalb der Expertise der Workshop-Teilnehmer liegen. Damit sind sie Anfänger und gehen mit frischen Augen in diese Übungen rein.

Den Kleingruppen von zwei oder drei Personen gebe ich 10 bis 15 Minuten Zeit, lasse sie durch die Zeitschriften blättern mit dem Auftrag, zu verstehen, welche Trends, Probleme und Lösungen im Magazin besprochen werden und welche Begrifflichkeiten dabei Verwendung finden. Sie sollen auch beachten, welche Arten von Werbung von wem in der Zeitschrift geschaltet werden, an welches Zielpublikum sich diese richten, wie die Bildsprache verwendet wird, ob Technologie eine Rolle spielt, welche generelle Grundstimmung vermittelt wird, wie viel Platz welchen Themen und Beitragskategorien eingeräumt wird oder ob es zusätzliche Gimmicks gibt wie Beilagen, ausklappbare Poster, Handbüchlein und so weiter.

Diese Aufgabe schärft die Aufmerksamkeit, vor allem weil es sich ja um ein wenig vertrautes Thema handelt, das in der Zeitschrift behandelt wird. Weil man eben kaum etwas kennt, muss man besonders aufmerksam sein, um Sinn aus dem Ganzen zu machen. Es ist wie bei einer Reise in ein fremdes Land, wo man auch gewisse Verhaltensweisen und Gewohnheiten der Menschen, die „Ordnung der Dinge" vor Ort, erst lernen muss.

Am Ende der Übung hat jede Gruppe die Aufgabe, in ein bis zwei Minuten die Höhepunkte aus der Zeitschrift vor allen anderen zu präsentieren. Und zu diesem Zeitpunkt ist bereits jeder Teilnehmer neugierig darauf, was die anderen Zeitschriften hatten und herausfanden, und die Vortragenden gehen oftmals aus sich heraus und versuchen, den Humor zu finden. Der Spaß ist garantiert und damit ein offenes Mindset.

Annahmen erkennen

> *Annahmen sind ein Fenster in deine Welt. Wische das Fenster von Zeit zu Zeit ab, sonst kann das Licht nicht rein.*
> – Alan Alda

Bei einem Besuch in einem kleinen Unternehmen in Lyon, das kleine selbstfahrende Shuttlebusse produziert, führte mich ein Manager durch die Montagehalle. Wir sahen von radlosen Karosserien bis zu auslieferungsfertigen Fahrzeugen alle Stadien der Produktion. Diese an eine Manufaktur erinnernde Fabrik beschäftigt knapp über 200 Mitarbeiter und stellt zumindest softwaretechnisch den letzten Schrei im Automobilbau dar. Nicht so sehr die Qualität der Verarbeitung des physischen Fahrzeugs als vielmehr die Qualität der entwickelten Software für das autonome Fahren steht im Blickpunkt.

Am Ende des Besuches stand eine Fahrt in einem solchen autonomen Minibus außerhalb eines Einkaufszentrums in einem Neubaugebiet in Lyon. Wir stiegen ein, drehten eine Runde, die, wie zu erwarten, ohne nennenswerte Zwischenfälle stattfand. Bevor er mich verabschiedete, erwähnte mein Gastgeber in einem Satz etwas, das die Annahmen jedes Autoherstellers zerstört.

> *Unter unseren Mitarbeitern haben gerade mal 20 Prozent einen Führerschein.*

Auch bei der Google-Schwester Waymo – das am weitesten fortgeschrittene Unternehmen mit Selbstfahrtechnologie – haben viele Mitarbeiter entweder keinen Führerschein, besitzen kein Auto oder wollen nicht Auto fahren und nehmen deshalb die Mitarbeiterbusse, um ins Büro zu pendeln.

Man vergleiche das mit traditionellen Herstellern, die „Freude am Fahren" sogar als ihr Motto haben. Diese können sich nur schwer vorstellen, dass es Menschen gibt, die nicht selbst Auto fahren wollen. Und irgendwie kann man es ihnen nicht vorwerfen. Die Art der Mitarbeiter, die es zu solchen Unternehmen zieht, sind oft schon von früher Kindheit an Autos und am Autofahren interessiert. Die Firmen sind voll von selbstselektierten Mitarbeitern, für die nur wenig anderes existiert.

Die Annahme, dass Menschen gerne Auto fahren und selbst lenken wollen, wird nicht bezweifelt. Ja, es geht sogar so weit, dass diese Annahme als solche gar nicht erkannt wird.

Unausgesprochene Annahmen sind ähnlich wie ungeschriebene Regeln. Sie beschleunigen Prozesse, weil jeder dasselbe Verständnis hat, aber sie behindern in Zeiten des Umbruchs und verwirren diejenigen Mitarbeiter, die damit nicht vertraut sind.

Bei Automobilherstellern kommt man gar nicht auf die Idee, dass eine fahrerzentrische Betrachtungsweise beim Design, beim Marketing und Branding oder beim Einsatz des Fahrzeuges falsch sein könnte. Menschen, die nicht Fahrer sein wollen, werden gar nicht als mögliche Kunden erkannt oder gewünscht. Technologie, die solchen Menschen hilft, wird somit erst gar nicht entwickelt. Das eröffnet Möglichkeiten für viele neue Unternehmen, die genau in diese Lücke eindringen.

Interessanterweise können sich aber individuelle von Gruppenannahmen unterscheiden. Bei meinen Vorträgen vor Managern in der Automobilindustrie stelle ich immer folgende Fragen:

„Wer hat schon ein Elektroauto gefahren?"

„Wer glaubt an die Zukunft des Elektroautos?"

„Wer glaubt an die Zukunft von selbstfahrenden Autos?"

Egal bei welchem Unternehmen oder welcher Organisation ich diese Fragen stelle, die überwältigende Mehrheit der Anwesenden hebt die Hand. Fast jeder nimmt an, dass dieser Pfad unvermeidlich ist, auch wenn über den Zeitraum diskutiert werden mag.

Vergleicht man diese individuellen Annahmen aber mit den Handlungen der Unternehmen, wird man das Gefühl nicht los, dass die Organisation, die von denselben Individuen gebildet wird, von völlig anderen Annahmen ausgeht. Der rührige und verehrte deutsche Mathematiker und Managementberater Gunter Dueck würde hier von „Schwarmdummheit" reden.

Tatsächlich divergieren individuelle und organisatorische Annahmen. Fakten, die einem privat zugetragen werden, schaffen es oft nicht in die Unternehmen.

Bei einer Podiumsdiskussion auf einem Automobilfachkongress stand ich mit einem Entwicklungsleiter aus der Automobilindustrie und einem Professor für Kraftfahrzeugtechnik auf der Bühne. Während die Meinungen auseinandergingen und es klar war, dass hier teilweise die Firmenlinie kommuniziert werden musste, war das nach der Podiumsdiskussion folgende Gespräch äußerst aufschlussreich. Beide erzählten mir von privaten Beobachtungen aus ihrer Nachbarschaft. In ihren Villenvororten hatten etliche Nachbarn entweder bereits ein Elektroauto erworben oder spielten mit dem Gedanken.

Solche Informationen müssen in die Organisationen getragen werden, um Annahmen zu hinterfragen. Aber sie schaffen es oft nicht rein oder werden dann ignoriert.

Annahmen müssen erkannt und hinterfragt werden. Bei einer solchen Aufgabe macht es Sinn, Experten von außerhalb der eigenen Branche und Fachabteilung hinzuzuziehen. Diese haben allerdings, weil sie diese Abteilung oder Industrie nicht kennen, andere Sichtweisen und Erfahrungen und können Fragen stellen, die unausgesprochene und unerkannte Annahmen betreffen. Solche Fragen können im ersten Moment „dumm" klingen und Augenrollen bei den Experten hervorrufen, aber genau das ist der richtige Moment für eine wirkliche Erkenntnis.

Neben dem Hinzuziehen von branchen- und abteilungsfremden Experten, um möglicherweise unerkannte Annahmen zu identifizieren, ist die Suche nach Befürchtungen, Hoffnungen und Erwartungen, die Mitarbeiter vor der Zukunft haben, unerlässlich. Welches ist das wichtigste Ding, über das niemand im Unternehmen spricht, worüber wir aber reden sollten?

Ich befürchte, dass die Zukunft Folgendes bringen könnte:

Ich möchte, dass die Zukunft Folgendes bringt:

Ich erwarte, dass die Zukunft Folgendes bringt:

Vorlage 6: Annahmen

Annahmen erkennen · 123

Was könnte die Zukunft bringen, dem die meisten Menschen heute keine Aufmerksamkeit schenken und das wir behandeln sollten?

Warum?

Was sollte getan werden?

Vorlage 7: Welchem Thema sollten wir Aufmerksamkeit schenken?

Wahrscheinlichkeitsanalyse

Ohne Annahmen kommen wir nicht aus. Eine Analyse von Annahmen kann uns helfen zu verstehen, wie erfolgreich ein strategischer Plan umgesetzt werden kann oder eine Zukunft ist. Dabei geht man folgendermaßen vor:

1. Für jede getroffene Annahme gibt jedes der Teammitglieder eine Abschätzung in Prozent an, wie wahrscheinlich das Eintreten dieser Annahme ist. Die Prozentzahl soll nicht den Wert 100 erhalten, denn dann wäre sie ein Fakt.
2. Man berechne von jeder Annahme den durchschnittlichen Prozentwert aus den Angaben aller Teammitglieder.
3. Haben wir nun die durchschnittlichen Eintrittswahrscheinlichkeiten für alle Annahmen des strategischen Plans oder der Vorhersage getroffen, dann können wir diese Werte alle multiplizieren. Da Prozentzahlen Zahlen zwischen 0 und 1 sind, wird das Ergebnis ebenso eine Zahl zwischen 0 und 1 sein, die Wahrscheinlichkeit, dass alle Annahmen zutreffen, ist somit viel geringer.

Hier ist ein Beispiel. Nehmen wir an, wir haben fünf Teammitglieder und drei Annahmen. Die erste Annahme wird von den fünf Mitgliedern mit einer Erfolgswahrscheinlichkeit von 74%, 83%, 72%, 66% und 49% bewertet, dann liegt der Durchschnitt bei

$$\frac{74\% + 83\% + 72\% + 66\% + 49\%}{5} = 68,8\%$$

Wenn wir die Werte für alle drei Annahmen haben und diese liegen bei 68,8%, 84,7% und 72,9%, dann liegt die Wahrscheinlichkeit, dass der Plan aufgeht oder die Zukunft so eintreten wird, bei

$$68,8\% \cdot 84,7\% \cdot 72,9\% = 0,688 \cdot 0,874 \cdot 0,729 = 43,8\%$$

Das heißt, die Wahrscheinlichkeit, dass der Plan perfekt ausgeführt wird und unsere bevorzugte Zukunft so sein wird, wird nur erreicht, wenn alle Annahmen zutreffen. Und diese Wahrscheinlichkeit liegt bei 43,8 Prozent. Umgekehrt: Die Wahrscheinlichkeit, dass eine der Annahmen nicht zutrifft und somit der Plan nicht wie gewünscht erfüllt wird, liegt bei 56,2 Prozent.

Auf diese Weise können wir Annahmen ermitteln, die besondere Aufmerksamkeit verlangen. Das sind diejenigen, denen die Teammitglieder die geringste Eintrittswahrscheinlichkeit zugewiesen haben, und nun können wir eruieren, welche Maßnahmen getroffen werden müssen, damit diese Annahmen eher zutreffen.

Palmen zeichnen

> *Pflege eine offene Geisteshaltung, aber nicht so offen, dass dir dabei das Gehirn rausfällt.* — James Oberg

Einer meiner Freunde hatte die Angewohnheit, jeder neuen Bekanntschaft ein kleines Notizbuch in die Hand zu drücken und um „eine Palme" zu bitten. Auch ich musste mit Bleistift aus dem Gedächtnis eine Palme zeichnen.

Manche setzen die Palme auf eine Insel, andere umgeben sie mit Büschen, auf einigen Palmen sind Kokosnüsse oder es schlummert darunter ein Urlauber. Die Überraschung kam aber, sobald man in dem Büchlein die anderen Seiten durchblättern durfte und die gezeichneten Palmen anderer betrachtete. Keine Palme glich einer anderen. Jeder „Palmenzeichner" hatte eine unterschiedliche Vorstellung und Erinnerung an das Aussehen von Palmen.

Genau auf dieses Phänomen war mein Freund als Student gestoßen. Nach reichlichem Genuss von Alkohol – und keine gute Geschichte fängt mit „Wir hatten Salat …" an – kamen mein Freund und seine Mitbewohner auf das Thema „Palmen" zu sprechen. Um das zu illustrieren, kritzelte einer von ihnen mit raschem Schwung eine Palme auf einen Notizblock. Die anderen machten sich über ihn lustig. „So sieht doch keine Palme aus!" Und der Nächste nahm diesem „Stümper" den Bleistift aus der Hand und zeigte allen, wie eine Palme wirklich aussehen würde. Allerdings, nun waren die anderen nicht damit einverstanden. Am Ende des Saufabends war das Zimmer mit von Palmen vollgeschmierten Zetteln bedeckt. Jede gezeichnete Palme sah anders aus.

Die Sammlung von mehreren Tausend Palmenzeichnungen hütete mein Freund wie einen Schatz. Sie waren der Beweis, wie unterschiedlich jeder Einzelne die Welt sieht und wie Annahmen voneinander abweichen. Eine Palme, so denkt man, kann doch nicht so unterschiedlich sein. Und doch ist sie das. Während Palmen doch eher exotisch sind und wir in unserem Sprachraum Palmen eher selten begegnen, so ist das Prinzip auf andere Bereiche anwendbar. Wenn wir einen Begriff verwenden, wie beispielsweise „digitale Transformation" oder „Mobilität", verstehen wir darunter auch wirklich alle das Gleiche?

In der folgenden Übung soll jeder Teilnehmer eine – erraten – Palme zeichnen, ohne dabei von den anderen abzuschauen. Am Ende sollen dann die einzelnen Palmen verglichen und diskutiert werden.

Vorlage 8: Palmenzeichnen

Meldungen aus der Zukunft

„Man muss verstehen, dass das Misstrauen in die Zukunft es nur schwerer macht, die Vergangenheit aufzugeben."
– Chuck Palahniuk

Hätte man nicht auch gerne die Tageszeitung von morgen mit den Lottozahlen? Oder den Fußballergebnissen? Wir hätten ein für alle Mal ausgesorgt. Auf diesen Traum werden wir wohl vergeblich warten, aber eine fiktive Tageszeitung aus der Zukunft oder generell Mitteilungen aus der Zukunft, die können wir selber machen.

Wir stellen uns die Zukunft in einer Weise vor, wie wir sie am liebsten hätten, allerdings ohne dabei spezifisch zu werden, wie das genau ablaufen könnte. Schön, wir machen Pläne mit einzelnen Schritten, Milestones, Deadlines, Arbeitsverteilungen, aber diese Pläne beinhalten nie, was dabei schiefgehen könnte und wie darauf zu reagieren ist.

Genau dazu dienen Meldungen aus der Zukunft. Sie zwingen uns, alternative Zukünfte zu betrachten und Ursachenforschung zu betreiben. Aus dem vermeintlich wenig Wahrscheinlichen wird in diesen Übungen das Eingetretene, aus dem Irrelevanten das Wichtige und statt Schuldzuweisungen gibt es konstruktive Zusammenarbeit.

Aus der Zukunft können dabei verschiedene Arten von Meldungen und Informationen kommen:

- Pressemeldung
- Zeitung
- Nachruf
- Artefakte
- Pre-Mortem
- Das Ding
- Brief des zukünftigen Selbst an die Enkelin oder den Enkel

Der Nachruf und der Brief des zukünftigen Selbst sind auch für das persönliche Zukunftsdesign geeignet. Das besprechen wir noch im letzten Teil des Buches.

Pressemeldung aus der Zukunft

Die Pressemeldung aus der Zukunft, die von der erfolgreichen Produkteinführung spricht, ist ein von Amazon-Gründer Jeff Bezos geliebtes Instrument.[53] Für jedes der mehr als 500 Produkte, die Amazon pro Jahr einführt, müssen die Entwicklungsteams, bevor sie nur eine einzige Zeile an Softwarecodes geschrieben haben, eine Pressemeldung und eine Kundenserviceseite anlegen. Dabei werden die Produkteigenschaften gepriesen und welchen Nutzen sie für den Kunden haben. Diese Herangehensweise zwingt die Entwicklungsteams, die schwierigsten Hindernisse gleich von Anfang an aus dem Weg zu räumen und das gesamte Team darauf einzuschwören und zu fokussieren. Gelingt es dem Team nicht, eine überzeugende Pressemeldung zu schreiben,

---

[53] Jillian D'Onfro; Why Amazon forces its developers to write press releases, Business Insider 12.3.2015 – http://www.businessinsider.com/heres-the-surprising-way-amazon-decides-what-new-enterprise-products-to-work-on-next-2015-3

dann war vermutlich der Nutzen des Produkts von Anfang an nicht ausreichend klar.

Eine Meldung aus der Zukunft eignet sich nicht nur für Produkteinführungen, sondern auch für Unternehmensreorganisationen oder um neue Märkte zu erschließen. Damit Pressemeldungen aus der Zukunft funktionieren, sollten ein paar Regeln eingehalten werden.

Sie sollten aus der Zukunft formuliert sein, als das Projekt erfolgreich umgesetzt wurde. Die Pressemeldung sollte auch beschreiben, warum dieses Projekt, Produkt oder die Markterschließung so wichtig war und warum das wichtig für die Kunden ist. Es ist hilfreich, zu beschreiben, wie die Kundenerfahrung mit Kundensupport und mit dem Produkt ist und warum es so wichtig für die Firmenziele ist. Während die Ziele klar und auch kühn sein sollten, so müssen sie messbare Ergebnisse bringen können. Zum Schluss sollten die Erfolgsfaktoren aufgezählt werden. Welches waren die Hindernisse, die überwunden wurden, die Lektionen, die man lernte, die Änderungen, die man vornehmen musste?

Wie kann eine solche Pressemitteilung strukturiert sein?

1. Überschrift: Eine Schlagzeile oder der Name des Produktes oder Projekts in einer Sprache, die das Zielpublikum und die Kunden verstehen.
2. Untertitel: Beschreiben Sie den Markt, die Kunden und das Zielpublikum, für die das Produkt oder das Projekt ist, und welche Vorteile sie daraus ziehen werden. Dies sollte nicht mehr als ein Satz sein.
3. Zusammenfassung des Produkts, des Projektes und der Vorteile. Dieser Absatz sollte besonders gut sein, da ein Leser der Pressemitteilung hier zu lesen aufhören wird.
4. Problem: Beschreiben Sie das Problem, das gelöst wird.
5. Lösung: Beschreiben Sie, wie die Lösung aussieht und was daran besonders hervorstechend ist.
6. Zitat eines Firmensprechers.
7. Zitat eines Kunden, wie er die Lösung empfand.
8. Wie einfach ist es, das Produkt einzusetzen oder das Projekt umzusetzen?
9. Ende und Hinweise, was der Leser nun machen kann.

Damit die Pressemitteilung nicht überfrachtet wird, sollte sie

- einfach sein;
- nicht mehr als drei bis vier Sätze pro Absatz beinhalten;
- sich nicht in eine Spezifikation verwandeln;
- von einer FAQ begleitet werden;
- keine Fachsprache beinhalten, die beispielsweise bei einer Einladung zu einer Talkshow nicht verstanden würde.

Meldungen aus der Zukunft — 129

| Schlagzeile / Name des Produkts, Projekts | Untertitel: Für wen und welche Vorteile haben die Kunden? | Zusammenfassung des Produkts, Projektes | | Problem / Lösung | Zitat eines Firmensprechers „" / Zitat eines Kunden „" | Wie beginnt man? | Welches sind die nächsten Schritte? |

Vorlage 9: Pressemeldung aus der Zukunft

Zeitung aus der Zukunft

Ein psychologisch überraschend mächtiges Werkzeug ist die Meldung aus der Zukunft. Dabei wird den Beteiligten beispielsweise die Aufgabe gegeben, einen Zeitungsartikel aus der Zukunft zu verfassen. Die Zeitung könnte als Schlagzeile beispielsweise den Bankrott des eigenen Unternehmens anführen – mit generellen und spezifischeren Gründen für das Scheitern. Eine solche Herangehensweise steht im scharfen Kontrast zu den sonst üblichen positiven, von Erfolgstorys dominierten Strategien und Visionen.

Bei meinen Foresight Mindset-Workshops stellte sich diese Übung als eine der beliebtesten heraus. Ein paar Scheren, Klebestift und dickeres Papier sowie ein Stapel an Tageszeitungen reichen. Die Teilnehmer müssen dann in kleinen Teams die Titelseite einer Tageszeitung zusammenbasteln. Sie schneiden dabei Textbausteine und Bilder aus und kombinieren sie in beliebiger Weise.

Bei größeren Gruppen innerhalb eines Unternehmens macht es Spaß, einigen Gruppen die Aufgabe zu geben, sich auszumalen, wie in zehn Jahren die Tageszeitung vom Bankrott des Unternehmens berichten würde. Oder umgekehrt, wie es über eine Erfolgsgeschichte schreibt.

Die Sprache sollte auch hier so gewählt werden, dass ein einfacher Leser diese versteht, und die Überschriften sollten so knackig sein, dass ein Leser auch zur Zeitung greifen würde. Die Rolle der Teams ist, sich in eine Zeitungsredaktion zu verwandeln, die eine schlagkräftige Titelseite machen soll. Wenn das noch dazu in der üblichen Sprache geschieht, umso besser. Zeitungen wie *Bild*, *Frankfurter Allgemeine*, *taz* oder der *Weser Kurier* haben alle ihren eigenen Sprachstil und ihren bevorzugten Fokus.

Im Anschluss präsentieren die einzelnen Gruppen ihre Titelseite. Es ist dabei immer erstaunlich, wie viel Kreativität in die Titelseiten einfließt und wie wenig das eigene Unternehmen verschont wird. Aber genau das öffnet das Denken und die Vorstellungskraft der Workshop-Teilnehmer für alternative Szenarien und Möglichkeiten.

Statt einer Zeitung kann übrigens auch ein anderes Format, wie beispielsweise ein Newsletter oder Magazincover, erstellt werden.

Meldungen aus der Zukunft

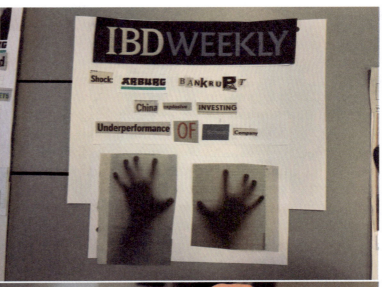

Pre-Mortem

Im Gegensatz zu einem Post-Mortem, wo nach Projektabschluss rekapituliert wird, was gut geklappt hat und was schiefgegangen ist, wird bei einem Pre-Mortem das bereits vor dem Beginn eines Projektes gemacht. Sozusagen ein Post-Mortem vor Projektbeginn.

Während ein Post-Mortem aber sowohl bei erfolgreichen als auch gescheiterten Projekten angewandt wird, stellt man sich beim Pre-Mortem vor, dass das Projekt gescheitert ist oder eine Vorgehensweise ein Misserfolg war. Die genauen Gründe für das Scheitern sollen dabei herausgearbeitet werden.

Ein Pre-Mortem erlaubt, das Gruppendenken aufzubrechen und kritische Stimmen oder Informationen stärker in den Vordergrund zu rücken, die in Gruppen eventuell nicht berücksichtigt würden, weil sie nur wenigen Gruppenmitgliedern bekannt sind oder von der Gruppenmehrheit als wenig relevant angesehen werden. Auch erlaubt das Pre-Mortem, Zweifel an den Plänen der Projektleiter zu äußern, und das in einer positiven Weise, die nicht mit Schuldzuweisungen einhergeht.

Nicht im Sinne von „Was *könnte* schiefgehen?" handelt es sich bei dieser hypothetischen Fragestellung, sondern um „Was *ging* schief?". Damit wird vermieden, dass Einwände zu einem „Was sein könnte" als unwahrscheinlich, fiktiv oder Wunschdenken abgewiesen werden. Da die Annahme ist, dass etwas bereits schiefgegangen ist, wird die Annahme in der Übung zur Realität und zwingt die Teilnehmer zu einer eingehenden Beschäftigung mit den Ursachen.

Weiß man die Gründe, kann man auch Strategien erarbeiten, um diese Fehler bereits im Vorhinein zu vermeiden.

Ein Pre-Mortem beschäftigt sich nicht ausschließlich mit einem gescheiterten Projekt. Auch die Erfolgsfaktoren eines erfolgreich abgeschlossenen Projektes zu analysieren kann zeigen, welche dieser Faktoren notwendig sind, und das Team motivieren, diese besonders zu beachten und möglich zu machen.

Was beispielsweise könnte ein Energieversorger aus den möglichen Ursachen lernen, die zum Scheitern beim Aufbau eines Ladestationsnetzwerks für elektrische Fahrzeuge führten? Waren es das problematische Bezahlsystem, die häufigen Defekte der Ladestationen, der Widerstand von Tankstellenpächtern, die mangelnde Benutzerfreundlichkeit?

Oder was macht ein öffentlich-rechtlicher Sender, der ab sofort nicht mehr mit Gebühreneinnahmen rechnen kann? Wie kam es dazu?

Die Vorgehensweise beim Pre-Mortem ist wie folgt:

1. Man nehme die Strategie oder den Plan.
2. Man nehme an, diese oder dieser ist gescheitert.
3. Jeder Teilnehmer überlegt und schreibt auf, was genau schiefgegangen ist.
4. Alle genannten Gründe in einer Liste konsolidieren.
5. Über die wichtigsten Gründe mit kleinen punktförmigen Aufklebern abstimmen.
6. Die Liste in periodischen Abständen konsultieren und mit dem aktuellen Stand der Strategie oder dem Plan vergleichen.

Meldungen aus der Zukunft | 133

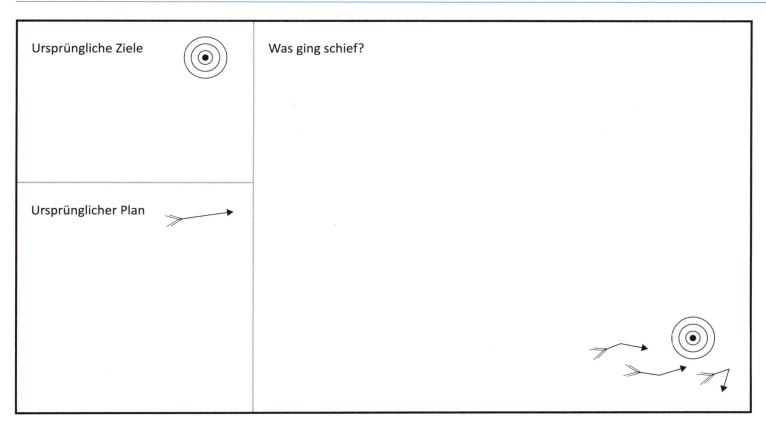

Vorlage 10: Pre-Mortem-Analyse

Tweete deinen Nachruf

Nicht nur für Unternehmen, sondern auch für das Ausmalen einer persönlichen Zukunft eignet sich diese Technik. Man schreibe doch bitte seinen eigenen Nachruf als Tweet mit 280 Zeichen, wobei man sich selbst zu beschreiben versucht. Welches waren die Werte und Taten, die man gerne in seinem eigenen Nachruf lesen möchte? Wie ist das, was man heute macht, verbunden mit dem, wie andere an einen denken werden?

Indem man erforscht, wie man selbst oder das eigene Unternehmen in Erinnerung bleiben soll, werden die Werte herausgemeißelt, die den wahren Charakter und die wahre Mission beschreiben. Damit lassen sich die Zukunft, wo man sein will, und die notwendigen Schritte dorthin klarer herausarbeiten.

Der Effekt eines Nachrufs oder Newsletters aus der Zukunft auf die Teilnehmer kann nicht genug hervorgestrichen werden. Sich selbst oder das eigene Unternehmen in fünf oder zehn Jahren von heute zu betrachten und als gescheitert oder erfolgreich zu beschreiben hilft einer Einzelperson oder einer Gruppe sehr rasch, sich in ein Zukunfts-Mindset zu versetzen und aus der täglichen Routine herauszukommen.

Als Hilfestellung für einen Nachruf kann eine Liste an Werten dienen.[54]

---

[54] What Are Your Values? Deciding What's Most Important in Life – https://www.mindtools.com/pages/article/newTED_85.htm

Abenteuerlust	Einfachheit	Gewandtheit	Nächstenliebe	Tradition
Ambition	Einfallsreichtum	Gewissenhaftigkeit	Neugierde	Treue
Anmut	Einfühlsamkeit	Glaube	Offenheit	Unabhängigkeit
Aufmerksamkeit	Einheit	Gleichheit	Ordnung	Unterstützung
Aufregung	Einzigartigkeit	Großzügigkeit	Originalität	Unversehrtheit
Ausdrucksfähigkeit	Eleganz	Gründlichkeit	Patriotismus	Verantwortlichkeit
Ausgeglichenheit	Enthusiasmus	Güte	Perfektion	Verdienst
Beitrag	Entschlossenheit	Harte Arbeit	Positivität	Vergnügen
Bescheidenheit	Erfolg	Herausforderung	Praktikabilität	Verlässlichkeit
Besonnenheit	Erforschung	Höflichkeit	Präzision	Vermächtnis
Bestimmtheit	Ergebnisorientierung	Innere Harmonie	Professionalismus	Verpflichtung
Brauchbarkeit	Ernsthaftigkeit	Intellektueller Status	Pünktlichkeit	Verständnis
Dankbarkeit	Errungenschaft	Intelligenz	Qualitätsorientiert	Vertrauenswürdigkeit
Demokratisch	Expertise	Intuition	Schnelligkeit	Verwegenheit
Der Beste sein	Exzellenz	Klarer Geist	Schrägheit	Vision
Dienstleistung	Fairness	Konsistenz	Selbstkontrolle	Vorbereitung
Disziplin	Familienorientierung	Kontinuierliche Verbesserung	Selbstlosigkeit	Vorsicht
Diversität	Findigkeit		Selbstverwirklichung	Wachstum
Durchsetzungsvermögen	Fitness	Kontrolle	Sensitivität	Wahrheitssuchend
Durchsichtigkeit	Freiheit	Kooperation	Sicherheit	Wettbewerbsfähigkeit
Dynamik	Freude	Korrektheit	Sorgfalt	Wirtschaftlichkeit
Effektivität	Fröhlichkeit	Kreativität	Spaß	Wissbegierde
Effizienz	Gehorsamkeit	Lebensfreude	Spontaneität	Zufriedenheit
Ehre	Gelassenheit	Liebe	Stabilität	Zugehörigkeit
Ehrlichkeit	Gemeinschaft	Loyalität	Stärke	Zurückhaltung
Eigenständigkeit	Gerechtigkeit	Mäßigung	Strategisch	
Einen Unterschied machen	Gesamtheit	Meisterschaft	Struktur	
	Gesellschaft helfen	Mitgefühl	Teamwork	
	Gesundheit		Toleranz	

Tabelle 8: Werteliste

Artefakte aus der Zukunft

> *Oh, ich denke nie über die Zukunft nach. Sie wird schon rasch genug hier sein.*
> — Albert Einstein

Artefakte aus der Zukunft sind ähnlich den kleinen Prototypen, die man im Design-Thinking-Prozess kreiert. Mit einem Unterschied: Der Phantasie ist keine Grenze gesetzt und heute lächerlich erscheinende oder nach Science-Fiction klingende Features können hier eingebaut werden. Man kommt sich dabei wie ein Archäologe vor, der Gegenstände aus der Zukunft ausgräbt.

Das Institute for the Future hat an seinem Standort in Palo Alto in Kalifornien eine ganze Auslage voll mit solchen Artefakten. Die Palette zieht sich dabei von aus dem Film „Zurück in die Zukunft" bekannten Hoverboard, einem Gerät, das die Erinnerungen aufzeichnet, einem Einkaufswagen, der die ausgewählten Artikel sofort nach den individuellen Gesundheitsanforderungen abschätzt, bis zu einer Fleischwarenabteilung, die in vitro gewachsenes Fleisch, Fleisch von invasiven Tierarten und Fleisch von Tieren mit geringem Methanausstoß enthält.

Solche Artefakte haben einen merkwürdigen Effekt: Sie machen die Zukunft angreifbar. Man kennt Artefakte aus der Zukunft auch unter einem anderen Namen: Pretotype.

Eine der bekanntesten Geschichten kommt dabei vom Cheftechnologen und Mitgründer von Palm, dem Unternehmen, das uns mit dem Palm Pilot den ersten digitalen Assistenten brachte.[55] Jeff Hawkins sägte in seiner Garage aus einem Stückchen Holz einfach ein rechteckiges Stück, das er dann mit einer auf Papier gezeichneten Benutzeroberfläche beklebte. Monatelang trug er dieses Holzstück mit sich und jedes Mal, wenn er nach einer Adresse, Telefonnummer oder Notiz suchte oder eine E-Mail lesen wollte, holte er das Holzstück hervor und täuschte vor, darauf zu lesen und zu arbeiten.

Das gab Hawkins ein Gefühl dafür, wie er einen digitalen Assistenten bei der täglichen Arbeit und privat einsetzen würde. Nicht nur das: Als er dann vor Risikokapitalgebern das Start-up vorstellte, verzichtete er auf Präsentationsfolien und legte stattdessen sein Artefakt auf den Tisch. Die Diskussion bekam einen ganz anderen Fokus. Jeder der anwesenden Risikokapitalgeber konnte sich selbst gleich vorstellen, wie er dieses Ding einsetzen könnte. Die Finanzierungsrunde war somit gelaufen.

---

[55] David S. Jackson; Palm-To-Palm Combat; Time Magazine, 16. März 1998 – http://www.time.com/time/magazine/article/0,9171,987979,00.html

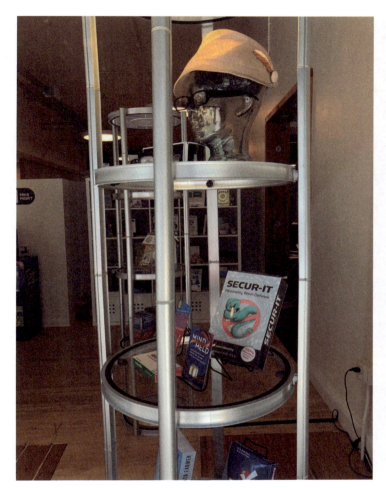 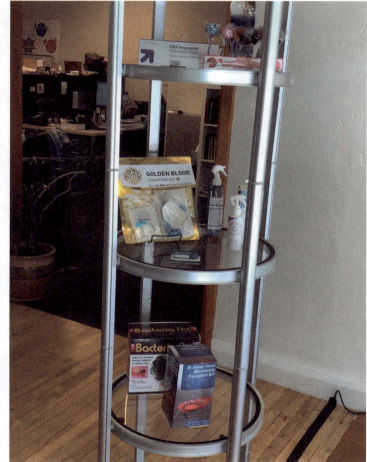

Abbildung 13: Artefakte aus der Zukunft

Abbildung 14: Fleischwarenabteilung aus der Zukunft

ARTEFAKT – Denke wie ein Archäologe und schaffe eigene Artefakte aus der Zukunft

Vorlage 11: Artefakte aus der Zukunft

Stakeholder Mapping

Vor Jahren besuchte ich in Stanford eine einjährige Fortbildung für ein Drehbuchschreibprogramm. Unser Lehrer war 18 Jahre lang Mitarbeiter bei Creative Artists Agency, der größten Agentur dieser Art in Hollywood, und hatte laut eigenen Angaben in dieser Zeit an die 20.000 Manuskripte, Drehbücher, Bücher und sonstige Stoffe für Regisseure, Produzenten und Schauspieler gelesen. Seine Aufgabe war, gutes Material für seine Auftraggeber zu finden, und von den 20.000 Manuskripten taugten gerade mal ein paar Hundert dazu, wenn überhaupt.

An eine Szene kann er sich noch gut erinnern, nämlich als eine Kollegin bei ihm vorbeikam und ihm vorschwärmte, dass sie jetzt endlich an einem Drehbuch schreibe, wo es keine Konflikte gäbe und sich alle lieb hätten. Carl Yorke, so der Name unseres Lehrers, und, sofern man an einer speziellen Sorte von Horrorfilmen interessiert ist, bekannt als Hauptdarsteller in „Nackt und zerfleischt" (Englisch: „Cannibal Holocaust"), nickte nur freundlich und wünschte ihr viel Glück mit diesem Drehbuch. Er würde sich freuen, es zu lesen.

Er wusste: Ein Film ohne Konflikt ist langweilig. Niemand will sich so einen Film anschauen. Jede Geschichte hat einen Protagonisten oder Helden, der auf einen Antagonisten, also einen Widersacher, trifft. Es geht hier weniger um den Kampf zwischen Gut und Böse als vielmehr darum, dass sowohl Protagonist als auch Antagonist dasselbe wollen und darum kämpfen oder das Gegenteil von dem, was der andere möchte.

Das können zwei junge Männer sein, die dieselbe Frau für sich gewinnen wollen, oder Frodo, der Hobbit Gollum und der finstere Lord Sauron, die um den Ring in „Herr der Ringe" kämpfen, oder der böse Wolf, der das Rotkäppchen und die Großmutter fressen will. Fast jede Geschichte beinhaltet einen Konflikt, der sie vorantreibt und das Publikum zu fesseln versucht.

Die Inspiration kommt natürlich aus der Wirklichkeit. Beim „Stakeholder Mapping" versucht man herauszufinden, wer der eigenen Zukunft im Wege steht, wer dabei hilft und bei wem es nicht ganz klar ist. Anhand einer Matrix kann man alle Stakeholder eintragen und kategorisieren.

Diejenigen Stakeholder, die geringfügige Unterstützer und geringfügige Widerständler sind, sollten „bearbeitet" werden. Damit meine ich, aus geringfügigen Unterstützern volle Unterstützer zu machen und geringfügige Widerständler zu geringfügigen Unterstützern. Diese Unterstützung könnte den Ausschlag geben, ob die eigene bevorzugte Zukunft so eintritt, wie man geplant hat, oder nicht.

Übrigens: Das von Yorkes Kollegin angekündigte Drehbuch, in dem alles gut ist und sich alle lieb haben, ist natürlich nie fertig geworden, geschweige denn verfilmt worden.

Stakeholder Mapping 141

Stakeholder	Volle Unterstützung Alliierter | Partner | Unterstützer	Geringfügige Unterstützung	Unbekannt Neutral	Geringfügiger Widerstand	Voller Widerstand Konkurrent | Gegenspieler | Widersacher

Vorlage 12: Stakeholder Mapping

Vier Arten des Sehens

Mit dieser Technik erhält man Einsicht, wie andere – Mitbewerber, Kunden, Geschäftspartner, die Industrie, Regulatoren, Gewerkschaften, Abteilungen und andere Mitspieler – einen selbst sehen, und umgekehrt, wie man selbst diese sieht. Damit können sich früh genug Erkenntnisse einstellen, welche Herausforderungen vor einem stehen, welche Möglichkeiten sich daraus ergeben.

Man beginnt diese Übung mit der Identifikation der wichtigsten Gruppen, die den Plan oder die Zukunft beeinflussen können. Diese kann man mittels Stakeholder Mapping ermitteln.

In den rechteckigen Kästchen auf der nächsten Seite trägt man bei X die eigene Organisation ein und bei Y eine der identifizierten. Anschließend erarbeitet man in der Gruppe die einzelnen Felder. Man beginnt dabei oben links. Wie sieht sich die eigene Organisation? Sieht man sich als innovativ, als Marktführer, als langsam, als kundennah? Welches sind die eigenen Werte? Auch wenn die eigene Website das eine sagt, kann das Ergebnis durch die Mitarbeiter ein anderes sein.

Danach führt man aus, wie sich der Stakeholder Y selbst sieht. Wofür steht er? Was will er? Was fürchtet er?

Das dritte Rechteck ist dann links unten. Wie sieht unsere Organisation den Stakeholder Y? Dabei lasse man alle Rücksichten beiseite und beantworte diese Frage ehrlich, egal welche die offizielle Linie ist.

Als letztes Rechteck wird dasjenige rechts unten ausgefüllt. Das vielleicht Spannendste: Wie sieht der Stakeholder Y uns? Was denkt er wirklich über uns, über unsere Produkte, über unseren Status, unsere Fähigkeiten, unsere Ziele, unsere Motivation? Hier kann, ja muss schonungslos vorgegangen werden. Wir wollen echte Aussagen, auch wenn sie uns in unserem Stolz verletzen.

Wie können zum Abschluss diese Erkenntnisse genutzt werden? Welche Auswirkungen auf unseren Plan und unsere Zukunft haben diese Aussagen? Wie können wir sie verbessern, wie für unsere Zwecke – im positiven Sinne – nutzen?

Dieser Prozess wird für jeden identifizierten Stakeholder wiederholt. Unter Umständen kann es sogar nützlich sein, eine Analyse zu machen, wie sich unterschiedliche Stakeholder gegenseitig sehen. Damit wird beispielsweise ein Geschäftspartner zum Stakeholder X, ein Mitbewerber zum Stakeholder Y.

| Wie _____ sieht _____ : | Wie _____ sieht _____ : |
| X   X | Y   Y |

| Wie _____ sieht _____ : | Wie _____ sieht _____ : |
| X   Y | Y   X |

Vorlage 13: Vier Arten des Sehens

Signale und Horizont scannen

> *Sofern wir keinen guten Grund haben, anderes zu denken, scheint es, dass der beste Führer in die Zukunft ein Blick in den Spiegel der Vergangenheit ist. Das dem Hellsehen nächstbeste Ding ist, anzunehmen, dass sich die Vergangenheit wiederholen wird – von rückwärts.* — Brian Christian, Tom Griffiths

Delegationen von Vorständen und Managern, die ins Silicon Valley pilgern, um neueste Trends zu erkunden, versuchen zu erfassen, was auf sie zukommen wird.

Beim Scannen des Horizonts (Englisch: „Horizon Scan") versucht man, frühe Signale von möglicherweise wichtigen Entwicklungen zu erfassen, indem eine systematische Untersuchung von potenziellen Bedrohungen und Chancen durchgeführt wird. Dabei wird der Fokus auf neue Technologien und deren Auswirkungen auf die eigene Branche oder Herausforderung gelegt.

Bei dieser Methode müssen Faktoren, die konstant bleiben, die sich ändern und die sich dauernd ändern, erfasst werden. Dabei werden auch Randentwicklungen sowie neue und unerwartete Fortschritte einbezogen, die das aktuelle Denken und aktuelle Annahmen hinterfragen.

Die Methode wird vorwiegend durch Recherche eines Teams von Experten, die an der Front unterschiedlicher Disziplinen stehen sollten, durchgeführt, wobei vom Rechercheteam mit den Signalen und Informationen aus vielen verschiedenen Quellen ein größeres Gesamtbild gezeichnet wird. Als Quelle kommen unter anderen das Internet, Behörden, Nichtregierungsorganisationen, internationale Organisationen, Forschungseinrichtungen und Firmen sowie Zeitschriften und Datenbanken infrage.

Die Informationen werden analysiert, gefiltert, kategorisiert und in Cluster aufgeteilt, um Muster erkennen zu können. Wie schon bei Risikokapitalgebern und Akzeleratoren, die aufgrund der von den pitchenden Start-ups verwendeten Begriffe Muster und mögliche Trends erkennen können, hilft dieser Schritt, frühzeitig auf herankommende Chancen und Bedrohungen aufmerksam zu werden und zu reagieren. Diese frühen Warnungen bevorstehender Änderungen werden weiter untersucht, eventuell werden durch eigene Experimente, Artefakte und Prototypen weitere Informationen und Erfahrungen gesammelt und die erlauben, dann Entscheidungen zu treffen und zu handeln.

Aus den Ergebnissen können kurz- bis langfristige strategische Optionen abgeleitet werden, die in die Strategieentwicklung und -planung einfließen.

Ein eingehendes Scannen des Horizonts kann die Grundlage für die Formulierung von Szenarien und einer Strategie sein, die zukünftige Entwicklungen früher und besser abschätzen lässt und somit einen wertvollen Zeitvorsprung ermöglicht.

Allerdings ist ein Scannen des Horizonts nicht etwas, das man an einem Tag schafft. Es bedarf einer mehrwöchigen oder sogar mehrjährigen Untersuchung, die

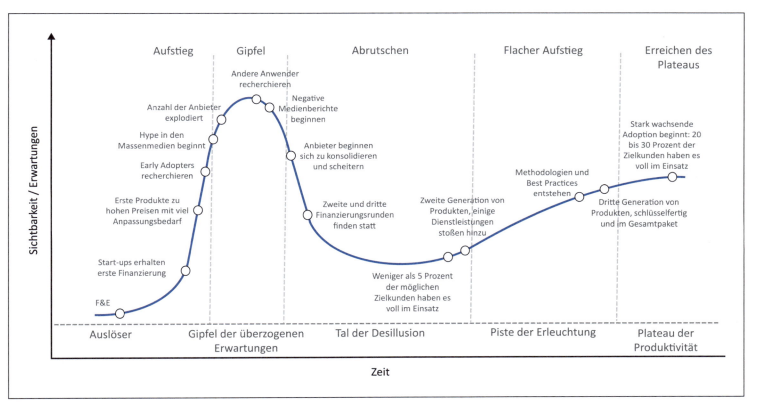

Abbildung 15: Gartner Hype-Cycle

Zwischenberichte liefert. Wie man rasch erkennt, ist ein Horizontscan eine Disziplin, bei der einige Teile in der Organisation als dauerhafte Abteilungen eingerichtet werden sollten, um beispielsweise systematisch Informationen zu sammeln und bereitzustellen.

Um ein aussagekräftiges Horizontscannen durchzuführen, sollten die Fragen folgende Kategorien umfassen:

- Was ist die Zukunft dieser Technologie?
- Was ist die Zukunft dieses Produktes?
- Was ist die Zukunft dieser Dienstleistung?
- Was ist die Zukunft dieses Marktes?
- Was ist die Zukunft dieser Idee?
- …

Um das zu beantworten, verwendet Gartner den Hype-Cycle, den laut dieser Analystengruppe alle Technologien, Konzepte, Produkte und so weiter durchlaufen.

Der Hype-Cycle sieht wie folgt aus. In diesem Diagramm, auf dem die x-Achse den zeitlichen Verlauf darstellt und die y-Achse die Sichtbarkeit oder Erwartungen, gibt es zuerst einen (technologischen) Auslöser, der die Sichtbarkeit und damit einhergehend die Erwartungen rasch erhöht. Am Höhepunkt des Hypes wird beispielsweise der Technologie von der Öffentlichkeit mehr an Möglichkeit angedichtet, als sie tatsächlich leisten kann. Deshalb folgt auf den Höhepunkt das Einsetzen der Ernüchterung und die Erwartungen fallen so weit, bis das Tal der Desillusion erreicht wird. Ab dann hat die Öffentlichkeit das tatsächliche Potenzial erkannt, das

Interesse steigt wieder und die Technologie wird immer mehr produktiv eingesetzt.

Der Hype-Cycle bietet allerdings nur eine von vielen Sichten auf die Zukunft und lässt den direkten Kontext für die Herausforderungen und Fragen der Organisation unbeantwortet. Trotzdem bietet er wertvolle Informationen, weil er das Stadium und die nächste zu erwartende Stufe der betrachteten Technologie andeutet.

Insofern ist es hilfreich, die Fragen zu präzisieren und diese als Startpunkt für den Horizontscan einzusetzen:

- Werden unsere Produkte und Dienstleistungen auf den Märkten relevant bleiben?
- Wie werden sich die Märkte in der Zukunft ändern? Wie wird sich die Nachfrage ändern?
- Was werden unsere Kunden brauchen, nachfragen oder von uns erwarten?
- Wie sieht die nächste wichtige technologische Entwicklung aus, die in unserer Branche stattfinden wird?
- Mit wem sollten wir uns zusammenschließen?
- Wie sieht die nächste Disruption in unserem Geschäftsmodell aus und woher wird sie kommen?
- Keiner hat das erkannt! Warum erkannten wir das nicht früher?
- Wir scheinen immer nur Zuschauer bei Entwicklungen in unserer Industrie zu sein. Warum ist das so?
- Wir hatten diese Idee schon einmal, warum setzten wir sie nicht um?
- Worauf sollte der Fokus unseres neuen strategischen Plans liegen?

- Worauf sollten wir den Schwerpunkt unserer Investitionen in Forschung und Entwicklung setzen, um unsere neue Strategie zu unterstützen?
- Haben wir eine Zukunftsvision? Und wie kommen wir dorthin?
- ...

Das Ergebnis eines Horizontscans können einerseits Berichte sein, die sehr umfangreich sind und von niemandem gelesen werden (wer hat schon die Zeit?), oder Infografiken, die beliebter sind. Diese sind einfacher zu erfassen und visuell ansprechend, leider aber auch ziemlich aufwendig zu erstellen und schwer aktuell zu halten.

Meine Empfehlung als jemand, der ein Jahrzehnt seines professionellen Lebens in der Datenanalyse verbracht hat und sich jetzt hauptsächlich mit der Wissensaufbereitung, Wissensvermittlung, der Vorgehensweise und dem Aufruf zum Handeln durch Inspiration beschäftigt, besteht darin, beide Wege zu gehen. Der längere Bericht dient als Dokumentation des Horizontscans mit klaren Quellenangaben, Herangehensweisen, Interpretationen und Anleitungen für das weitere Vorgehen, die Infografik als Mittel, um die Mitglieder der Organisation zu inspirieren und zu überzeugen.

Da Projekte beim Horizontscannen selbst recht komplex sein können, sollten folgende Richtlinien gelten:

- Fokussieren auf eine Schlüsselfrage, die durch die Analyse beantwortet werden soll
- Zeit und Umfang der Analyse vorher festlegen
- Wichtige Stakeholder identifizieren
- Grundlegende Trends und treibende Kräfte identifizieren und gruppieren
- Wichtigste Unsicherheiten identifizieren
- Extreme mögliche Ergebnisse identifizieren
- Zwei bis vier Szenarien definieren
- Szenarien detailliert beschreiben
- Szenarien evaluieren
- Notwendige weitere Forschung identifizieren
- Quantitative Methoden entwickeln
- Auf Szenarien einigen, die für Entscheidungen herangezogen werden können

Wie jeder Bericht, der 100 und mehr Seiten umfasst, tendieren Horizontscanberichte, ungelesen in eine Ablage zu wandern. Wenn die Ergebnisse das Zielpublikum nicht erreichen, dann war die Übung sinnlos. Es ist die Pflicht der Autoren, sicherzustellen, dass die Ergebnisse in für jedes Zielpublikum geeigneter Form kommuniziert werden. Typische Fehler umfassen die Modellierung als Selbstzweck, das Modellieren zu vieler Einflüsse und Faktoren, die zu nicht nachvollziehbaren Ergebnissen ohne viel Erkenntnis führen und vor allem keine Handlungsanweisungen geben.

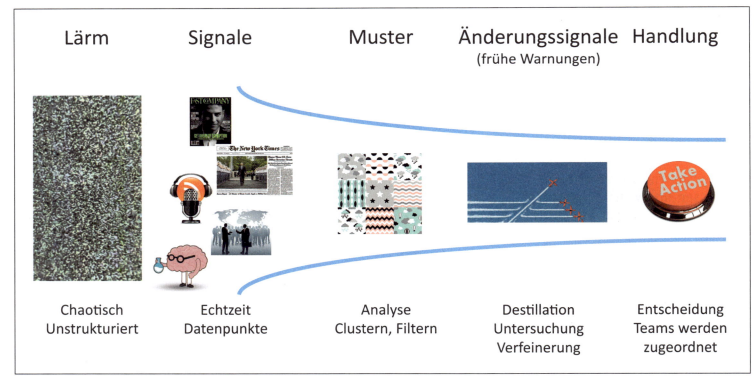

Abbildung 16: Signale/Horizont scannen

Signale und Horizont scannen   149

HEUTE – Nennen Sie drei Anzeichen von Trends, die in der eigenen Organisation schon heute beobachtet werden.

Anzeichen 1

Warum?

Anzeichen 2

Warum?

Anzeichen 3

Warum?

Vorlage 14: Signale/Horizont scannen – heute schon erfasste Anzeichen von Trends

Signale kombinieren

> *Die beste Art, die Zukunft vorherzusagen, ist, sie zu erfinden.*
> – Alan Kay

Die Zukunft kommt nicht aus dem Nichts, sie baut auf Bausteinen auf, die bereits existieren. Die Menschheit hat in ihrer Geschichte eine Unmenge an solchen Bausteinen geschaffen. Mit jedem weiteren Baustein steigen die Kombinationsmöglichkeiten und früher oder später wird sie jemand in einer Weise kombinieren, die zum nächsten Durchbruch verhilft oder das Ende einer Industrie einläutet.

Die Frage, die sich jeder stellt, ist: Wie kann ich derjenige sein?

Sicher nicht, indem man sich zurücklehnt und alles als Hype abtut. Neues kann man nur schaffen und mitbestimmen, indem man selbst fleißig verschiedene Kombinationen von Bausteinen ausprobiert.

Und dazu braucht es kein Hundert-Millionen-Euro-Labor. Ein einfaches Stück Papier reicht. Der erste Schritt ist, eine neue Technologie, ein neues Geschäftsmodell oder einen demografischen Trend zu nehmen und mehrere davon miteinander in einem Satz zu kombinieren. Wir kennen Ähnliches aus dem Improvisations- und Stegreiftheater oder aus entsprechenden Fernsehshows wie „Frei Schnauze" bei RTL oder „Was gibt es Neues?" aus dem ORF. Während beim Improvisationstheater den Schauspielern mehrere Begriffe zugeworfen werden, die sie sinnvoll und möglichst humoristisch in eine Geschichte oder Sätze verbinden müssen, sind es beim Foresight mehrere Signale.

Die Satzstruktur ist dabei wichtig. Hier ist sie:

Was wäre, wenn

Signal 1, Signal 2 und Signal 3

zusammenkämen und machten

Ding 4

für

Person / Unternehmen / Gesellschaft

möglich?

Was wäre, wenn Restaurants, Freemium-Modell und selbstfahrende Autos zusammenkämen? Was wäre, wenn Motorräder, künstliche Intelligenz und Werbung kombiniert würden? Was wäre, wenn das Internet der Dinge, Gesundheit und Landwirtschaft zusammenkämen? Man sieht: Die Kombinationsmöglichkeiten sind endlos.

Diese Übung lehrt uns eine ganze Menge:

1. Sie bringt uns auf viele Ideen, in welche Richtung sich Signale entwickeln könnten.
2. Wenn wir sie nicht ausprobieren, wird jemand anders auf dieselbe Idee kommen.
3. Jedes Produkt und jede Dienstleistung, jede Technologie, jeder Prozess haben einmal als solche Kombination von Signalen begonnen. Auch wenn jede dieser Kombinationen einmal als undurchführbar, als reine Gedankenübung oder als dumme Idee gegolten hat, so stellen sie heute etablierte Selbstverständlichkeiten dar.

Signal 1

Signal 2

Signal 3

Was wäre wenn _____, _____ und _____ zusammen kämen und machen _____ möglich für _____?

Vorlage 15: Signale kombinieren

Abbildung 17: Beispiel zur Kombination von Signalen

Liste von bemerkenswerten Personen

Der griechisch-armenische Philosoph (manche meinen, er wäre mehr ein Esoteriker gewesen) Georges I. Guerdjieff prägte in seinem Buch *Begegnungen mit bemerkenswerten Menschen* den Begriff für Personen, „die sich durch ihre Findigkeit von anderen hervortaten".

Im Rahmen einer Foresight-Aktivität, bei der Trends, Treiber, Szenarien, Daten und jede Menge andere Faktoren einfließen und analysiert werden, ist es praktisch, auch „bemerkenswerte Personen" zu Rate zu ziehen. Indem man ein Netzwerk von solchen Experten und Vordenkern aufbaut, pflegt und bei Bedarf befragt, kann die Navigation durch eine Lawine von Signalen und Trends leichter gemacht werden und auch auf unterschätzte oder nicht wahrgenommene Trends aufmerksam machen.

Bemerkenswerte Personen sollten nicht nur eine andere Perspektive mitbringen, sondern idealerweise

- eine Außensicht (außerhalb der Organisation, der Industrie, des Fachbereichs …),
- Informationen vom Rande der Organisation und Kultur,
- innovative Denkweisen,
- gut begründete Argumentationslinien, die auf einem eingehenden Studium der Materie beruhen,
- die Teilnehmer der Foresight-Aktivität herausfordern und aus der Komfortzone locken.

Viele der heute als Randerscheinungen auftretenden Aktivitäten und Trends können in Zukunft zum Mainstream werden. Bemerkenswerte Personen von diesem Rand können die Aufmerksamkeit darauf lenken.

Interviews und Expertenworkshops

Hat man eine Liste von bemerkenswerten Personen und Experten, dann muss man sie nur befragen. So einfach. Man muss sich nur aufraffen und eine Expertenbefragung gut vorbereiten. Dazu kann man Fragen wie diese heranziehen:

- Zu welchem Thema will man sie befragen?
- Welches sind die Trends, die sie in ihren Industrien sehen?
- Welche Trends sehen sie im Allgemeinen?
- Über welche Dinge sollte man sprechen?
- Haben sie einen optimistischen oder pessimistischen Ausblick auf die Zukunft? Warum?
- Was hat sie in letzter Zeit am meisten überrascht?
- Was haben sie nicht kommen sehen und wie hat das ihr Denken geändert?

Hin und wieder werde ich mit solchen Fragen konfrontiert und gebeten, sie zu beantworten. Am liebsten ist es mir dabei, wenn ich sie in einem Interview geben darf. Das erlaubt freies Drauflosplaudern, das oft roher und ehrlicher sein kann als eine geschriebene Antwort. Bei schriftlichen Antworten geht oft auch ein Kontext verloren, der wichtige Informationen für den Interviewer enthalten kann.

Expertenworkshops, wenn auch mit mehr Koordinationsaufwand verbunden, um alle Experten zu einem bestimmten Zeitpunkt zusammenzukriegen, erlauben den Austausch zwischen den Experten, die ihnen ebenso Einsicht vermitteln und damit fundiertere, größere Auswirkungen und Trends hervorbringen.

Interviews wie auch Workshops sind geeignete Formen, um rasch Wissen und eine geeignete Richtung für ein tiefergehendes Foresight zu erhalten. Sie sollten am Anfang der Foresight-Analyse stehen, um von vornherein ein Über-den-Tellerrand-Schauen zu erzwingen, und dann spätestens im letzten Drittel nochmals erfolgen, damit durch Experten und die bemerkenswerten Personen Feedback und Validierung zu den bisherigen Erkenntnissen eingeholt werden kann.

Hackathons und Meetups

Was passiert, wenn man einige Dutzend engagierter Mitarbeiter, Partner und/oder Studenten für einen Zeitraum von 24 oder 48 Stunden zusammenbringt und sie in Kleingruppen an selbst entwickelten Ideen um einen oder mehrere Themenkreise arbeiten lässt?

Genau das sind „Hackathons", „Codeathons", „Ideathons" oder unter welchen Namen sie auch immer beworben werden. Hackathons haben dabei nichts mit „hacking" gemein, also mit dem Versuch, in Computersysteme einzubrechen und Daten zu stehlen und sonstiges Übel anzurichten. Hackathon bedeutet hier, dass sich Teams finden, die in einem begrenzten Zeitraum unter großem Druck einen Prototyp zu einem neuen Produkt oder einer Dienstleistung entwickeln und nach Ablauf der vorgegebenen Zeit einem Publikum und einer Jury vorstellen.

Der Prototyp muss nicht perfekt oder schon ein fertiges Produkt sein. Er soll zur Veranschaulichung der Idee dienen, damit ein besseres Verständnis beim Zielpublikum gelingt und vielleicht die Idee ausreichend Mittel erhält, um sie in ein echtes Produkt umzusetzen.

Hackathons waren und sind bei meinem früheren Arbeitgeber SAP (tatsächlich organisierte ich mit meinem Team damals über einen Zeitraum von mehreren Jahren an die 80 Hackathons) ein Standardwerkzeug, um auf neue Ideen zu kommen und welches gerade die heißen Trends sind. An Hackathons beteiligten sich oft Mitarbeiter, die zwischen Projekten standen oder die gerade an Neuem forschten und für die Hackathon ein geeignetes Medium war, ihr Können und ihre Ideen vorzuzeigen und einfach mal etwas Neues auszuprobieren.

Ein Nebeneffekt einer gut umgesetzten Hackathon-Kultur mit entsprechender Vor- und Nachbereitung ist der Motivationsschub, den die Beteiligten, aber auch das Zielpublikum erhalten. Ideen und Trends werden nicht nur von Forschungsabteilungen oder Designgruppen erkannt und gefördert, sondern jeder Mitarbeiter, egal welcher Abteilung und Ausbildung, kann und soll dazu beitragen.

Oft sind Teams aus Mitarbeitern unterschiedlicher Abteilungen zusammengesetzt, die sich durch den Hackathon und die gemeinsamen Interessen und ergänzenden Fähigkeiten gefunden haben. Das erhöht langfristig den Wissensaustausch und die Kommunikation innerhalb einer Organisation und erlaubt – wie schon Online-Communities –, Leute mit ähnlichen Interessen zu verbinden, sich auszutauschen und voneinander zu lernen.

Meetups sind informelle Vortragsrunden, bei denen in ein- bis dreistündigen, zumeist von Privatpersonen organisierten Treffen Experten eine Einsicht in Themenbereiche geben. Meetup-Gruppen sind üblicherweise um ein Thema organisiert. Das können künstliche Intelligenz oder Roboter, Drohnen, Gamification in der Aus- und Weiterbildung sein. Alleine im Silicon Valley gibt es 300 Meetup-Gruppen im Bereich Informatik.

Zentrale Anlaufstelle für viele Meetups ist das gleichnamige Unternehmen meetup.com. Ein Meetup am Abend beginnt typischerweise mit einer halben Stunde Networking, gefolgt von einem längeren oder maximal drei kleinen Vorträgen oder einer Podiumsdiskussion mit Fragen und Antworten, und wird mit einer weiteren halben Stunde Networking beendet.

Es ist dabei oft erstaunlich, was solche informellen Meetings an neuen Kontakten, Ideen und Trends hervorbringen. Die Zusammensetzung der Teilnehmer hilft dabei oft. Einwürfe von Zuhörern aus anderen Branchen und Erfahrungen, die geteilt werden, führen zu Innovation. Einem ähnlichen Ziel dienten in der Gründerzeit Salons, wo oft ein Konzert, eine kleine Theateraufführung oder eine wissenschaftliche Präsentation die gebildeten Schichten zusammenbrachte und zu einer Querbefruchtung von Disziplinen führte. Auch Kaffeehäuser und ähnliche öffentliche Einrichtungen leisteten solche Dienste.

Gute Meetups und Hackathons zu veranstalten ist nicht einfach, vor allem kann es passieren, dass man sich auf Unwesentliches zu stark konzentriert. Essen beispielsweise. Es geht bei beiden nicht um Catering mit bestem Essen auf Porzellantellern. Essen ist Treibstoff. Es soll helfen, dass die Teilnehmer rasch Energie aufnehmen und die Kraft haben, 24 oder 48 Stunden durchzuhalten. Aus Erfahrung eignen sich dafür am besten Pizza, fleischhaltige Gerichte, Snacks, Kaffee und Limonaden. Diese sollten auch die ganze Zeit vorrätig sein, weil der Heißhunger bei harter Arbeit auch mal um drei Uhr früh eintreten kann.

Ein erster Schritt, um selbst daran teilzunehmen, besteht darin, auf Meetup.com oder die Veranstaltungswebsite von lokalen Akzeleratoren zu gehen und Veranstaltungen herauszufinden. Um einen Hackathon oder ein ähnliches Format zu veranstalten, bieten sich Organisationen wie Startupweekend.org an.

Abbildung 18: Hackathon

Konvergenzdiagramm

In anderen Kapiteln haben wir bereits Bausteine angesprochen, die als Basis für die nächsten Innovationen dienen. Apple griff für das iPhone auf bestehende Bausteine zurück und kombinierte sie in einer Weise, die für gleich mehrere Branchen revolutionär war und disruptierte.

Warum haben andere Unternehmen das nicht gesehen oder nicht gehandelt? Dazu kann man im Nachhinein viel analysieren und kommentieren, aber eine Schwierigkeit liegt in der Menge der heute verfügbaren Bausteine und deren Entwicklung. Nicht nur die Anzahl der Kombinationsmöglichkeiten der Bausteine kann überwältigend sein, auch die Geschwindigkeit, mit der sich einzelne Bausteine weiterentwickeln, kann einen rasch überfordern, auf dem letzten Stand des Wissens zu bleiben.

Das Konvergenzdiagramm hilft teilweise dabei. Es zeigt vom Foresight Mindset-Team ausgewählte, konvergierende Bausteine übersichtlich auf sowie eine einfache Zeitreihe der Entwicklung der Bausteine in einer Kategorie.

In der einfachsten Form sind drei konzentrische Kreise mit der Vergangenheit, der Gegenwart und der Zukunft dargestellt. Dann bestimmt man die Kategorien an Bausteinen, die man als Sektoren einträgt. Sie gleichen im Prinzip Kuchenstücken. Die Bausteine können technischer, politischer oder gesellschaftlicher Natur sein, die Entwicklung von Geschäftsmodellen oder Umwelteinflüssen sein. Wie viele Kategorien man wählt, ist dem Team überlassen, sie sollten aber nicht mehr als eine Handvoll überschreiten.

Es ist somit möglich, eine detailliertere Zeitreihe zu bilden, die sich vielleicht an Meilensteinen orientiert oder ähnlich wie Jahresringe bei einem Baumstamm aussieht.

Die so identifizierten Bausteine können folglich in einer Horizontlandkarte eingetragen werden, wo jedem Einzelnen in dieser Matrix eine Wahrscheinlichkeit für die Gegenwart, nahe, mittlere und ferne Zukunft zugewiesen wird.

An einem stark vereinfachten Beispiel für die Automobilindustrie wurden vier Kategorien gewählt: Fahrer (gesellschaftlich, technologisch), Geschäftsmodell (wirtschaftlich), Antrieb (technologisch) und Kommunikation (technologisch, gesellschaftlich). Die Darstellung zeigt sehr rasch, wie eine mögliche und plausible Zukunft aussehen kann: Sie führt zum elektrischen Robotertaxi.

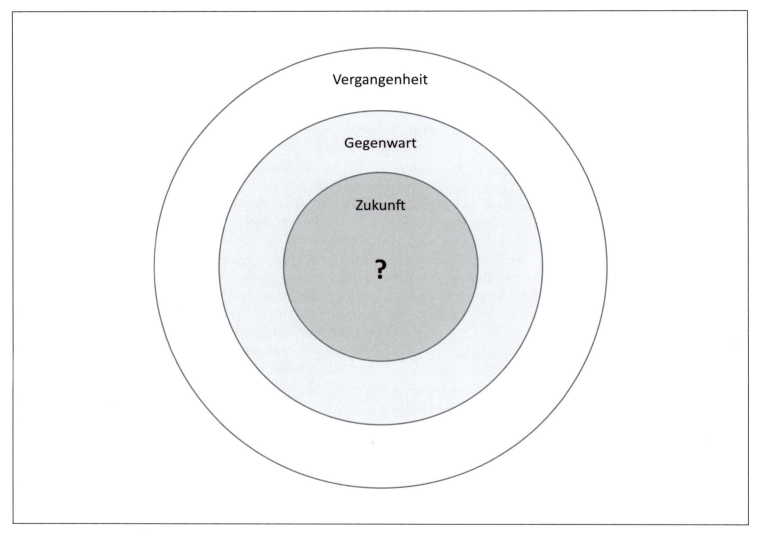

Vorlage 16: Konvergenzdiagramm

Konvergenzdiagramm 159

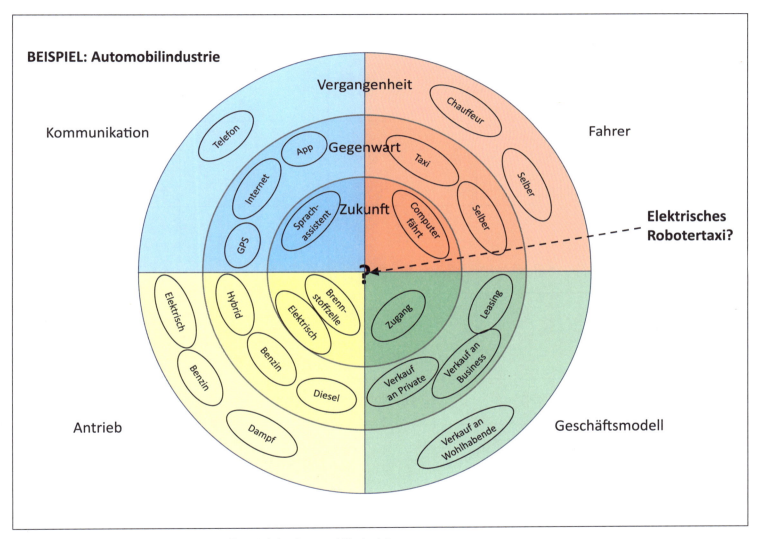

Abbildung 19: Konvergenzdiagramm am Beispiel der Automobilindustrie

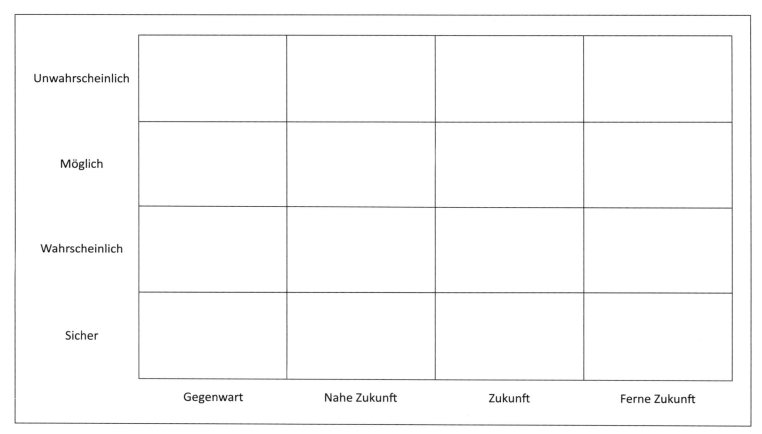

Vorlage 17: Horizontlandkarte

STÖÖP-Methode

Was beeinflusst und treibt die Zukunft? Welche Kräfte wirken hier? Um diese Kräfte zu identifizieren, führen wir die „STÖÖP"-Methode (Englisch: „STEEP") ein. Mit ihr schauen wir auf alles, was den Änderungen für die Zukunft zugrunde liegen und ihnen die Richtung geben könnte. Die Treiber, die auch als Blockaden wirken können, teilen wir in diese fünf Kategorien ein (und deren Anfangsbuchstaben ergeben zugleich den Namen der Methode):

- Soziale Treiber
- Technologische Treiber
- Ökonomische Treiber
- Ökologische Treiber
- Politische Treiber

Sozial: Diese Treiber umfassen Faktoren wie Konsumentenverhalten, Bevölkerungsentwicklung, Religion, Lebensstile, Werte oder Werbung.

Technologisch: Hier sind Faktoren wie Innovation, Kommunikation, Energie, Transport, Forschung und Entwicklung, Patente und der Produktlebenszyklus gemeint.

Ökonomisch: Darunter fallen Steuern, Ersparnisse, Zinsraten, Welthandel, Inflation, Zölle, Subventionen, Jobangebot und Unternehmertum. Der ökonomische Treiber ist auch eng mit Käuferverhalten und -verstärker verknüpft.

Ökologisch: Zu diesen Faktoren zählen Wasser, Wind, Nahrungsmittel, Bodenbeschaffenheit, Energie, Umweltbelastung und Umweltschutzregulierungen.

Politisch: Diese Treiber sind stark von Einzelpersonen und Organisationen beeinflusst. Bevorstehende Machtverschiebungen müssen berücksichtigt werden. Politische Entwicklungen können massiven Einfluss auf Finanzmärkte, Handel, Umweltschutzregulierungen, Wettbewerbsregelungen und andere Gesetze haben. Hinzu kommen die Regulierung von Monopolen, Steuerpolitik, Preisregulierungen, Konsumentenschutz, Gesetzgebung, Handelskammern und die allgemeine politische Stabilität.

Die Treiber sind wesentlich für die Änderungen und formen das Aussehen der zukünftigen Randbedingungen. Foresight-Praktiker müssen verstehen, wie diese Treiber formend oder blockierend in den jeweiligen strategischen Kontext eingreifen. Eine umfassendere Betrachtung wird einer eingeschränkten vorgezogen, wobei auch ein weiterer Blick in die Vergangenheit und eine Vorschau vorzunehmen sind.

Wie relevant jeder Treiber ist, hängt vom Umfeld ab, in dem man operiert, und wird durch die Berücksichtigung von mehreren miteinander verzahnten Faktoren bestimmt. Diese können mittels folgender Herangehensweisen identifiziert werden:

- Glaubwürdige Studien und Expertenmeinungen zu Rate ziehen
- Schaffung eines Teams mit hoher Diversität, inklusive bei analytischem und intuitivem Denken

Foresight Mindset Tool Kit

	sozial	technologisch	ökonomisch	ökologisch	politisch
Treiber					
Auswirkungen					

Vorlage 18: STÖÖP

- Anomalien und Randideen identifizieren und analysieren
- Herausforderungen brainstormen und wie sie mit der Zeit durch größere Kräfte beeinflusst werden könnten
- Anwendung von Zeithorizonten und Szenarioplanung

Um eine bevorzugte Zukunft zu erreichen, tendieren wir dazu, uns vor allem auf die aktuellen Probleme zu stürzen und diese zu lösen. Und das ist auch gut so. Allerdings könnten wir bei all dem Eifer unter Umständen verpassen, wohin die Gesamtindustrie, der Markt, die Kundenpräferenzen oder die Technologie sich bewegen.

Das „Von-außen-nach-innen-Denken" versucht, genau das zu vermeiden, indem zuerst die größeren Einflüsse und Kräfte identifiziert und betrachtet werden und daraus dann Ableitungen für das eigene Handeln folgen.

1. Liste alle treibenden Kräfte aus der STÖÖP-Methode auf, die einen Einfluss auf das Problem und die Zukunft haben könnten.
2. Analysiere, welche davon von der Organisation beeinflusst werden können. Darunter könnten Stakeholder, Märkte oder Technologien fallen.
3. Welche dieser treibenden Kräfte beeinflussen die bevorzugte Zukunft in positiver Weise, welche in negativer Weise?
4. Wie kann die eigene Organisation diese Kräfte beeinflussen, um die eigenen Ziele zu erreichen?

2x2-Matrix ODER Analyse alternativer Zukünfte

Das Problem mit der Zukunft ist, dass sie anders ist. Wenn man nicht anders denken kann, dann wird die Zukunft immer als Überraschung kommen. — Gary Hamel

Wie kann sich eine Zukunft entwickeln, wenn treibende Kräfte und andere Rahmenbedingungen eintreten? Mit der Analyse alternativer Zukünfte können genau solche Fragen zum Teil beantwortet werden. Zum Teil deshalb, weil wir nie im Vorhinein wissen, welche der Kriterien wirklich eintreten werden.

Mittels STÖÖP und dem Von-außen-nach-innen-Denken wurden die treibenden Kräfte bestimmt. Aus diesen kann man mittels Wahrscheinlichkeitsanalyse die zwei wichtigsten Kräfte und Einflussfaktoren auswählen. Diese beiden Variablen werden auf einer vertikalen und einer horizontalen Achse aufgetragen. Für jede der beiden Variablen werden dann die zwei wichtigsten Werte ermittelt.

Die Teilnehmer eines Workshops zur Zukunft der betriebsinternen Weiterbildung identifizierten als die zwei wichtigsten treibenden Kräfte Technologie und Lernstruktur. Als die beiden entgegengesetzten Werte für Technologie ermittelten sie „befähigt" und „frustriert". Für Lernstruktur wurden als Werte jeweils „traditionell und vorgegeben" und „selbstorganisierend" identifiziert.

Die daraus resultierenden vier Quadranten in der 2x2-Matrix ergeben somit vier verschiedene alternati-

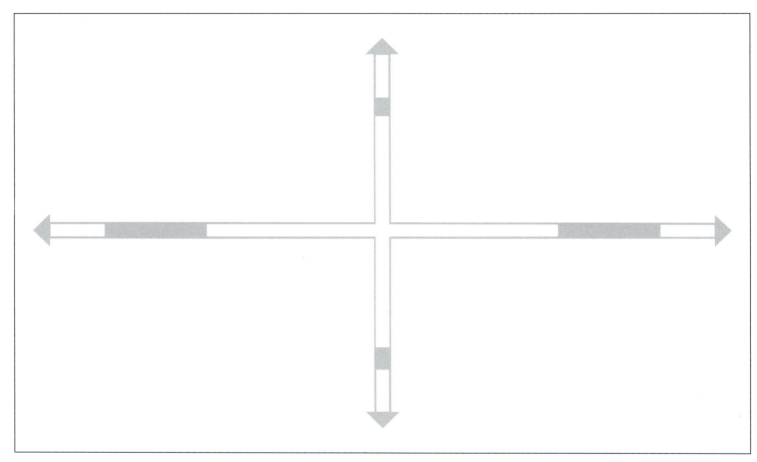

Vorlage 19: Analyse alternativer Zukünfte

2x2-Matrix ODER Analyse alternativer Zukünfte

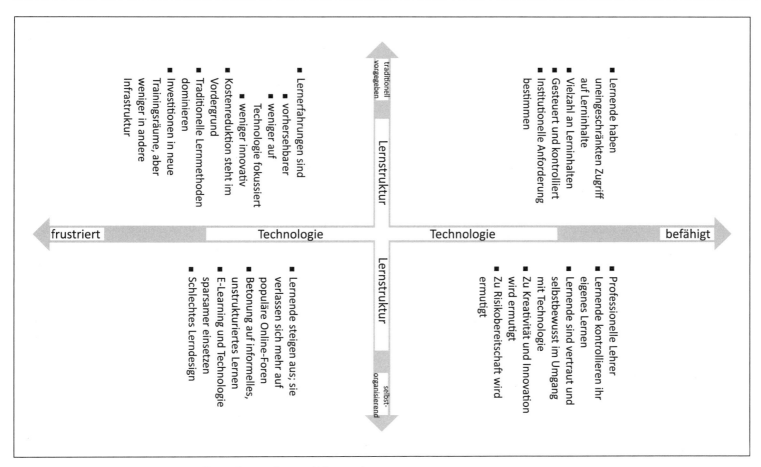

Abbildung 20: Analyse alternativer Zukünfte am Beispiel Unterricht

ve Zukünfte, die das Team dann detailliert beschreibt. Dabei könnten Fragen wie diese berücksichtigt werden:

1. Was bedeutet das für die Organisation in jedem der vier Fälle?
2. Was bedeutet das für die jeweiligen Stakeholder?
3. Welche neuen Herausforderungen und Möglichkeiten ergeben sich daraus?

Auch sollte überlegt werden, was die Signale für die jeweiligen alternativen Zukünfte bedeuten könnten, die beobachtet werden sollten. Und welches sind die Schritte und Voraussetzungen, dass sie eintreffen oder verhindert werden? Wenn eine Möglichkeit entdeckt wird, kann ein Plan erstellt werden, wie man diese nutzen kann.

Szenarioplanung

> *Du meinst, nicht weitermachen zu können, sofern du keinen kugelsicheren Plan hast? Ersetze „Plan" mit „Schätzung" und nimm es leicht.*
> – Jason Fried

Da niemand die Zukunft vorhersagen kann, ist es am besten, sie zu antizipieren. Was auf den ersten Blick wie eine Wiederholung aussieht, ausgedrückt durch ein Fremdwort, unterscheidet sich deutlich in dem, was es ausdrücken will. Antizipieren ist in diesem Sinne nicht das Vorhersehen einer Zukunft, sondern einer Reihe von Zukünften. Diese Zukünfte sind unterschiedlich wahrscheinlich und keine davon wird so eintreten, wie wir sie beschreiben. Aber alle zusammen ergeben ein zutreffenderes Bild der Zukunft und – wesentlich – bereiten uns mental auf einen unterschiedlichen Ablauf der Zukunft vor.

Ein Plan schränkt mental ein. Er täuscht vor, dass es nur einen richtigen Weg gibt, und wenn der Plan nicht eingehalten wird, dann ist alles gescheitert. Aber welcher Plan ist jemals so abgelaufen, wie er fein säuberlich aufgeschrieben wurde? Eben!

Szenarioplanung verheiratet Planung mit unterschiedlichen Szenarien. Sie erleichtert uns, mental umzuschalten, wenn sich Szenarien ändern. Sie bereitet uns im Vorfeld auf unterschiedliche Zukünfte vor, lässt uns entsprechende Maßnahmen planen, Auswirkungen erkennen und gibt uns mehr Kontrolle.

Szenarioplanung ist eine bewährte und seit Jahrzehnten eingesetzte Methode zur Vorhersage von Zukünften. Der Ölkonzern Shell zählt zu den Pionieren dieser Methode.

Anstatt die Zukunft auf heutigen Projektionen und Trends fortzuschreiben und die Zukunft einfach nur als eine Variation der heutigen Situation darzustellen, fordert Szenarioplanung die Teilnehmer heraus, indem sie schon mal die Überzeugung, dass es „eine wahrscheinliche Zukunft" geben wird, infrage stellt. Stattdessen zeigt sie mehrere Zukünfte auf. Das Ergebnis ist nicht eine Zukunft, sondern ein Portfolio von Zukünften. Auch von Zukünften, die „undenkbar" sind.

Shell hatte beispielsweise in der Mitte der 1980er-Jahre ein Szenario ermittelt, bei dem der Kollaps der Sowjetunion durchgespielt wurde. Das war ein damals „undenkbares" Szenario. Als es dann doch eintrat, hatte Shell bereits als Ergebnis dieses undenkbaren Szenarioplans einen Unternehmensteil eingerichtet, der sofort in Aktion treten und Förder- und Handelsrechte von den Nachfolgestaaten erwerben konnte.

Erster Schritt: Die Herausforderung definieren

Die Gründe, warum eine Organisation Szenarioplanung einsetzt, sind vielfältig. Ein Grund kann sein, ein klareres Bild zu erhalten von zukünftigen Chancen und Bedrohungen, welche die Mission der Organisation beeinflussen. Ein anderer Grund kann sein, ein spezifisches Projekt oder Ziel zu erreichen und welche Szenarien dafür relevant sein könnten. Ein weiterer Grund kann sein, dass sich das Unternehmen bereits in einer bestimmten Krisensituation befindet und Lösungen sucht.

Hat man das verstanden und sich darauf geeinigt, dann hat das Team – das übrigens unterschiedlich groß sein kann und von einem Dutzend auch schon mal bis zu drei Dutzend Mitglieder umfassen kann – eine gemeinsame Vision von der Herausforderung, vor der es steht. Und weil man gleich dabei ist: Das Team definiert in diesem Schritt auch den Betrachtungszeitraum. Reden wir von drei Jahren, fünf oder gleich zehn Jahren?

Zweiter Schritt: Informationen sammeln

Hier beginnt die Hausaufgabe für das Team. Informationen müssen gesammelt, Trends erkannt und die zutreffenden Schlüsseltrends verstanden werden. Was macht die Konkurrenz? Welche Trends gibt es außerhalb der eigenen Branche? Wenn man zehn Jahre in die Zukunft blicken könnte, auf welche zwei oder drei Dinge würde man besonders achten, um die Änderungen in der Zukunft zu verstehen?

Wen interviewt man? Welche Experten sollen befragt werden? Und vor allem: Welche Fragen stellt man dabei?

- Wenn man als Optimist die Zukunft betrachtet, wo würde man die eigene Branche in zehn Jahren sehen?
- Wie würde sie pessimistisch betrachtet aussehen?
- Wie sind unsere Kunden dann?
- Was muss geschehen, damit wir in zehn Jahren erfolgreich sind?
- Wer zählt in zehn Jahren zu den wichtigsten Wettbewerbern?
- …

Einige der Antworten auf diese Fragen werden Überraschungen liefern.

Dritter Schritt: Treibende Kräfte identifizieren

Die kommenden Änderungen treten nicht von allein ein. Es gibt eine Reihe von Kräften, die diese vorantreiben. Sie können politischer, wirtschaftlicher, ökologischer, gesellschaftlicher oder technologischer Natur sein. Noch detaillierter können neue Geschäftsmodelle, natürliche Ressourcen, demografische Änderungen, internationale Entwicklungen und rechtliche Rahmenbedingungen aufgelistet werden.

Für diesen Schritt bietet sich die STÖÖP-Methode an, solche treibenden Kräfte zu identifizieren.

Vierter Schritt: Kritische Entweder/Oder Zukunftsunsicherheiten definieren

Wenn ich etwas sicher weiß, dann hat das weniger dramatische Auswirkung, weil ich es antizipieren und mich darauf vorbereiten kann. Kritische Unsicherheiten hingegen kommen aus dem Nichts und nie zum günstigsten Zeitpunkt.

Deshalb ist es notwendig, diese zu identifizieren. Sie sind wichtiger für den Organisationserfolg als schwache treibende Kräfte. Warum? Weil es die Aufgabe der Szenarioplanung ist, auch das Undenkbare zu ermitteln.

Jeder der treibenden Kräfte kann auf einem Diagramm eingetragen werden, das den Grad der potenziellen Auswirkung und den Grad der Unsicherheit aufzeigt. Die zwei wichtigsten kritischen Unsicherheiten sind zu identifizieren.

Nicht immer wird das Team sich auf zwei kritische Unsicherheiten einigen können. Diese können sich mit dem Betrachtungszeitraum ändern. Deshalb sollten die identifizierten kritischen Unsicherheiten einer weiteren Analyse in Bezug auf mehrere Zeithorizonte unterzogen werden.

Und noch etwas: Die beiden kritischen Unsicherheiten müssen unabhängig voneinander sein.

Fünfter Schritt: Szenarien erstellen

Im fünften Schritt werden nun die Szenarien erstellt. Dabei wird die „2x2-Matrix – Analyse alternativer Zukünfte" herangezogen. Die beiden kritischen Unsicherheiten werden auf die jeweiligen Achsen aufgetragen. Jeder kritischen Unsicherheit werden dabei zwei gegensätzliche Werte zugewiesen.

- hoch <–> niedrig
- groß <–> klein
- national <–> international
- traditionelle <–> technologiebasierte Methoden dominieren
- billig <–> teuer
- langsam <–> schnell
- frustriert <–> befähigt
- traditionell <–> selbstgesteuert
- …

In den vier Quadranten können dann die Szenarien entwickelt werden.

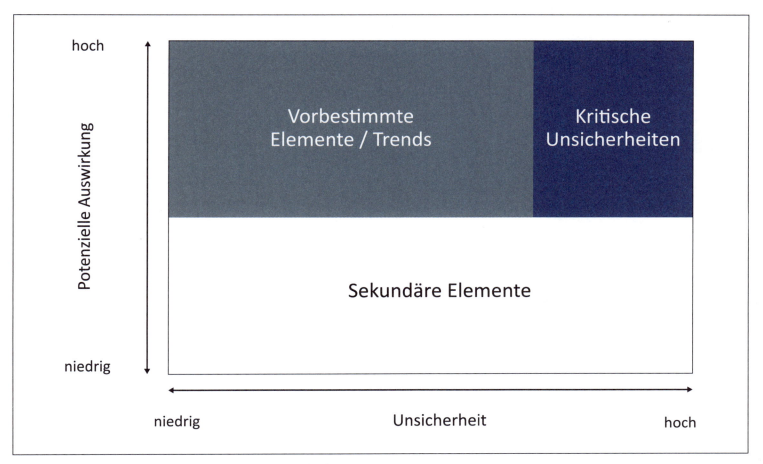

Vorlage 20: Plot zur Identifizierung von kritischen Unsicherheiten

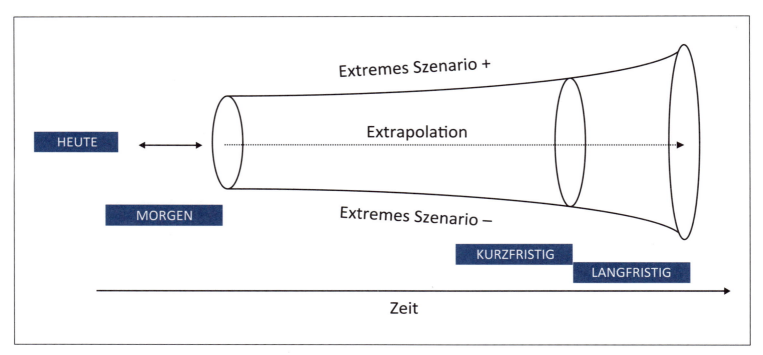

Abbildung 21: Kritische Unsicherheiten über unterschiedliche Zeithorizonte

Sechster Schritt: Herausarbeiten und Storylines schaffen

Die so entwickelten Szenarien bestehen in diesem Stadium aus einer Ansammlung von Schlagworten. Zuerst müssen diese in den Kontext gestellt werden.

- Was bedeutet das für unser Unternehmen, unsere Mitarbeiter, unsere Kunden, unsere Partner?
- Wann wird das geschehen?
- Was bedeutet das finanziell? Was wird das kosten?
- Wie werden wir uns daran anpassen?
- Welche neuen Fähigkeiten müssen wir erwerben?
- Was bedeutet das für die Qualität, die Mengen, das Aussehen unserer Produkte und Dienstleistungen?

Damit sie bei den Zuhörern auf Interesse stoßen, müssen sie als Geschichte ausgearbeitet werden. Dazu helfen die Ansätze aus dem später noch ausführlicher erläuterten Storytelling.

Dabei soll ein zukünftiger Endzustand vor Augen geführt werden. Es kann auch eine chronologische Reihenfolge in dieser Geschichte angewendet werden.

> *2023 bemerkten wir, dass … Und sechs Monate später mussten wir, weil … 2029 hatten wir dann 30 Prozent Marktanteil.*

Das ist für alle Szenarien durchzuführen und dauert – wie zu erkennen – länger, als man in einem ein- oder zweitägigen Workshop Zeit haben mag.

Je nach Teamgröße können für jedes Szenario Kleingruppen gebildet werden, die diese ausarbeiten. Dabei macht es Sinn, zwischendurch Teammitglieder rotieren zu lassen, damit Szenarien nicht wegen der daran Beteiligten schon von vornherein ausgeschlossen werden und damit jeder sich mit den vier Szenarien als Gemeinschaftsarbeit identifizieren kann.

Siebter Schritt: Szenarien validieren und eventuell weiterforschen

Nachdem die Teams an den Szenarien gearbeitet haben, sollen diese zuerst einmal einer Validierungsrunde unterzogen werden. Einer Gruppe von sachkundigen Experten außerhalb des Teams werden die Szenarien bekannt gemacht und dabei Fragen gestellt.

Sind die Szenarien klar, plausibel, relevant und konsistent? Was fehlt? Und welche Änderungen sollen vorgenommen werden?

Das Feedback auf Fragen wie diese wird dann verwendet, um die Szenarien nochmals zu überarbeiten.

Achter Schritt: Auswirkungen und mögliche Reaktionen ausarbeiten

Die Ergebnisse werden nun nicht einfach schubladisiert, jetzt gilt es, mögliche Reaktionen auf die unterschiedlichen Auswirkungen der Szenarien auszuarbeiten und vorzubereiten. Nicht für alle Auswirkungen ist sofort eine Reaktion vorzunehmen, manche sind erst dann schlagkräftig, wenn das Ereignis so eintritt. Andere erfordern lange Vorbereitung, die sofort in Angriff ge-

SZENARIO _____

Anzeichen	Typ	Beschreibung	Erwarteter Eintrittszeitpunkt	Auslösekriterium	Handlungskette Zuständigkeiten
1	☐ qualitativ ☐ quantitativ				
2	☐ qualitativ ☐ quantitativ				
3	☐ qualitativ ☐ quantitativ				
4	☐ qualitativ ☐ quantitativ				
5	☐ qualitativ ☐ quantitativ				

Vorlage 21: Szenarioplanung – Liste von Anzeichen

nommen werden sollten. Und wer sind die Zuständigen, sobald eine Handlungskette ausgelöst wird?

Aus strategischer Sicht ist die Strategie die beste, die den meisten Raum zum Manövrieren und die größte Flexibilität für die Organisation erlaubt.

Neunter Schritt: Anzeichen identifizieren

So wie bei Projekten Meilensteine definiert werden, sind für die Szenarien die Anzeichen zu definieren, anhand derer man den Beginn des Eintretens der Änderung erkennen und gegebenenfalls eine Handlungskette auslösen kann.

Welches sind die Anzeichen genau? Welche qualitativen oder quantitativen Aspekte müssen sie annehmen, um eine Reaktion auszulösen?

Zehnter Schritt: Beobachten und Szenarien updaten

Nur zu leicht wird Szenarioplanung mit einer einmaligen, zeitlich begrenzten Übung verwechselt. Doch bei Betrachtungszeiträumen von fünf, zehn und mehr Jahren muss eine Kontinuität für die Foresight-Praxis sichergestellt werden. Die Szenarien müssen von einem dazu abgestellten Team oder damit beauftragten Mitarbeitern kontinuierlich beobachtet und upgedatet werden. Statusberichte für die richtigen Stellen und Auslösen von Reaktionen beim Eintreten von identifizierten Anzeichen sollten die dauernde Unterstützung der Organisation und des Managements finden.

Auch Änderungen, die an strategischen Plänen vorzunehmen sind oder eine Neubetrachtung der Szenarien erfordern, sind zu erwarten.

Storytelling

Wie kommt man zur bevorzugten Zukunft? Ändere die Geschichte, die du dir über die Zukunft erzählst, in der du leben willst.
— Brian David Johnson

In einem Sprachraum, der die Brüder Grimm hervorbrachte, der Wilhelm Busch als ersten Comicbuchkünstler der modernen Zeit sah, aus dem unzählige Literaturnobelpreisträger wie Gerhard Hauptmann, Carl Spitteler, Thomas Mann, Hermann Hesse, Heinrich Böll, Günter Grass oder Elfriede Jelinek stammen, dessen Heldensagen weltweit bekannt sind und in Opern und Musikstücken nach wie vor aufgeführt werden oder deren Gründungsgeschichten wie Wilhelm Tell heute noch die Fantasien wecken, dieser Sprachraum findet es nicht der Mühe wert, Geschichten um Technologien und Ziele von Organisationen zu erzählen.

Das hat mich immer erstaunt. Man findet es zielführender, technische Daten und Fakten runterzuzählen, welche die Leute überzeugen sollten, als eine gute Geschichte zu erzählen, die Menschen inspiriert und einen mit Emotionen verbundenen Grund liefert, warum das eigene Tun so viel Sinn ergibt.

Wir erzählen im technologischen und Unternehmensumfeld keine Geschichten mehr. Dabei lernen Menschen vor allem aus Geschichten, nicht durch nüchterne Fakten. Gute Geschichten erzeugen Emotionen und Emotionen helfen dabei, Inhalte besser und dauerhafter zu speichern. Geschichten vermitteln Wissen, und solange es keine Schrift oder andere Formen der Aufzeichnung gab, war die mündliche Tradierung von Wissen die gängige Form. Unser Gehirn ist dafür entwicklungsgeschichtlich optimiert.

Klar, eine Geschichte mag in modernen Zeiten als ineffiziente Methode gelten, Wissen zu vermitteln. Eine Tabelle mit Zahlen ist da komprimierter und verbraucht weniger Platz und Zeit. Aber effizient bedeutet nicht effektiv.

Ich stolpere immer wieder über diesen Kontrast, wenn jemand eine technische Präsentation vor einem (nicht technischen) Publikum hält und einfach Zahlen und Fakten runterbetet. Selbst großen Unternehmen passiert das. Die Präsentation eines deutschen Automobilherstellers mit einem Fahrerassistenzsystem artete in zweieinhalb Minuten mit 20 technischen Fachbegriffen und Abkürzungen aus. Man vergleiche dagegen die Google-Schwesterfirma Waymo, die selbstfahrende Autos entwickelt. Dort sieht man in einem knapp zweiminütigen Film einen blinden Mann, der in ein fahrerloses Auto steigt und zu seinem Ziel gefahren wird. Dazwischen sieht man Clips von Teenagern, die mit einem Skateboard einsteigen, einem betagteren Ehepaar, das die Fahrt umarmt genießt, und die Mutter mit dem Baby, wobei das Baby dort sitzt, wo normalerweise ein Fahrer sitzen würde, hätte das Auto noch ein Lenkrad. Bei diesem Film versteht man sofort, warum diese Technologie Sinn macht.

Für das Foresight Mindset sind Geschichten ein extrem wichtiges Werkzeug. Foresight ist – wenn man sie auf den Kern runterbricht – nichts anderes als eine Geschichte der Zukunft.

Der israelisch-amerikanische Psychologe und Verhaltensforscher Daniel Kahneman, der für seine Arbeit 2002 den Wirtschaftsnobelpreis erhalten hat, entdeckte die Macht von Geschichten – und die Probleme mit Fakten und Wahrscheinlichkeiten – bereits in den 1970er-Jahren beim israelischen Geheimdienst. Er schlug auf Anfrage des Mossad vor, den klassischen Geheimdienstbericht abzuschaffen und stattdessen mit Wahrscheinlichkeiten zu arbeiten. In einem ersten Bericht nach diesen Richtlinien wurde geschätzt, dass der Ausbruch eines Krieges mit dem Nachbarn Syrien um zehn Prozent gestiegen war. Einer der Top-Geheimdienstleute war erleichtert. „Nur zehn Prozent? Das ist nur ein kleiner Unterschied."

Für Kahneman war das ein Schock, denn eine zehn Prozent höhere Wahrscheinlichkeit eines Kriegsausbruchs war sehr ernst.[56] Jahre später meinte Kahneman dazu:

---

[56] David Leonhardt; What I Was Wrong About This Year; New York Times, Dec. 24th, 2017 – https://www.nytimes.com/2017/12/24/opinion/2017-wrong-numbers.html

> *Es hat noch nie jemand eine Entscheidung wegen einer Zahl getroffen. Sie brauchen eine Geschichte.*

Eine Geschichte gut zu erzählen fällt nicht nur als Aufgabe dem Erzähler zu. Wie der Sprachforscher Victor Yngve von der Universität Chicago schon in den 1970er-Jahren erforschte, sind die Rolle und das Engagement des Zuhörers mindestens genauso wichtig für eine gut erzählte Geschichte wie die des Erzählers. Ohne gute Rückmeldungen des Zuhörers zerfällt die Geschichte.[57]

> *Erzähler, die abgelenkten Zuhörern eine spannende Geschichte vortrugen … erzählten sie insgesamt weniger gut und vor allem bei einem dramatischen Ende schlecht. Das Ende der Geschichte war zumeist abrupt und abgehackt oder sie kreisten herum und erzählten das Ende mehr als einmal, indem sie das Ende erklärten.*

Wie aber erzählt man gute Geschichten und wie sind sie strukturiert? Schenkt man den Experten Glauben, dann gibt es mehr als 36 Arten von Geschichten. Forscher der Universität Vermont wollen das nun auf sechs Story Plots eingeschränkt haben.[58]

Die Forscher kategorisierten die Geschichten nach dem Verlauf des Glücks. Aschenputtel beispielsweise beginnt ganz unten. Ihre Mutter ist verstorben und ihr Vater hat eine neue Frau geheiratet, die mit ihren beiden Töchtern Aschenputtel ganz schlecht behandelt. Doch dann wendet sich das Glück und sie geht auf den Ball des Prinzen. Danach fällt sie im Glück zwar wieder hinunter, aber nicht ganz bis zum Boden, weil sie nun die Erinnerung an den Ball das ganze Leben begleiten wird. Aber wir kennen den Ausgang der Geschichte, sie endet mit einem Aufstieg: Der Prinz sucht, findet und heiratet sie.

Typ	Glücksverlauf	Beispiel
Vom Tellerwäscher zum Millionär	Aufstieg	Alice im Wunderland
Tragödie: Vom Millionär zum Tellerwäscher	Fall	
Mann am Boden	Fall – Aufstieg	Rocky
Ikarus	Aufstieg – Fall	Romeo und Julia
Aschenputtel	Aufstieg – Fall – Aufstieg	
Ödipus	Fall – Aufstieg – Fall	

Tabelle 9: Story Plots

Der Autor Ronald Tobias listete 20 Master Plots auf mit „Underdog", „Aufstieg", „Verwandlung" und „Abstieg"

---

[57] Brian Christian, Tom Griffiths; Algorithms to Live By: The Computer Science of Human Decisions; Henry Holt and Company, New York, 2016
[58] Andrew J. Reagan, Lewis Mitchell, Dilan Kiley, Christopher M. Danforth, Peter Sheridan Dodds; The emotional arcs of stories are dominated by six basic shapes, EPJ Data Science2016 5:31 – https://arxiv.org/pdf/1606.07772v2.pdf

als ein paar Beispiele.[59] Ein anderer Autor, der Franzose George Polti, definierte 36 dramatische Situationen, die vom „gewagten Abenteuer", „Verfolgung", „Revolte", „Entführung", „Desaster" bis hin zu „Selbstopferung" oder dem „Verlust einer geliebten Person" führen.[60]

Durch eine Geschichte zieht sich oft ein Spannungsbogen, der uns zur richtigen Zeit neue Information gibt oder ein neues Ereignis eintreten lässt, welche die Spannung und unser Interesse an der Geschichte aufrechterhalten. Bei klassisch strukturierten Filmen werden uns in den ersten Minuten die Charaktere vorgestellt. Wir lernen dabei etwas über deren Leben, deren Talente, ihre Beziehungen zu anderen Charakteren, aber niemals alle Details. Irgendwann zwischen der zehnten und zwanzigsten Minute kommt es zu einem Ereignis, das die Welt für unseren Helden ändert. Hier muss er sich entscheiden und die Herausforderung annehmen. Jetzt beginnt der Teil, wo der Held Abenteuer meistern und Hindernisse überwinden muss. Je länger der Film dauert, desto schwieriger werden diese, desto stärker die Widersacher. Gleichzeitig geht eine Wandlung des Charakters vor und wir erfahren mehr über ihn. Er lernt Dinge hinzu, wächst in Bezug auf Erfahrungen und Können, bis es zum zweiten großen Ereignis, der sogenannten Endschlacht, kommt. In dieser muss er all sein Können beweisen, die ganzen 70 bisherigen Minuten des Films haben uns als Zuschauer darauf vorbereitet. Nach der gewonnenen Endschlacht und der Auflösung aller Geheimnisse und Rätsel haben sich der Held und seine Freunde gefunden, er hat die Belohnung erhalten und kehrt in seine alte Welt zurück, allerdings nicht mehr als die Person, die er vorher war. Er ist gewachsen.

Natürlich gäbe es zu den einzelnen Story Plots mehr zu sagen und nicht jeder Film oder Roman folgt dieser Struktur, aber ein Grundverständnis dafür, wie eine gute Geschichte auszusehen hat, kann uns beim Erzählen über die Zukunft immens helfen. Nicht so sehr um ein gutes Zukunftsszenario für sich selbst zu schreiben, sondern damit ein Publikum bessere Entscheidungen treffen kann. Will man den Mitgliedern einer Organisation die Visionen einer Zukunft nahebringen und sie zum Handeln inspirieren, dann habe man besser eine gute Geschichte parat.

Aktuelle Szenarien, die eine Unternehmensvision darstellen sollen, liefern häufig Geschichten, die keinen Helden haben, mit dem sich ein Leser identifizieren kann, die keinen Plot haben, der zu einer Lösung kommt, die keine verständlichen Metaphern, Gedankenbilder oder Emotionen hervorrufende Techniken verwenden, wie wir sie aus Romanen kennen. Das Narrativ ist in solchen Fällen nichts anderes als ein Vehikel, um die Ergebnisse eines Workshops zusammenzufassen.

---

[59] Ronald Tobias; 20 Master Plots: And How to Build Them; Writer's Digest Books, 2012

[60] https://en.wikipedia.org/wiki/The_Thirty-Six_Dramatic_Situations

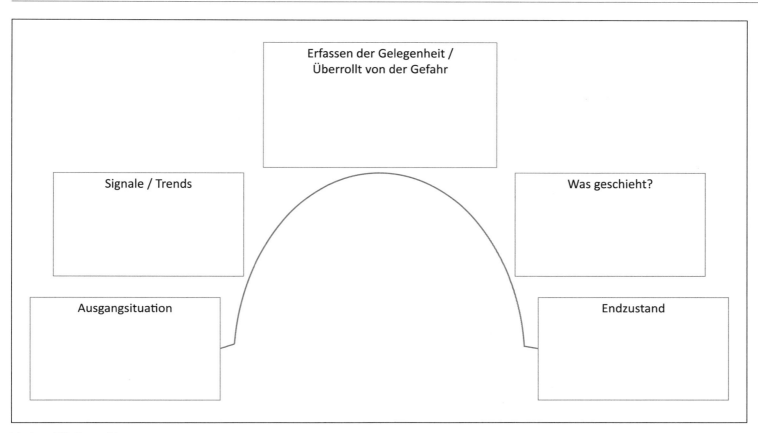

Vorlage 22: Story Plot

Mit der Story-Plot-Vorlage könnte eine solche Geschichte wie folgt aussehen:

Ausgangssituation

Unser Unternehmen ist Weltmarkführer bei Spritzgussmaschinen. Unsere Kunden stammen aus vielen Branchen und stellen auf unseren Maschinen Plastikspielsachen, Schalter und Knöpfe für Autos, Joghurtbecher oder medizinische Instrumente wie Spritzen her.

Signale / Trends

Mit dem Elektroauto Tesla Model S sahen wir zum ersten Mal ein Auto, wo ein Teil der Bedienelemente auf einen Touchscreen verlagert wurde. Es wurden weniger Knöpfe, Hebel und Schalter benötigt, was bei unseren Kunden in der Automobilindustrie bedeutet, dass sie um einiges weniger dieser Elemente für ihre Kunden herstellen. Bei immer mehr Herstellern kommen digitale Displays und Touchscreens zum Einsatz.

Erfassen der Gelegenheit / Überrollt von der Gefahr

Eine Analyse der Situation in der Automobilindustrie ergab, dass es zwar einen stetig abnehmenden Bedarf für diese Bedienelemente gibt, gleichzeitig aber bei Elektroautos und autonomen Autos dank der Zunahme an Kabeln für Batterien und Sensoren einen Mehrbedarf an Verbindungssteckern, Klemmen und Halterungen. Dieser Zuwachs kompensiert den Verlust der Bedienelemente in etwa zu 50 Prozent.

Was geschieht?

Während unsere bisherigen Kunden in der Automobilindustrie kleinere Maschinen kaufen, konnten wir ein neues Kundensegment identifizieren. Autowerkstätten zeigen Interesse an unserer neuen Maschine, die eine Kombination von traditionellem Spritzguss und 3D-Druck darstellt. Damit können vor Ort Ersatzteile und Sonderanfertigungen in der geforderten Qualität ohne Lieferzeiten produziert werden. Statt wie bisher die Maschinen an Kunden zu verkaufen, bieten wir sie in einem Vollservicemodell an. Die Kunden bezahlen lediglich für einen jährlichen Wartungsvertrag und die Materialkosten.

Endzustand

In zehn Jahren findet man unsere Kombi-Maschinen bei allen Betreibern von elektrischen Robotertaxiflotten. 35 Prozent unseres Umsatzes in der Automobilindustrie kommt von diesem neuen Service.

Science-Fiction Prototyping

> *Für jedes Problem gibt es eine Lösung, die einfach, geschickt und falsch ist.* – H. L. Mencken

Wie schon erwähnt, gewann 2017 das Team Final Frontier Medical Devices den sogenannten „Qualcomm Tricorder XPRIZE". Ausgeschrieben waren 10 Millionen Dollar an Preisgeld, wenn ein Team ein medizinisches Gerät entwickeln konnte, das in die Hand passt und mindestens zehn Vitalparameter von Temperatur, Blutdruck, Herzrhythmus und Ähnlichem lesen und von Konsumenten verwendet werden kann.[61]

Wie schon bei den „Artefakten aus der Zukunft" bringen wir auch hier Gegenstände und Technologien aus der Zukunft in die Gegenwart und versuchen zu verstehen, welche technologischen Voraussetzungen vorhanden sein müssen, wie sie Menschen und Organisationen betreffen würden.

Brian David Johnson, der Verfasser des Buchs *Science Fiction Prototyping: Designing the Future with Science Fiction*, zählt fünf Schritte auf:

1. Wähle die Technologie aus und baue die zukünftige Welt.
2. Identifiziere den wissenschaftlichen Wendepunkt.
3. Berücksichtige die Auswirkungen dieser Technologie auf die Menschen.
4. Identifiziere den menschlichen beziehungsweise gesellschaftlichen Wendepunkt.
5. Nachbetrachtung: Was haben wir daraus gelernt?

Wie aus dieser Struktur erkennbar, handelt es sich um Variationen von den bereits besprochenen Methodologien wie Szenarioplanung oder Storytelling. Sie kann je nach Zusammensetzung des Teams oder Art der Aufgabe eingesetzt werden und dadurch den Teilnehmern erlauben, außerhalb ihres sonst gewohnten Denkraumes zu forschen.

---

[61] https://tricorder.xprize.org/prizes/tricorder/articles/family-led-team-takes-top-prize-in-qualcomm-tricor

Spielzeug

Nichts lässt einen älter fühlen als ein Besuch im Computer History Museum in Mountain View, wenn der Blick auf einen Commodore 64 fällt. Das war mein erster Heimcomputer, vor dem ich unzählige Stunden mit Videospielen und Programmieren verbracht habe. Gerade erst habe ich ihn doch aus der Hand gelegt. Und jetzt ist er im Museum?

Genauso fühlte ich mich, als ich zum ersten Mal auf die YouTube-Serie „REACT: Kinder reagieren auf den ersten iPod" stieß. Sechsjährigen (im Jahr 2015) wird der erste iPod, der immerhin Ende 2001 herauskam, in die Hand gegeben und sie müssen herausfinden, wie er funktioniert. Die Meldungen der Kleinen sind nicht nur extrem unterhaltsam, sie zeugen auch aufrichtig von ihrem Bedauern über diese „Steinzeittechnologie", mit der wir Älteren auskommen mussten. Wie kann man nur so ein Ding mit großem Drehrad bedienen, das nicht mit dem Internet verbunden ist?

Eine „Version für Erwachsene" erzähle ich dem Publikum bei meinen Vorträgen. Wenn ich über die Automobilrevolution von vor 100 Jahren spreche, dann bringe ich eine Aufnahme dieser luxuriösen und eleganten Sportkutsche, die der damalige österreichische Kaiser selbst lenkte und von der die Kaiserliche Wagenburg ein halbes Dutzend besitzt. Wenn ich dann den Namen des Kutschenmachers fallen lassen, warte ich auf das Raunen, das durch das Publikum geht. Doch auf dieses

Raunen warte ich vergeblich, denn kein Mensch heute ist mehr vertraut mit dem damals berühmten Kutschenmacher Carl Marius.

Wie aber werden Menschen in zehn, 50 oder 100 Jahren reagieren, wenn sie die Namen Ferdinand Porsche und Steve Jobs hören? Wird da auch kein Raunen durch den Vortragssaal gehen? Werden sie belustigt reagieren, wenn sie das Lenkrad und das Armaturenbrett in einem Auto aus dem Jahr 2019 sehen, so wie wir heute staunend vor einer Dampflokomotive stehen?

Zurück zu den Kindern. Als Teenager in den 1980er-Jahren verschlangen wir alle Magazine zu Computern und Computerspielen. MIt unserem Commodore 64 verbrachten wir Nachmittage, Wochenenden und die Ferien. Was mit Spielen anfing, die wir sammelten, brachte uns rasch zu Kompositionsprogrammen oder der Textverarbeitung „Printfox". Mithilfe dieses Programmes schrieben wir ganze Schulzeitungen in einer für damalige Zeiten so hohen Qualität, dass unsere Lehrer uns zumindest für das Layout Komplimente machten. Weniger Komplimente machten sie für die lehrerkritischen Inhalte, aber das ist eine andere Geschichte.

Home Computer führten uns an die Technologie heran, die damals langsam in alle Haushalte kam. Ein Jahrzehnt später waren Computer Standardwerkzeuge in vielen Berufen, heute sind sie aus dem beruflichen und privaten Leben nicht mehr wegzudenken.

Technisch ausgerichtete Spielzeuge sind ein guter Indikator, welche Technologien Zukunft haben. Die ferngesteuerten Autos, Drohnen, programmierbaren Roboter und jede Menge Integration von Mikroelektronik, ja selbst die Anbindung an KI-Maschinen über WLAN in regulären Spielsachen meiner eigenen Kinder zeigen, wohin die Richtung geht. Das sind die Technologien, mit denen heutige Kinder in ihrem späteren Berufsleben konfrontiert sein werden. Sie werden mit Robotern und Drohnen arbeiten und KI-Technologien einsetzen.

Für Unternehmen auf der Suche nach der Zukunft kann man sozusagen nur eines empfehlen: Kauft Spielzeug!

Ethnografie

Als 2018 der schwedische DJ und Komponist Tim Bergling, besser bekannt unter seinem Künstlernamen „Avicii", tot in seinem Hotelzimmer in Oman aufgefunden wurde, postete ein Freund von mir: „Die Nachrichten sind voll vom Tod eines Musikers, von dem ich noch nie gehört habe, den aber jeder zu kennen scheint. Und ich dachte, ich wäre mit meinem Musikwissen auf dem aktuellen Stand."

Eltern kennen das zur Genüge. Ihre Kinder bringen Informationen zu Sängern, YouTubern, Fernsehshows oder Spielsachen nach Hause, von denen man noch nie etwas gehört hat.

Was uns hier von unseren Kindern direkt herangetragen wird, können wir auch gezielt suchen. Wir versuchen, ethnografische Studien zu machen, so wie Volkskundler sich auf die Erforschung von Kulturen und Gebräuchen machen.

In unserem Fall können diese unbekannten und unentdeckten Völker beispielsweise die Generation Y und Z sein, ältere Kunden, die in einer wohlhabenden „Gated Community" leben, Menschen, die in die Oper gehen UND beim Discounter einkaufen.

Als Ethnograf gilt es, zuerst mal alle Vorurteile abzulegen. Zu oft höre ich abfällige, witzig gemeinte Kommentare über Bevölkerungsgruppen, die man nicht verstanden hat und die vielleicht sehr bedeutend für das eigene Unternehmen sein könnten, weil sie bereits die Vorboten von Trends zeigen.

Vor einiger Zeit besuchte ich einen französischen Hersteller von autonomen Shuttlebussen. Diese Busse, die 12 Personen aufnehmen können und ohne Fahrer auskommen – ja nicht mal einen Fahrersitz und ein Lenkrad im Wageninneren mehr haben –, werden von Verkehrsbetrieben in ganz Europa getestet und eingesetzt. Das Unternehmen hatte zu diesem Zeitpunkt 220 Mitarbeiter und mein Gastgeber erwähnte nebenbei, dass von der Belegschaft gerade mal 20 Prozent einen Führerschein haben.

Für einen traditionellen Autohersteller wird das anekdotisch klingen und mit den eigenen Erfahrungen im eigenen Haus nicht zusammenpassen. Doch das mag mit einem Selbstselektionsprozess zusammenhängen. Menschen, die gerne Auto fahren und Autos mögen, tendieren eher dazu, sich bei einem traditionellen Autohersteller zu bewerben, als solche, die nicht gerne Auto fahren.

Ethnografische Übungen helfen, aus der eigenen Blase herauszukommen und mit frischen Augen neue Kundengruppen und Trends zu erkennen.

Das von der Designschmiede IDEO entwickelte „Design-Thinking" beginnt auch mit einer ethnografischen Übung. Eine Hypothese, dass beispielsweise der Fahrkartenautomat mehr Optionen benötigt, wird durch einen Besuch auf dem Bahnhof und Beobachtung der Kunden und den Umgang derselben mit dem Gerät bestätigt oder, eher wahrscheinlich, widerlegt. Dafür werden andere Erkenntnisse und Einsichten gewonnen, die neue Möglichkeiten eröffnen.

Zukünfterad

> *„Ich bin ein Optimist. Jeder an der Zukunft interessierte muss es sein, sonst könnte man sich gleich erschießen."*
> – Arthur C. Clarke

Das „Zukünfterad" (Englisch: „Futures Wheel") ist ein Werkzeug, das uns dabei hilft, Änderungen erster, zweiter und dritter Ordnung zu erkennen.

Änderungen erster Ordnung sind diejenigen, die wir direkt mit einer neuen Technologie bezweckt haben. Änderungen zweiter Ordnung sind solche, die sich unmittelbar und vorhersehbar aus einer neuen Technologie ableiten. Änderungen dritter Ordnung sind solche, die wir uns beim besten Willen nicht vorstellen konnten, dass sie eine Konsequenz dieser Technologie sein würden.

Das Zukunftsrad ist nun eine visuelle Methode, uns Gedanken zu solchen daraus abgeleiteten Änderungen zu machen.

Hier ist ein Beispiel, wie wir ein Zukünfterad ausfüllen. Und wir beginnen dabei mit dem Sputnik, dem ersten Satelliten im Weltall. Als Änderungen erster Ordnung sind klarerweise die ursprünglichen militärischen und wissenschaftlichen Ziele zu beschreiben. Einerseits die Erforschung des Weltalls mit der Landung auf dem Mond und anderen Planeten, aber auch für das Aufspüren von Unterseebooten. Sehr rasch ergaben sich weitere Anwendungen. Eine Reihe von Satelliten konnte auch zur Positionsbestimmung nicht nur von Unterseebooten, sondern von jedem Objekt auf der Erdoberfläche, in der Luft und unter Wasser Verwendung finden. Damit entstand das „Global Positioning System" (GPS). Raketen lassen sich damit zielgenau steuern wie auch unsere Autos dank Navigationssystemen, die auf dem GPS beruhen.

Die Mondlandung wiederum führte zu Konsequenzen, die weniger einfach, aber mit ein bisschen Fantasie doch vorhersehbar waren. Der Blick vom Mond auf die Erde führte uns erst die Verwundbarkeit unseres Heimatplaneten vor Augen. Die Ausgaben für Forschung und Militär, die zu einem Wettrüsten zwischen den damaligen Supermächten führte, brachte uns den Kollaps der Sowjetunion – manifestiert durch den Atomunfall im Kernkraftwerk Tschernobyl –, weil sich die UdSSR die Ausgaben für diesen Wettlauf nicht mehr leisten konnte und Lebensstandard und Infrastruktur zusammenbrachen.

Der Blick auf die Erde und deren Verletzlichkeit löste ein Bewusstsein zu ökologischer Verantwortung der Menschen und Umweltbewusstsein aus, die mit Klimawandel und daraus resultierenden Bevölkerungswanderungen an Aktualität sogar zugenommen haben. Und Unternehmer wie Elon Musk basieren die ganze Unternehmensvision darauf, die Menschheit multiplanetar zu machen, um deren Überleben zu garantieren. Das große Ziel von Elon Musks SpaceX ist, den Mars zu besiedeln.

Auch konnte niemand vorhersehen, dass GPS uns mobile Applikationen bringen würde, die uns Dating und Restaurantbesuche erleichtern würden. Was hilft es mir, einen möglichen Partner in Rio oder ein empfehlenswertes Restaurant in Shanghai zu finden, wenn ich hier in Düsseldorf bin? Dank GPS weiß mein Smartphone immer, wo ich gerade bin und was um mich herum relevant ist.

Wechselwirkungsanalyse

Ereignisse geschehen nicht isoliert im Raum, sie haben Auswirkungen auf andere Faktoren. Das Zukünfterad gab bereits einen ersten Einblick in diese Änderungen erster, zweiter und dritter Ordnung. Wie groß aber sind die Auswirkungen, die ein Ereignis auf das Eintreten von anderen Ereignissen hat? Wie hoch ist die Wahrscheinlichkeit, dass diese zutreffen?

Genau das versucht die „Wechselwirkungsanalyse" (Englisch: „Cross-Impact Analysis") zu bestimmen.

Die Wechselwirkungsanalyse unterteilt sich in fünf Schritte:
1. Auswahl des zu untersuchenden Themas und der bewertenden Experten
2. Auswahl der abhängigen Ereignisse
3. Entwicklung der Wahrscheinlichkeitsskala und des Zeithorizonts
4. Schätzung der Wahrscheinlichkeiten
5. Erstellen von Szenarien

Ein zu untersuchendes Thema möglicher Zukünfte entsteht im ersten Schritt durch die Betrachtung der Interaktionen zwischen Trends und Teilnehmern. Durch das Betrachten der Vergangenheit und der Zusammenhänge zwischen Trends und Teilnehmern untereinander kann eine Liste von Ereignissen erstellt werden, die einander beeinflussen. Die ausgewählten Experten, die sehr tief gehendes oder breites Wissen haben sollten, schätzen dann ab, welche Hypothesen geringe oder hohe Eintrittswahrscheinlichkeiten haben.

Im zweiten Schritt wird die Liste an Ereignissen auf die wichtigsten und wahrscheinlichsten verkürzt. Dieser Schritt ist insofern wichtig, als zu viele sich beeinflussende Ereignisse, die nur eine geringe Eintrittswahrscheinlichkeit oder gar keinen Einfluss auf andere haben, die Analyse nur verkomplizieren.

Ereignisse können auch „Nicht-Ereignisse" umfassen. „Werden Strafzölle auferlegt?" oder „Treten Preiserhöhungen ein?" könnten dazu zählen.

Im dritten Schritt werden aus qualitativen Abschätzungen quantitative. Als Ergebnis wollen wir eine Prozentzahl sehen. Wir können uns dabei an einer Skala, wie wir sie aus dem Superforecasting kennen (siehe Tabelle 6: Wahrscheinlichkeiten und Formulierungen) orientieren. Neben der Skala soll hier auch der Betrachtungszeitraum, für den diese Analyse erstellt wurde, ausdrücklich beschrieben werden.

Im vierten Schritt werden die Wahrscheinlichkeiten geschätzt, die das Eintreten oder Nichteintreten eines

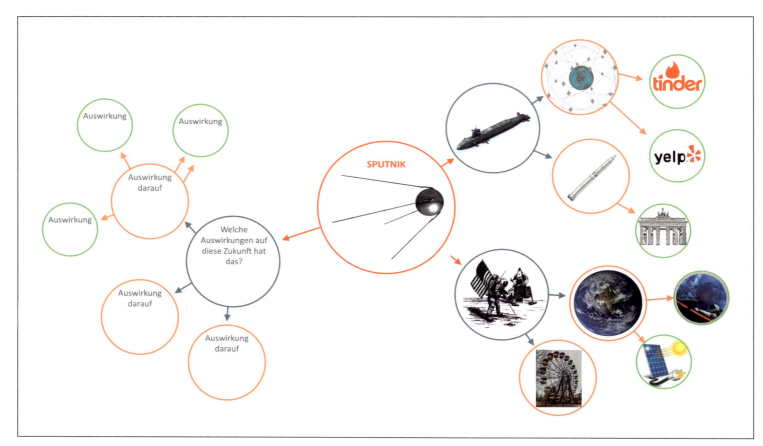

Abbildung 22: Zukünfterad – Beispiel

Wechselwirkungsanalyse 185

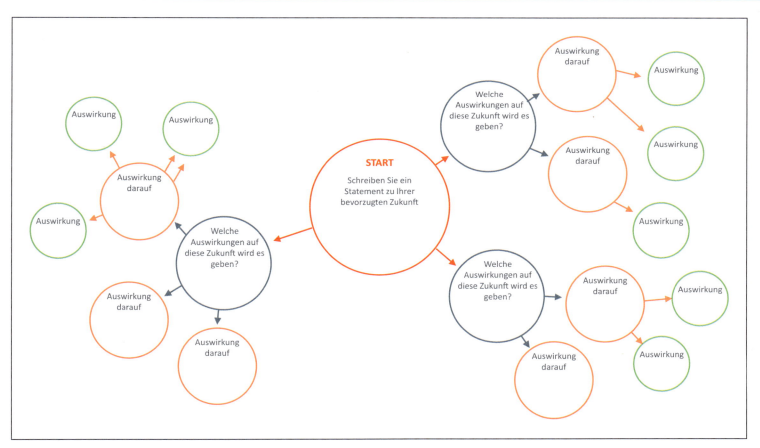

Abbildung 23: Zukünfterad – Ausfüllhilfe

Foresight Mindset Tool Kit

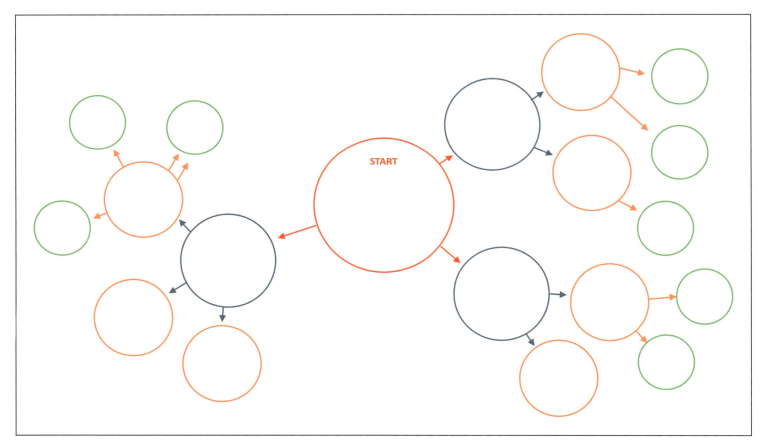

Vorlage 23: Zukünfterad

Wechselwirkungsanalyse

	Eintrittswahr-scheinlichkeit von 1 bis 5	Begründung
Ereignis 1		
Ereignis 2		
Ereignis 3		
Ereignis 4		
Ereignis 5		

Vorlage 24: Eintrittswahrscheinlichkeiten von Ereignissen

Foresight Mindset Tool Kit

	Anfangswahr-scheinlichkeit	Ereignis 1	Ereignis 2	Ereignis 3	Ereignis 4	Ereignis 5
Ereignis 1						
Ereignis 2						
Ereignis 3						
Ereignis 4						
Ereignis 5						

Vorlage 25: Wechselwirkungsanalyse

Ereignisses auf die anderen hat. In der Matrix wird zu jedem einzelnen Ereignis die Anfangswahrscheinlichkeit über den Betrachtungszeitraum angegeben. Diese ist mehr oder weniger die Wahrscheinlichkeit, dass dieses Ereignis eintritt, wenn ein anderes nicht eintritt.

Anschließend wird jeweils in Paaren die Eintrittswahrscheinlichkeit für ein Ereignis abhängig von einem anderen eingetragen. Wenn das Ereignis eintritt: Wie hoch ist die Wahrscheinlichkeit, dass das andere auch eintritt?

Sobald von jedem Experten die Zahlen abgeschätzt wurden, werden sie gesammelt und ein Durchschnitt wird berechnet. Diese Matrix wird dann zur Entwicklung von Szenarien herangezogen.

Die Daten können auch in Cross-Impact-Analyse-Software gefüttert werden, um unterschiedliche Modelle anzuwenden und abzuschätzen.

Analyse konkurrierender Hypothesen

Wenn die Zerlegung in einzelne Argumente zeigt, dass es andere Erklärungen für ein Problem oder Triebkräfte für das mögliche Abspielen einer Zukunft geben könnte, dann ist es angebracht, diese Probleme und Alternativen ausführlicher zu untersuchen. Bei der Analyse von konkurrierenden Hypothesen macht man genau das. Diese Analyse erfolgt in mehreren Schritten:

1. Identifiziere alle möglichen Erklärungen, auch wenn sie noch so unmöglich oder abstrus erscheinen.
2. Liste die Hypothesen auf und finde zu jedem einzelnen Beweis das Für und Wider, aber auch, welche Beweise da sein müssten, damit die Hypothese zutrifft. Gibt es diese Beweise nicht, dann ist deren Fehlen ebenso zu notieren.
3. Erstelle eine Tabelle, in der alle Hypothesen horizontal und Beweise vertikal eingetragen sind. In den entsprechenden Spalten setzt man bei zutreffenden Beweisen ein Häkchen, bei den nicht zutreffenden ein Kreuz und bei allen anderen lässt man das Feld leer.
4. Wurden alle Felder ausgefüllt, sieht man sich nochmals die Beweise und Hypothesen an. Können sie durch Umformulierung konsistenter mit dem Beweis gemacht werden? Man eliminiere alle Beweise, die für alle Hypothesen zutreffen, und konzentriere sich auf die anderen.
5. Welche der Hypothesen scheinen nun plausibler als vorher?
6. Wie stark reagiert eine Hypothese auf leichte Änderungen in den Beweisen? Würde damit alles auf den Kopf gestellt? Welche der Beweise sind wenig gesichert, irreführend oder anders interpretierbar?
7. Erstelle eine Schlussfolgerung.
8. Identifiziere Meilensteine für weitergehende Betrachtungen, um Änderungen in der Vorhersage frühzeitig identifizierbar zu machen.

Bei dieser Übung muss man vor allem auf der Hut vor dem Bestätigungsfehler sein, eine kognitive Verzerrung, bei der wir nach bestätigenden Beweisen suchen, um unsere Theorie zu unterstützen.

Foresight Mindset Tool Kit

HYPOTHESE 1 [ ]	HYPOTHESE 3 [ ]
HYPOTHESE 2 [ ]	HYPOTHESE 4 [ ]

Beweis	H1	H2	H3	H4

Schlussfolgerung

Vorlage 26: Analyse konkurrierender Hypothesen

Trendauswirkungsanalyse

Wenn mit einem weiteren Zuzug von Flüchtlingen aus Krisenregionen nach Deutschland in Zukunft gerechnet werden kann, was hat das für Auswirkungen? Mehr als eine Million Flüchtlinge, die in den vergangenen Jahren ins Bundesgebiet kamen, brauchten im ersten Moment Unterkünfte, medizinische Versorgung, Sprachkurse, Schul- und Lehrplätze und eine Grundversorgung, bis sie auf eigenen Beinen stehen konnten. Was bedeutet das dann in den Folgejahren?

Die Trendauswirkungsanalyse (Englisch: „Trend Impact Analysis") extrapoliert aus historischen Daten mögliche Zukünfte, ohne dabei unvorhersehbare Ereignisse außer Acht zu lassen. Damit können Foresight-Praktiker und Regierungsplaner systematisch Effekte auf die Zukunft durchspielen und heute schon vorbeugend Maßnahmen ergreifen.

Im ersten Ansatz extrapoliert man die Trends aus der Vergangenheit in die Zukunft und lässt unerwartete Ereignisse noch außer Acht. Im zweiten Ansatz überlagert man dann diese Extrapolation mit einzelnen Ereignissen, die Experten als möglich oder plausibel vorschlagen. Diese Ereignisse können niedrige oder hohe, positive oder negative Auswirkungen auf die Trends haben. Solche Ereignisse können soziale, technologische, wirtschaftliche, politische, umwelt- und werteorientierte Änderungen sein.

Die Kombination der Trendextrapolation mit Ereignissen und einer informierten Einschätzung ihrer Eintrittswahrscheinlichkeit erlaubt, Szenarien zu entwickeln, die Entscheidungsträger darauf vorbereiten, heute schon notwendige Maßnahmen zu ergreifen.

Zweite Kurve

Auch das erfolgreichste Produkt oder die nachgefragteste Dienstleistung wird früher oder später einen Nachfolger brauchen. Woran erkennt man das? Ganz einfach, indem man die Zuwachsraten beim Verkauf oder der Benutzer misst und sie mit den Vorperioden vergleicht. Zeigt die Kurve immer noch steil nach oben oder flacht sie ab? Können wir die Kurve nochmals in die Höhe treiben oder wird sie absacken?

Solange die Cashcow noch Geld verdient, sollte sich das Management schon Gedanken um die nächste machen. Idealerweise füllt das neue Produkt die Kasse genau zu dem Zeitpunkt, wo das alte schon zu schwächeln beginnt. Wir bezeichnen das als die „Zweite Kurve" (Englisch: „Second Curve")

Abbildung 24: Zweite Kurve

Schaffen wir es, auf die zweite Kurve aufzuspringen, bevor die alte untergeht? Dazu können wir heutige Produkte, Dienstleistungen, Geschäftsmodelle oder Ressourcen auf solchen Kurven auftragen. Ähnlich dem „Gartner'schen Hype Cyle" durchschreitet ein Produkt einen Lebenszyklus. Wenn wir grob feststellen können, in welcher Phase des Lebenszyklus es sich befindet, desto besser können wir neue Produkte und Dienstleistungen planen. Vor allem wann sie da sein müssen, um übernehmen zu können.

Eine zweite Kurve, die wir aus den Zukunftssignalen auftragen können, zeigt uns den Zeithorizont und damit die Dringlichkeit. Wo begegnen sich die Kurven? Wann ist das zu erwarten? Wie steil werden die abfallende und die aufsteigende Kurve sein?

Dabei kann viel schiefgehen. Wir können mit ungefähren Betrachtungen beginnen oder aber viel genauer kalkulieren wollen. Trotz der Genauigkeit können Fehler anderer Art passieren. Typischerweise werden falsche Annahmen getroffen und die falschen Kurven miteinander verglichen. Dazu müssen wir ein bisschen in Wirtschaftsmathematik eintauchen.

Auf der einen Seite betrachten wir den abgezinsten Zahlungsstrom (Englisch: „Discounted Cash-Flow"), der bei der Wertermittlung von Investitionsprojekten Verwendung findet. Also ab welchem Zeitpunkt werde ich meine Investitionen wieder eingespielt haben? Die Formel dazu lautet:

$$(1 + r)^n$$

Wobei r die Zinsrate ist und n die Anzahl der Perioden (üblicherweise die Anzahl der Jahre).

Auf der anderen Seite wird der sogenannte Kapitalwert (Englisch: „Net Present Value") verwendet. Es handelt sich dabei um eine dynamische Investitionsrechnung, die Investitionen zu unterschiedlichen Zeitpunkten berücksichtigt. Die Formel dazu lautet:

$$NPV = \sum_{t=1}^{T} \frac{C_t}{(1+r)^t} - C_0$$

C_t = Netto-Cashflow in der Periode t
C_0 = Gesamte anfängliche Investitionskosten
r = Zinsrate
t = Anzahl der Perioden

Wozu all diese Formeln? Weil die der Zukunft in die Quere kommen könnten, wenn wir sie falsch anwenden. Die aus den Formeln resultierende Kurve A im nächsten Diagramm zeigt einen zuerst fallenden Verlauf, bevor sie dann aufsteigt und die Erlöse des alten Produktes übertrifft.

Aber genau hier liegt die Krux. Die Kurve B – in unserem Beispiel eine Gerade – ist diejenige, mit der die Kostenrechner und Manager rechnen. „Wenn wir nichts tun, dann verkauft sich das bestehende Produkt so weiter wie gehabt."

Tatsächlich aber ist die Kurve C wahrscheinlicher. Wenn nichts unternommen wird, dann sinken die Verkaufszahlen des bestehenden Produkts. Der Zeitpunkt, wann sich die Kurven A und C treffen, ist vorgezogen, die Erlösunterschiede sind höher.

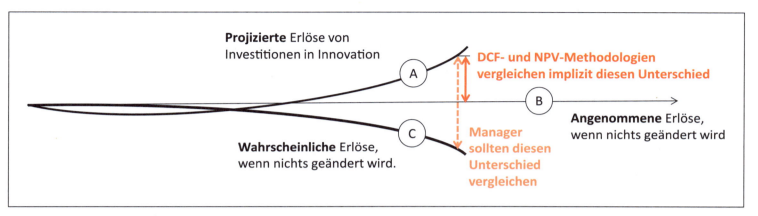

Abbildung 25: Berechnung und Vergleich der zweiten Kurve

Wird mit der Kurve B gerechnet, dann ist man mit dem bestehenden Produkt „überoptimistisch" und dem neuen Hoffnungsträger „unteroptimistisch". Man rechnet das alte besser, als es ist, und das neue schlechter, als es sein wird. Die oft tragische Schlussfolgerung ist, dass in das neue Produkt nicht investiert wird. Man verhindert das Entstehen der zweiten Kurve.

Backcasting

> „Das Leben kann nur in der Schau nach rückwärts verstanden, aber nur in der Schau nach vorwärts gelebt werden."
> – Søren Kierkegaard

Das Mooresche Gesetz ist ein Beispiel, wie „Backcasting" praktisch eingesetzt wurde. Bei diesem „Gesetz" behielten Ingenieure und Manager in Computerchipunternehmen den Zusammenhang zwischen der Transistoranzahl auf Computerchips und deren Verdopplung alle 18 bis 24 Monate im Auge. Sie wussten, dass sie Schritte tätigen müssen, um in diesem Zeitraum die Verdopplung zu schaffen, und brachen das auf diesen Zeitraum herunter.

Backcasting ist eine Technik, die es erlaubt, von einem gewünschten Zustand in der Zukunft die einzelnen Schritte und zu erreichenden Meilensteine in der Gegenwart zu planen. Indem man rückwärts schreitet – von der Zukunft in die Gegenwart –, sieht man, wann was erreicht werden muss, um das Endziel zu verwirklichen.

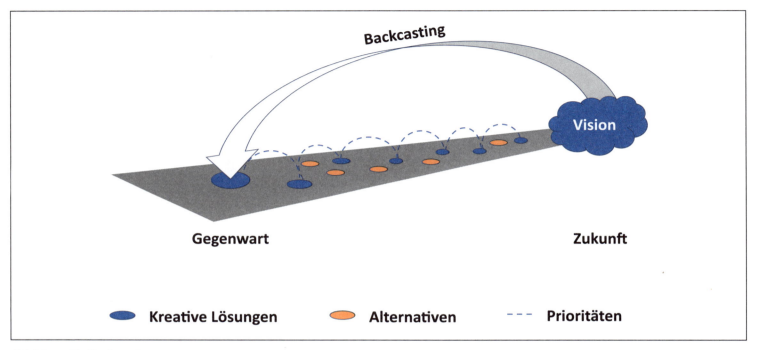

Abbildung 26: Backcasting

Während Forecasting anhand von gegenwärtigen Trends und Signalen den Weg extrapoliert und die Zukunft zu beschreiben versucht, geht Backcasting den umgekehrten Weg von der gewünschten Zukunft aus und beschreibt die Stadien und Schritte, um diese Zukunft zu erreichen.

Im Gegensatz zu Forecasting, das Trends und Signale fortschreibt und damit eine Zukunft vorhersagt, ist Backcasting keine Zukunftsmethode. Ein gewünschter Zustand wird definiert und die notwendigen Schritte werden geplant, um den zukünftigen Endzustand zu verwirklichen.

Die folgende Mustervorlage beginnt mit der Beschreibung der gewünschten Zukunft in soundsovielen Jahren, beispielsweise in 20 Jahren. Im nächsten Schritt, der dann beispielsweise 15 Jahre in der Zukunft liegt,

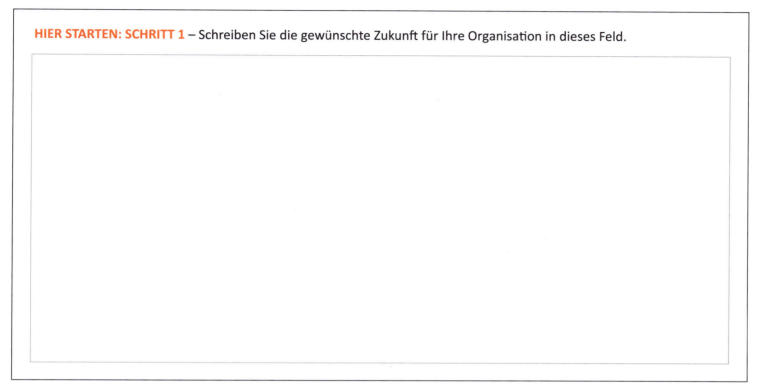

Vorlage 27: Backcasting – Schritt 1

beschreibt man den Zustand und die Schritte, die noch gesetzt werden müssen, um den Endzustand zu erreichen. Im weiteren Schritt, der dann beispielsweise in zehn Jahren ansteht, wiederholt man diese Übung, um den Zustand in 15 Jahren von heute an zu erreichen. Das setzt man so oft fort, bis man zum Heute gelangt.

Welche Intervalle man dabei setzt, hängt vom angestrebten Jahr ab, zu dem man die gewünschte Zukunft erreichen will, und davon, wie genau man planen und Schritte setzen will. Es wird empfohlen, nicht länger als fünf Jahre für den nächsten Schritt zu veranschlagen.

SCHRITT 2 – __ JAHRE VON HEUTE AN

Es ist das Jahr 20_____. Die Organisation ist _____ Jahre alt.

Unsere heute wichtigsten Produkte / Dienstleistungen sind

_____ Jahre alt.

Um unsere bevorzugte Zukunft zu erreichen, müssen wir im __. Jahr Folgendes tun:

_____

_____

_____.

SCHRITT 3 – __ JAHRE VON HEUTE AN

Es ist das Jahr 20_____. Die Organisation ist _____ Jahre alt.

Unsere heute wichtigsten Produkte / Dienstleistungen sind

_____ Jahre alt.

Um unser __-Jahresziel (Schritt 2) zu erreichen, müssen wir im __. Jahr Folgendes tun:

_____

_____

_____.

Vorlage 28: Backcasting – Schritte 2 und 3

Backcasting

SCHRITT 4 – __ JAHRE VON HEUTE AN

Es ist das Jahr 20_____. Die Organisation ist _____ Jahre alt.

Unsere heute wichtigsten Produkte / Dienstleistungen sind

_____ Jahre alt.

Um unser __-Jahresziel (Schritt 3) zu erreichen, müssen wir im __. Jahr Folgendes tun:

_____

_____

_____.

SCHRITT 5 – HEUTE

Es ist das Jahr 20_____. Die Organisation ist _____ Jahre alt.

Unsere heute wichtigsten Produkte / Dienstleistungen sind

_____ Jahre alt.

Um unser __-Jahresziel (Schritt 4) zu erreichen, müssen wir im __. Jahr Folgendes tun:

_____

_____

_____.

Vorlage 29: Backcasting – Schritte 4 und 5

REFLEXION – Was ist die größte Änderung, die vorgenommen werden muss, um zur gewünschten Zukunft zu gelangen?

Vorlage 30: Backcasting – Reflexion

Future Benchmarking

> „Die Gegenwart gehört ihnen. Die Zukunft, für die ich hart gearbeitet habe, gehört mir." – Nikola Tesla

Am 4. September 2018 waren alle Augen der Daimler-Welt auf Stockholm gerichtet. Der Vorstandsvorsitzende Dieter Zetsche war in die schwedische Hauptstadt gekommen, um offiziell die Zukunft für den Automobilpionier einzuläuten. Mehr als 130 Jahre vorher, 1886, hatte Bertha Benz in einem Geniestreich ohne Erlaubnis ihres Gatten Carl Benz und ohne Fahrgenehmigung der Stadt Mannheim den Motorwagen 1 angeworfen und sich mit ihren beiden Söhnen auf den Weg ins 106 Kilometer entfernte Pforzheim gemacht, um ihre Mutter zu besuchen. Dadurch generierte sie so viel Presseberichte, dass innerhalb einer Dekade die Benz-Fabrik bereits 600 Autos pro Jahr verkaufte.

2018 sollte ausgerechnet in Schweden, wo Mercedes vor vielen Jahren mit einem missratenen „Elchtest" die größte Peinlichkeit zugestoßen war, das Erste in einer Serie von knapp einem Dutzend Elektroautos vorgestellt werden. Der Mercedes EQC, ein SUV, der endlich dem Konkurrenten Tesla das Wasser reichen sollte. Neuneinhalb Jahre zuvor hatte Tesla zum ersten Mal das vollelektrische Model S vorgestellt und drei Jahre später auf den Markt gebracht.

Sechs Jahre nach dem Start des Model S hatte endlich Mercedes ein wettbewerbsfähiges Elektroauto vorgestellt. Sollte man meinen. Denn sobald man einen genaueren Blick auf die Leistungsdaten des Fahrzeugs warf, die Art, wie es konstruiert war, und welche Art von Neuerungen es sonst noch aufwies, wurde klar, dass dieses Modell nur nicht mit dem heutigen Modell S konkurrieren konnte, sondern auch nicht mal die Leistungsdaten eines Tesla Model S von 2012 erreichte. Verständlich, wog doch der Mercedes EQC SUV eine halbe Tonne mehr und war geräumiger als die Model S Limousine. Doch in sechs Jahren war die Entwicklung nicht stillgestanden, sondern hatte sich weiterbewegt.

Mercedes hatte auf den Daten des Konkurrenzfahrzeugs ein Benchmarking durchgeführt, dabei aber vergessen, die in sechs Jahren stattfindende Weiterentwicklung der Technologien in die Zukunft durchzuführen. Es wurde Benchmarking, aber kein „Future Benchmarking" gemacht.

Das englische Wort „benchmark" bedeutet nichts anderes als „Maßstab". Ein Produkt, eine Dienstleistung oder ein Prozess wird detailliert analysiert und als Richtgröße für die eigene Entwicklung herangezogen. Wenn man allerdings nur diesen Maßstab heranzieht und das eigene Angebot darauf ausrichtet, dann bietet man zum Zeitpunkt, wenn das eigene Angebot zum Kunden kommt, ein Produkt oder eine Dienstleistung an, wie sie der Mitbewerber schon vorher hatte. Zwischenzeitlich hatte aber ebendieser Zeit, sein eigenes Produkt weiterzuentwickeln. Sein Angebot mag billiger und besser geworden sein, neue Funktionen und Leistungen anbieten, mit anderen Worten: Man hinkt dem Mitbewerber hinterher.

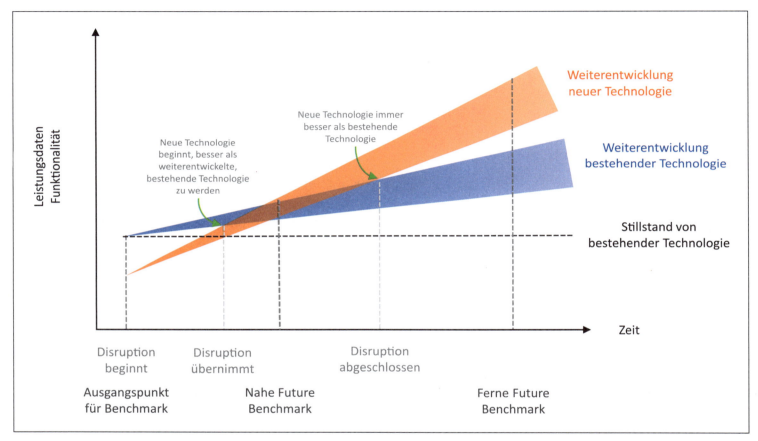

Abbildung 27: Future Benchmarking

Future Benchmarking hingegen extrapoliert einerseits Trends in die Zukunft und versucht andererseits zu prognostizieren, wie der Mitbewerber sein eigenes Angebot verbessern könnte. Klassisches Benchmarking geht von relativ stabilen Rahmenbedingungen aus, Future Benchmarking erwartet einen hohen Grad an Unsicherheit.

Die mögliche Weiterentwicklung von Technologie erfolgt in einem Spektrum. Innerhalb einer Bandbreite – dargestellt durch die Kegel – können zu einem bestimmten Zeitpunkt die Technologien liegen, egal ob es sich um eine bestehende oder eine neue Technologie handelt.

Neue Technologien – auch als Innovationen bekannt – sind anfangs meist generell schlechter als die bestehende Technologie. Ab einem Zeitpunkt werden sie aber in wichtigen Funktionen und Leistungsdaten besser beziehungsweise bieten sogar mit der alten Technologie bislang nicht mögliche Leistungen. Das ist der Moment, wo es offenkundig wird, dass die neue Technologie der alten überlegen ist. Wenn die Disruption abgeschlossen ist, dann ist die neue Technologie immer besser als die bestehende und die alte Technologie hört auf, verwendet und weiterentwickelt zu werden.

Beim Future Benchmarking kann man mehrere Fehler machen. Entweder macht man Benchmarking und nimmt nur die Daten vom Ist-Zustand, dann erhält man ein Produkt, das nicht besser ist als das zum Zeitpunkt des Benchmark. Oder man berücksichtigt die Weiterentwicklung der Technologie, schätzt sie aber falsch ein.

Hier ist wichtig, ob bereits eine Disruption begonnen hat oder nicht. Ist eine Disruption dabei, zu geschehen, dann ist es empfehlenswert, das Future Benchmarking immer auf der neuen Technologie aufzusetzen, besonders wenn es sich um fernes Future Benchmarking handelt. Bei zeitlich nahem Future Benchmarking können sowohl die bestehende als auch die neue Technologie herangezogen werden.

Das alles klingt eigentlich offensichtlich. „No-na!", möchte man da sagen. Dafür braucht es doch kein eigenes Kapitel. Doch dem ist nicht so, wie nicht nur am Beispiel von Mercedes-Benz zu sehen ist. Neun Jahre nach der Vorstellung und sechs Jahre nach dem Verkaufsbeginn des Tesla Model S stellt Mercedes-Benz ein Elektroauto vor, das selbst an die Leistungsdaten des Konkurrenzproduktes von vor sechs Jahren nicht heranreicht.

Wie geschieht so etwas? Erklären lässt sich das anhand der Art, wie solche Benchmarkings vorgenommen werden, und an der Dauer eines Entwicklungszyklus. Die deutsche Autoindustrie zum Beispiel hat einen Produktzyklus von ungefähr sieben Jahren. Alle sieben Jahren werden umfangreichere Änderungen an den existierenden Modellen vorgenommen, dazwischen nur kleinere Weiterentwicklungen. Für ein ganz neues Modell braucht man auch sieben Jahre. Eine Extrapolation auf sieben Jahre ist dann vorhersehbar, wenn man sich im gewohnten Umfeld bewegt, also vom Verbrennungskraftfahrzeug zur nächsten Generation von Verbrennungskraftfahrzeug. Diese Entwicklung ist auch als inkrementelle Schritt-für-Schritt-Verbesserung bekannt.

Durch Elektroautos erfährt diese Industrie gerade eine Phase der disruptiven Änderung, die viele bisherige Technologien und Prozesse ersetzt und überflüssig macht und neue benötigt. Auch Mitarbeiter mit neuen Fähigkeiten stoßen hinzu, deren Ansätze und Wissen in der DNA des Unternehmens (noch) nicht anerkannt und wertgeschätzt werden. Das alles fügt einen Unsicherheitsfaktor hinzu.

Benchmarking wird oft von kleinen Teams vorgenommen, die diese Leistungsdaten gewissenhaft aufschreiben und kommunizieren. Dabei orientieren sie sich an denen der bestehenden Technologie, was in einer Phase der Disruption zumeist der falsche Ansatz ist. Man plant die Leistungsdaten der besseren Kerze, während die Glühbirne gerade ihren Siegeszug abhält.

In der Bürokratie und gewachsenen Hierarchie geht dann oft verloren, dass diese Leistungsdaten den Ist-Zustand darstellen, nicht aber den zukünftigen. Ein Hinarbeiten auf bessere Leistungsdaten bedeutet auch ein Mehr an Anstrengungen und zu erwartenden Kosten, die bei ähnlicher Technologie einfacher abzuschätzen sind als bei disruptiven neuen Technologien. Die ganze Organisation hat einen hohen Anreiz, sich auf die ursprünglichen Benchmark-Daten einzustellen und darauf hinzuarbeiten.

Kommt noch hinzu, dass man zweifelt und zögerlich vorgeht und nicht vollständig an die neue Technologie glaubt und darauf setzt, dann entsteht als Ergebnis ein Produkt, das weder die Anfangsstandards erreicht noch in die Zukunft zeigt.

Beispiel gefällig? Bleiben wir doch beim Mercedes EQC. Das Fahrzeug wurde nicht grundlegend neu entwickelt, sondern verwendet die Basis und selbst die Produktionslinie des Verbrennermodells. Diese Entscheidung mag aus Kostengründen sehr rational gewesen sein, um beispielsweise bei Absatzschwankungen zwischen Verbrennungskraftfahrzeugen und Elektroautos eine immer noch gleichmäßige Auslastung der Produktion zu gewährleisten. Das bedeutet aber auch, dass vor allem das neue Produkt – das Elektroauto – nicht das vollständig mögliche Potenzial entfalten kann. So ist der sogenannte „Frunk", der Platz unter der Motorhaube beim Elektroauto, ja eigentlich leer, weil es keinen Verbrennungsmotor mehr gibt, und somit als Kofferraum verfügbar. Bei allen Tesla-Modellen ist das tatsächlich so, aber nicht beim Mercedes EQC. Dort ist der Platz mit allen möglichen Dingen, unter anderem einem Stahlrohrrahmen, der im Falle eines Unfalls die normalerweise vom Motor bekannte Knautschzonenfunktion übernehmen soll, belegt, weil die Karosserie eigentlich für einen Verbrennungsmotor entwickelt worden war.

Diese Entscheidung wäre vergleichbar mit einem Kutschenbauer, der im Autodesign immer noch die Austauschbarkeit des Motors mit einem Pferd erwartet und Platz für Zügel und Geschirr lässt, dafür aber das Lenkrad und die Pedale so montiert, dass sie den Zügeln nicht im Wege sind.

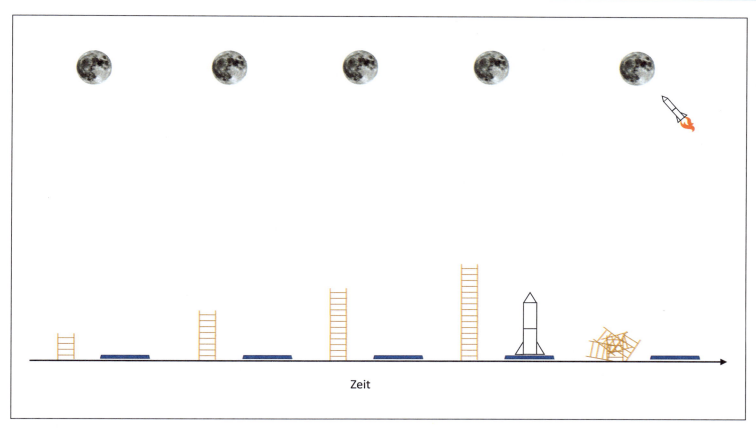

Abbildung 28: Leiter versus Rakete

Oder hier ein Beispiel aus der Raumfahrt. Wenn man Menschen auf den Mond bringen will, dann baut man nicht eine Leiter zum Mond, sondern eine Rakete. Hier ist aber das zutiefst menschliche Problem. Bis wir so weit sind, eine Rakete entwickelt zu haben, stecken wir lange in den grundlegenden Fragestellungen fest, wie eine Rakete auszusehen und zu funktionieren habe, mit all den Herausforderungen, die einem das Gefühl geben, still zu stehen. Baut man hingegen eine Leiter, dann setzt man auf einer bewährten Technologie auf und fügt inkrementell eine Sprosse nach der anderen hinzu. Dabei sehen wir den Fortschritt, was für die daran Arbeitenden befriedigend ist. Doch führt letztendlich die Leiter zum Mond nicht zum Ziel.

Bei der Rakete hingegen sehen wir lange nichts, wir haben das Gefühl, wir stecken fest. Doch irgendwann sind alle Teile zusammen umgesetzt. Die Rakete hebt ab und übertrumpft mühelos die Leiter.

Foreprojecting

Manchmal ist die beste Methode, die Zukunft vorherzusagen, in die Vergangenheit zu blicken. Zyklische Trends sind so ein Beispiel. Bei Innovation sind Untersuchungen von Änderungen und Disruptionen in der Vergangenheit eine solche Form.

Wer in den letzten Jahren Konferenzen besuchte und Vorträgen lauschte, Sachbücher las und Online-Beiträge zu Innovation und digitaler Transformation verschlang, dem werden immer wieder das Schicksal von Kodak oder Nokia oder ähnlich illustren Namen aus der Wirtschaftsvergangenheit untergekommen sein. Diese Unternehmen hatten, so die übereinstimmende Meinung aller Beteiligten und Innovationsexperten, die bevorstehende Disruption nicht erkannt. Und das stimmt so auch, selbst wenn die Wirklichkeit komplexer ist, als sie dargestellt wird.

Trotz dieser warnenden Beispiele scheinen viele heute vor Disruption stehende Industrien merkwürdig unberührt davon zu sein. Es scheint keine Dringlichkeit zu geben, man versichert sich und anderen, dass man „ohnehin gut aufgestellt sei", „das Silicon Valley auch nur mit Wasser kochen" würde und „die erst mal liefern müssen". Wer auch immer „die" sind.

Ich bezeichne diese Einstellung als ein Einlullen, das zum „Reversen Mooreschen Gesetz" führt. Während das Mooresche Gesetz exponentiell ansteigt, führt das Reverse zu einer flachen Kurve. Der Abstand, da exponentiell, steigt schneller an, als man meint, und der Abstand wird uneinholbar.

Das Foreprojecting lernt aus der Vergangenheit. Es versteht, dass bei einer Disruption zwischen 50 und 90 Prozent aller Unternehmen, die in einer Branche führend waren, nach der Disruption dort nicht mehr dabei sind. Entweder gingen diese Unternehmen unter (Kodak), zogen sich aus dem Geschäftszweig zurück (Nokia) oder wurden verkauft (Motorola).

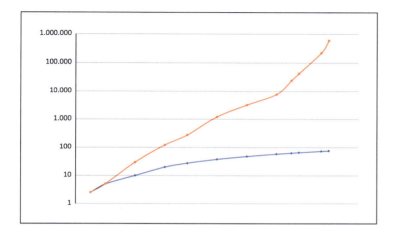

Abbildung 29: Mooresches Gesetz (orange) versus Reverses Mooresches Gesetz (blau)

Das Problem der vor der Disruption stehenden Unternehmen ist weniger, dass sie neue Technologien nicht verstehen, sondern dass die damit einhergehenden Geschäftsmodelle, geänderten Verhaltensweisen der Kunden und die Erwartungen sich ändern. Der Fokus auf neue Fertigkeiten sowie Partner- und Kundenbeziehungen lässt sich nicht so rasch ändern. Das Unternehmen bildet „Abwehrkräfte" gegen diese Änderungen. Während die einzelnen Mitarbeiter die Änderungen sehr wohl sehen, verstehen und als unaufhaltbar erkennen, sind die organisationsinternen Mechanismen und die Bewertungs- und Belohnungssysteme so aufgestellt, dass sie faktisch eine Änderung verhindern. Ja, es kann sogar kurzfristig als völlig rational erscheinen, sich so zu verhalten.

Foreprojecting erkennt diese Muster aus der Vergangenheit und legt sie auf die eigene Situation um. Dabei wird eine allgemeinere Sicht eingenommen, die verhindern soll, dass bei der Foreprojecting-Aktivität der eigene Fall als speziell, als Ausnahme von der Regel gesehen wird, für den diese Erfahrung beziehungsweise dieses Muster aus der Vergangenheit nicht zutreffen wird.

Die Delphi-Methode

Sperren wir doch ein paar Experten für eine bestimmte Zeit in einen Raum und warten, was dabei herauskommt. Das Ergebnis müsste doch toll sein, oder nicht?

Genau das versucht in gewisser Weise die Delphi-Methode. Allerdings sperrt man Experten natürlich nicht in einen Raum, sondern befragt sie schriftlich und anonymisiert. Die Delphi-Methode – die mit dem Orakel von Delphi nur den Namen gemeinsam hat, aber ohne Rauschmittel auskommt, dafür aber Fachwissen benötigt – wurde von der RAND Corporation in den 1960er-Jahren eingeführt, um präzisere Vorhersagen treffen zu können.[62]

Ausgewählten Experten – wobei „Experte" nicht genau definiert wird, sondern jeden umfassen kann, der dem Auftraggeber und Durchführer der Umfrage als Experte erscheint – wird in mehreren Runden ein Fragenkatalog vorgelegt, den sie beantworten. Die Experten arbeiten dabei getrennt voneinander und die Ergebnisse werden

---

[62] https://de.wikipedia.org/wiki/Delphi-Methode

anonymisiert. Nach jeder Runde werden die Ergebnisse ausgewertet, Kommentare gesammelt, die Antworten kategorisiert und dann allen Experten anonymisiert mitgeteilt, die in einer neuen Runde weitere Einschätzungen treffen können. Somit wird Schritt für Schritt das Ergebnis verbessert.

Die anonymisiert und als Einzelaufgabe stattfindende Methode verhindert, dass einige wenige Experten die Diskussion dominieren. Durch die Befragung mehrerer Experten aus unterschiedlichen Fachgebieten erwarten die Auftraggeber, dass im Schnitt bessere Vorhersagen getroffen werden als durch Einzelpersonen.

Die Vorhersage stellt somit eine Mehrheitsmeinung von Experten dar, wie sich eine Zukunft abspielen könnte.

Allerdings kann durch die Expertenauswahl bereits ein möglicher Schwerpunkt für ein Zukunftsszenario gesetzt werden und damit ungewollt eine Voreingenommenheit in das Ergebnis der Umfrage induziert werden. Auch kann das schriftliche Format zu einer Überbewertung von langatmigen Antworten und einer Unterbewertung von kurzen Statements führen, da Erstere vortäuschen können, mehr Expertise in diesem Bereich aufzuweisen.

Ebenso tendieren Experten, Trends, die sich außerhalb ihres Fachbereichs abspielen und ihr eigenes Feld beeinflussen könnten, zu übersehen oder in deren Bedeutung herunterzuspielen.

Und wie schon das „Jury-Theorem des Marquis de Condorcet" zeigt, kommt es gerade bei der Abschätzung einer unbekannten Wissenslage zu Fehlschätzungen.

Wissenschaftlich gesehen ist die Güte einer Jury-Entscheidung von mehreren Faktoren abhängig. Gemäß dem Jury-Theorem wird eine Jury-Entscheidung besser, wenn es sich um eine homogene Gruppe handelt, deren Mitglieder unabhängig voneinander sind. Das trifft in der Praxis aber selten zu und funktioniert eher bei Richtig-oder-falsch-Entscheidungen, wo die Mehrheit der Jury-Mitglieder dieses Wissen hat. Gruppen können durch statistische Ausgleichseffekte beispielsweise besser das Gewicht eines Ochsen oder die Anzahl von Erbsen in einem Glasgefäß schätzen als ein Einzelner. Bei möglichen Zukünften gibt es aber keine richtige oder falsche Antwort. Eine Expertenrunde kann unter Umständen eher falschliegen und damit eine schlechtere Vorhersage treffen.[63]

Die Auswahl der Experten und die Aggregation der Mehrheitserfahrungen und des Mehrheitswissens tendiert dazu, Randwissen als weniger bedeutend einzuschätzen. Gerade neue Trends entstehen aber an den Rändern von Technologiebereichen und Wissensgebieten und können somit durch eine Mehrheitsmeinung oft nicht rechtzeitig entdeckt werden.

Zur Delphi-Methode gibt es ausreichend Literatur, wie sie durchgeführt werden kann, deshalb gehen wir hier nicht weiter darauf ein.

---

[63] Cass R. Sunstein, Reid Hastie; Wiser: Getting Beyond Groupthink to Make Groups Smarter; Harvard Business Review Press, 2015

Overfitting

Wenn du das Problem nicht in einfachen Worten erklären kannst, dann hast du es nicht gut genug verstanden.

Techniken wie die Delphi-Methode unterliegen der Gefahr, dass man viel zu komplexe Modelle für die Zukunft schafft, die exakt an die Daten – in diesem Fall aus den Expertenumfragen – angepasst sind. Solche Modelle haben dann statt wenigen leicht überschaubaren Variablen eine zweistellige Anzahl an Variablen, weil man meint, die „Kurven" exakt an die vorliegenden Daten anpassen zu müssen. Dabei wird übersehen, dass die Daten selbst gar nicht diesen Anspruch an Genauigkeit erfüllen, wie sie das Modell erreichen soll.

In der Wissenschaft kennt man das Problem unter einem anderen Begriff. „Ockhams Rasiermesser" – auch bekannt als das „Sparsamkeitsprinzip" – ist ein in der Wissenschaft angewandtes Prinzip, bei dem Erklärungen für einen Sachverhalt nach dessen Komplexität bewertet werden.[64] Die einfache Theorie ist komplexeren vorzuziehen. Als Beispiel lässt sich das Planetenmodell heranziehen. Solange man die Erde als Zentrum des Universums betrachtete, schienen die Bewegungen von Sonne, Planeten und Sternen als äußerst komplex. Sobald man auf ein heliozentrisches Weltbild mit der Sonne im Zentrum umstieg, war die Theorie viel einfacher zu verstehen. Und schon machte das Modell bedeutend mehr Sinn.

Der russische Mathematiker Andrei Nikolajewitsch Tichonow schlug vor, in Modellen eine zusätzliche Variable einzuführen, die bei steigender Komplexität des Modells „Komplexitätsstrafpunkte" verteilt. Das machte er unter der Annahme, dass ein komplexeres Modell gegenüber einem einfacheren Modell nicht nur ein bisschen besser sein soll, sondern signifikant besser, um die Komplexität zu rechtfertigen. Ist es das nicht, dann soll das einfache Modell zum Einsatz kommen. In der Informatik ist dieser Begriff auch als „Regularisierung" (Englisch: „Regularization") bekannt.

Der Biostatistiker Robert Tibshirani in Stanford entwickelte den „Lasso-Algorithmus", der den Einfluss der Variablen auf das Ergebnis heranzieht, um sie hervorzuheben oder zu „bestrafen". Nur diejenigen Werte mit großem Einfluss auf das Ergebnis bleiben im Algorithmus, während die anderen eliminiert werden. Ein Modell, das mit beispielsweise neun Variablen operiert, kann zu einem robusteren und einfacheren Modell mit nur drei Variablen reduziert werden.[65]

Für Zukunftsvorhersagen gilt damit Ähnliches. Einerseits wollen wir nicht zu Igeln mit einer einzigen großen Idee werden und uns dieser ausliefern, andererseits auch nicht zu Füchsen mit zu vielen Variablen, welche die Vorhersage zu komplex machen und uns bei der Entscheidungsfindung lähmen, weil wir das Ergebnis nicht mehr verstehen.

---

[64] https://de.wikipedia.org/wiki/Ockhams_Rasiermesser

[65] Brian Christian, Tom Griffiths; Algorithms to Live By: The Computer Science of Human Decisions; Picador, 2017

Kopernikanische Methode

> *Scheitern ist nichts anderes als die Möglichkeit, wieder von vorne zu beginnen, diesmal allerdings in klügerer Weise.*
> – Henry Ford

Konnte man im Jahr 1969 vorhersagen, wie lange die Berliner Mauer noch stehen wird? Wir wissen, dass sie 1989 fiel, und sie ist nun länger gefallen, als sie je stand. Aber diese Frage stellte sich der amerikanische Physiker John Richard Gott bei einem Berlinbesuch ein Jahr nach Niederschlagung des Prager Frühlings.[66]

Da niemand vorhersagen konnte, wann die Berliner Mauer – wenn überhaupt – fallen wird, auch John Richard Gott nicht, postulierte Gott, dass das kopernikanische Prinzip in Fällen anzuwenden sei, wo nichts bekannt ist. Das Kopernikanische Prinzip, benannt nach dem Astronomen Nikolaus Kopernikus aus dem 16. Jahrhundert, beschreibt, dass Menschen keine Sonderstellung im Kosmos haben.

Umgelegt auf die Berliner Mauer im Jahr 1969 bedeutete das, dass Gott die Berliner Mauer mit einer Wahrscheinlichkeit von 75 Prozent zu einem Zeitpunkt sah, als sie das erste Viertel ihrer Gesamtexistenz bereits hinter sich hatte. Das heißt, aufgrund des Alters von acht Jahren im Jahr 1969 würde sie mit 75-prozentigem Vertrauensintervall 1993 nicht mehr stehen. Die Rechnung würde somit vom Jahr der Errichtung 1961 8 mal 4 Quartale anhalten. Das wären 32 Jahre, somit 1993. Und er sollte recht behalten, die Mauer fiel vier Jahre vorher.

Diese Methode taufte er auf den Namen „Kopernikus-Methode" und wandte sie zugleich an die Lebenserwartung der Menschheit an. Zwischen 5.100 und 7,8 Millionen Jahre sollten wir bei diesem „Doomsday-Argument" mit 95-prozentigem Vertrauensintervall noch als Spezies vor uns haben, also kein Grund, dass wir oder unsere Kinder in Panik geraten.[67]

Da die Methode heftige Kritik über ihre Wirkung und Funktionsweise auslöste, wandte Gott mit der Zeitschrift *The New Yorker* diese Methode auch zum Test für die erwartete Laufzeit von Broadway-Shows an. Dabei lag er mit einem 95-prozentigem Vertrauensintervall zu 95 Prozent mit seinen Vorhersagen korrekt.

Warum hatte Gott recht? Weil das kopernikanische Prinzip eine Instanz des „Satzes von Bayes" ist. Bei diesem Theorem wird die Wahrscheinlichkeit des Eintretens eines Ereignisses von der Wahrscheinlichkeit des Eintretens eines anderen Ereignisses abhängig gemacht.

Damit lässt sich berechnen, dass es Google noch ungefähr bis 2040 geben wird und die USA als Nation bis ins Jahr 2262 Bestand haben werden. Die neue Beziehung Ihres besten Freundes, die er vor einem Monat eingegangen ist, wird allerdings bereits in einem Monat schon wieder vorbei sein.

---

[66] https://de.wikipedia.org/wiki/J._Richard_Gott

[67] https://de.wikipedia.org/wiki/Doomsday-Argument

Die beste Abschätzung, wie lange etwas dauert, ohne auch nur irgendetwas zu wissen, ist, dass sie noch einmal so lange Bestand haben wird, wie sie bereits existierte. Hat man allerdings weitere Informationen, beispielsweise dass 90 Jahre nicht das Alter einer Mauer, sondern einer Person ist, dann haben wir das Wissen, dass solch eine Person nicht 180 Jahre alt werden wird.

Daran erkennen wir, dass es zwei Kategorien von Objekten in der Welt geben muss. Solche, die eine natürlich begrenzte Lebensdauer haben, und andere, die nicht begrenzt sind. Mathematisch gesehen verteilt sich die Lebensdauer der ersten Kategorie auf eine Pareto-Verteilung und die der Letzteren auf eine Normalverteilung.

Haben wir ein Gefühl, mit welcher Art von Verteilung wir es zu tun haben, dann haben wir bereits einen Grundstein für eine gute Vorhersage gelegt. Und wie sich herausstellt, bietet der Satz von Bayes mehrere Faustregeln für die Vorhersagen, die uns dabei helfen.

Multiplikative Regel

Bei der multiplikativen Regel nimmt man die vergangene Messeinheit, multipliziert sie mit einem konstanten Faktor. Ohne vorheriges Wissen zu haben, hat der Faktor den Wert 2.

Für zu erwartende Filmerlöse wird beispielsweise der Faktor 1,4 genommen. Wenn also ein Film bislang 10 Millionen Euro an Erlösen erspielt hat, dann kann mit Gesamterlösen von 14 Millionen gerechnet werden.

Durchschnittsregel

Wenn wir beispielsweise die Lebensdauer einer jungen Person bestimmen wollen, die noch jünger als der Altersdurchschnitt der Bevölkerung ist – ohne weitere Information zu Gesundheit, Lebensstil, Situation im Heimatland und Ähnlichem zu haben –, dann sind wir auf der sicheren Seite, wenn wir als Lebenserwartung die durchschnittliche Lebenserwartung angeben.

Wird die Person älter und kommt der durchschnittlichen Lebenserwartung immer näher, dann können wir die konkrete Lebenserwartung dieser Person mit genügend großem Vertrauensintervall mit ein paar Jahren über dem Durchschnitt ansetzen. Für einen 90-Jährigen und einen 6-Jährigen würden wir bei einer durchschnittlichen Lebenserwartung von 76 Jahren somit auf 94 und 77 Jahre Lebenserwartung kommen (der 6-Jährige kriegt hier ein zusätzliches Bonusjahr, weil er die Kindersterblichkeit bereits überstanden hat).

Additive Regel

Die additive Regel sagt voraus, dass Dinge für eine konstante Zeit weiterhin so verlaufen werden. Sie basiert auf einer Erlang- oder linksschiefen Verteilung.

Welche Regel auch immer angewandt wird, die Ergebnisse werden besser, wenn man weitere Information hat. Die durchschnittliche Regierungsdauer von ägyptischen Pharaos vorherzusagen gelingt uns ohne weitere Informationen nur schwer.

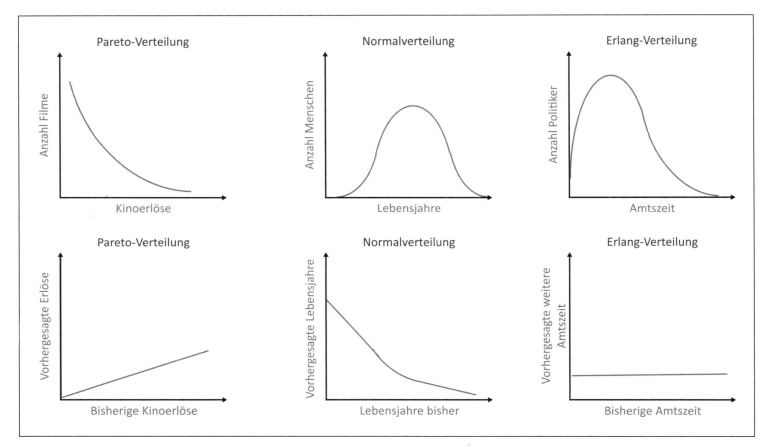

Abbildung 30: Arten von Verteilungen

Kombinatorisches Forecasting

Eine Vorhersage über einen bestimmten Zeithorizont mag zwar einfach zu verstehen und überzeugend sein, sie hat aber den Nachteil, dass sie mit an Sicherheit grenzender Wahrscheinlichkeit so nie eintreffen wird. Auch mag es dem Zielpublikum nicht immer leichtfallen, solchen Vorhersagen Glauben zu schenken, da sie zu einfach oder zu fantastisch klingen mögen und Einflüsse auf die eigene Organisation oder Produkte unwahrscheinlich scheinen.

Hier kommt „Kombinatorisches Forecasting" (Englisch: „Combinatorial Forecasting") ins Spiel, bei dem mehrere Vorhersagen in einer größeren Karte zusammengetragen und überlagert werden. Jede Vorhersage hat dabei Berührungspunkte mit anderen Vorhersagen und diese Berührungspunkte zeigen zugleich auch die möglichen Einflussfaktoren. Einzelne Signale können der Ausgangspunkt für mehrere Vorhersagen sein.

Eine solche Karte dient als Beginn für die Untersuchung der eigenen Zukunft. Wie beeinflussen die Vorhersagen einander und welche Bereiche der Karte und welche Vorhersagen betreffen die eigene Zukunft, vor allem, welche stellen dabei die größten und disruptivsten Auswirkungen dar?[68]

Weil man sieht, wie einzelne Vorhersagen andere beeinflussen, wird den Betrachtern klar, dass auch sie vor Einflüssen nicht gefeit sind. Die Bereitschaft, sich damit eingehender auseinanderzusetzen und die Vorhersagen als Möglichkeiten zu betrachten, steigt.

Autonome Autos beispielsweise beeinflussen nicht nur, wie wir Autos benutzen und ob wir noch eines besitzen werden, sondern haben direkten Einfluss auf den öffentlichen Verkehr, auf die Parkplatzsituation und wie wir wohnen werden. Aber auch auf medizinische Einrichtungen. Weniger Unfälle bedeuten weniger Verkehrstote und Verletzte, die nun nicht mehr Krankenhäuser und Rehabilitationszentren belasten. Weniger Verkehrstote bedeuten aber auch weniger Organspender.

---

[68] http://www.iftf.org/maps/20-combinatorial-forecasts/20-combinatorial-forecasts-map/

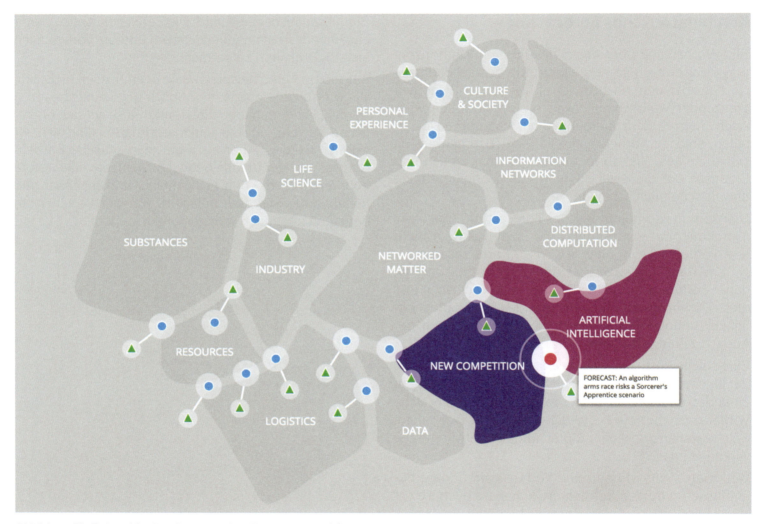

Abbildung 31: Beispiel für kombinatorisches Forecasting – (C) Institute for the Future

Normatives und exploratives Forecasting

Auch wenn Forecasting-Methoden aus verschiedenen Aspekten für unterschiedliche Zwecke entwickelt wurden, so unterscheiden wir doch zwei grundlegende Charakteristiken unter den Methoden: normative und explorative Eigenschaften.

Normatives Forecasting basiert auf Normen oder Werten, die mehr die Frage in Form von „Welche Zukunft wollen wir?" stellt. Exploratives Forecasting untersucht hingegen, welche Zukünfte möglich sind, unabhängig davon, ob sie wünschenswert sind oder nicht.

Die zweite Unterscheidung liegt darin, ob qualitative oder quantitative Daten als Grundlagen für die Vorhersagen dienen. Qualitative beinhalten „weiche Daten", die aus Interviews, Diskussionen oder Studien stammen, wohingegen quantitative Daten als „harte Daten" bezeichnet werden.

Die folgende Tabelle vergleicht ein paar der bisher besprochenen Methoden bezüglich ihrer quantitativen, qualitativen, normativen, explorativen Charakteristiken sowie ob sie Stakeholder aktivieren, Unerwartetes entdecken können und ob sie Robustheit testen.[69]

	quantitativ	qualitativ	normativ	explorativ	Engagement	Robustheit	Unerwartetes entdecken
Szenario	X	X	X	X	X	X	X
Delphi		X	X	X	X		X
Horizont scannen	X			X			X
Trendauswirkungsanalyse	X	X		X			

Tabelle 10: Methodencharakteristiken

---

[69] Overview of Methodologies https://www.oecd.org/site/schoolingfortomorrowknowledgebase/futuresthinking/overviewofmethodologies.htm

Die umgedrehte Pyramide & Vier Stufen des Flusses

Vor einigen Jahren noch war die Filmproduktion nur einer beschränkten Anzahl von hoch qualifizierten Experten zugänglich. Einen Film zu machen, die Kameras und Studiosets zu beherrschen, die Postproduktion mit Filmschnitt und Filmmusik zu machen und letztendlich in die Kinos oder ins Fernsehen zu bringen benötigte entsprechende Qualifikation und Kontakte. Wenige Experten machten Filme für eine breite Masse.

Heute ist diese Pyramide auf den Kopf gestellt. Jeder kann ein Filmproduzent sein und Hunderte Millionen machen davon Gebrauch. Mit jedem Smartphone kommt eine Kamera, die in der Aufnahmequalität den professionellen und teuren Kameras von vor 50 Jahren überlegen ist. Videoschnittsoftware kommt kostenfrei und Soundeffekte, Musik und Spezialeffekte genauso wie Lerneinheiten, wie man einen Film aufnimmt und editiert, gibt's ebenso zuhauf.

Dank der Digitalisierung in dieser Industrie wurde die Technologie für jedermann zugänglich. Statt zwei oder drei Fernsehkanälen gibt es nicht nur Hunderte, sondern Millionen von Kanälen auf Videoplattformen wie YouTube mit Milliarden von Konsumenten. Und viele davon sind selbst wieder Filmproduzenten.

Dieses Auf-den-Kopf-Stellen der Pyramide, von wenigen Experten zu vielen, von wenigen Produzenten zu vielen, betrifft jede Branche, sobald die Digitalisierung dort Einzug hält. Musikindustrie? Schon geschehen. Buchverlage? Es gibt nun Selbstverlage. Zeitungen? Millionen von Blogs und eine ganze Reihe davon ziemlich relevant und sehr spezifisch auf Themen ausgerichtet, die eine Tageszeitung oder selbst ein alle Monate erscheinendes Fachmagazin nie in dieser Tiefe behandeln würden.

Den ehemaligen Konsumenten und nunmehrigen Produzenten gelingt es dabei manchmal, mehr Zuseher, Leser und Fans zu interessieren, als traditionelle Medien es können. YouTube-Influencer erreichen Millionen von treuen Followern, die alles konsumieren, was hier produziert wird. Sie fühlen sich besser angesprochen und verstanden, da solche Influencer aus derselben demografischen Schicht wie die Follower stammen.

Doch braucht man dafür Millionen von Followern? Die Möglichkeit, Gedanken in einer öffentlichen Weise mit nur wenigen Personen auszutauschen, kann genauso sinnvoll sein, wie obskure Fachmagazine mit nur wenigen Dutzend Abonnenten und Lesern schon in der Vergangenheit bewiesen. Mit digitalen Werkzeugen ist diese Barriere noch kleiner geworden.

Sobald etwas digitalisiert wird, droht den alteingesessenen Unternehmen dieses Auf-den-Kopf-Stellen der Pyramide. Sie stehen dann nicht mehr mit anderen Fernsehsendern, Verlagen oder Zeitungen in Konkurrenz, sondern mit ihren eigenen Kunden.

Die Frage, die sich für uns stellt, ist, ob solch eine auf den Kopf gedrehte Pyramide auch in einer bisher davon nicht betroffenen Industrie vorkommen kann. Nehmen wir Buchverlage und zerlegen diese in Elemente, die wir dann auf andere Branchen anwenden können.

Bücher zeichnen vier Charakteristiken von Beständigkeit aus. Die Anzahl der Seiten ändert sich beim gedruckten Buch nicht mehr. Die Ausgabe ändert sich nicht mehr; einmal gedruckt und ausgeliefert, kann erst die nächste Ausgabe von Änderungen profitieren. Bücher, die auf gutem Papier gedruckt wurden und sorgsam behandelt werden, halten Jahrhunderte. Und Bücher haben auch diese Qualität des Abschlusses. Einmal gedruckt, ist ein Buch abgeschlossen. Diese vier Charakteristiken machen ein Buch attraktiv.

Mit diesen Charakteristiken sind aber auch Kosten verbunden. Mehrere Kilogramm an Papier auf einem Flug herumzuschleppen lässt mich jedes Mal zittern, ob ich einen Gewichtszuschlag für Gepäck zahlen muss oder doch noch einmal davonkomme. Ein Fehler, der einmal im Buch drin ist, kann nicht mehr korrigiert werden. Und bei schlechter Beleuchtung oder kleiner Druckschrift brauche ich eine Lupe oder Lampe oder beides.

Deshalb ist eine digitale Buchkopie so spannend. Das Gewicht eines e-Readers bleibt gleich, egal wie viele Bücher ich darauf geladen habe. Ich kann das Buch sofort lesen und muss nicht erst auf die Lieferung per Post warten oder eigens in eine Buchhandlung oder Bibliothek gehen. Ich kann die Schriftgröße anpassen und selbst im Dunkeln lesen. Und Korrekturen sind möglich sowie Anmerkungen von anderen Lesern sichtbar.

Aus den vier beständigen Eigenschaften des gedruckten Buches wurden vier plastische Eigenschaften im e-Book.

Der Ausgangspunkt war ein starres, fixiertes Werk, das durch seine Eigenschaften auch eine gewisse Rarität aufweist. Sobald das Werk digitalisiert wurde, kostet die einzelne Kopie (fast) nichts. Das Werk wird allgegenwärtig. Es kann in Bestandteile zerlegt werden. Beim Buch sind das die Kapitel, beim Album waren das die einzelnen Musikstücke. Und Menschen beginnen, es mit anderen zu teilen. In dieser Stufe begreift ein weiterer interessanter Aspekt: Menschen beginnen, die Teile neu mit anderem zu kombinieren, und schaffen neue Produkte. Aus dem ursprünglichen Produkt wird etwas Neues und die Konsumenten werden selbst zu Schöpfern.

Nochmals aufgeschrieben sind die Disruptionsstufen wie folgt, beginnend bei 0. als Ausgangspunkt:

0. Starr und rar
1. Frei und allgegenwärtig
2. Fließend und geteilt
3. Öffnend und werdend

Jetzt kennen wir die Beispiele aus der Musikindustrie oder dem Verlagswesen zur Genüge, aber kann dieser Effekt in anderen Industrien auch auftreten?

Hier ist ein Beispiel. Der bereits erwähnte deutsche Hersteller von Spritzgussmaschinen besuchte das Silicon Valley, um neueste Trends zu sehen und sich inspirieren zu lassen. Mit den Produkten von Spritzgussmaschinen hat jeder von uns täglich Kontakt. In einem Auto beispielsweise sind alle Knöpfe, Hebel und Schalter mit einer

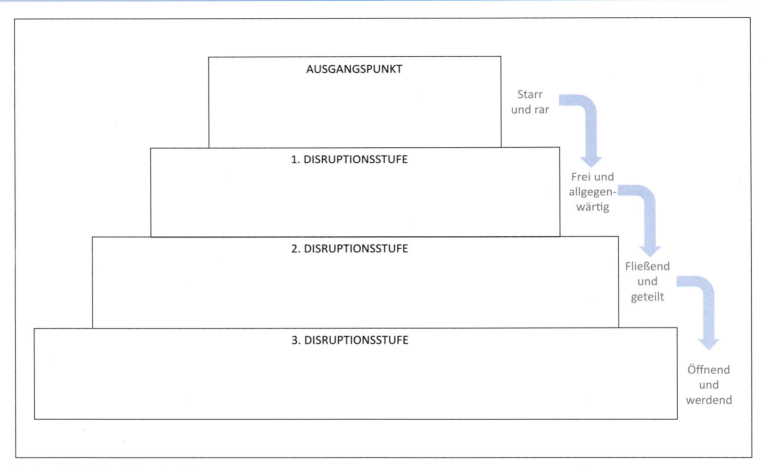

Vorlage 31: Die vier Stufen des Flusses

Spritzgussmaschine hergestellt worden. Einmal das Radio aufgedreht und lauter gestellt, schon hat man ein von einer solchen Maschine hergestelltes Teilchen berührt. In einem heute typischen Fahrzeug sind das gut und gerne mehrere Dutzend bis mehrere Hundert Elemente.

Der Spritzgussmaschinenhersteller wollte aber ein spezielles Fahrzeug sehen, das Tesla Model 3, ein Elektrofahrzeug, das sich unter anderem dadurch auszeichnet, dass es anstelle von Knöpfen, Schaltern und Hebeln diese nun auf einem Touchscreen digital darstellt. Die Mitarbeiter kletterten durch das ganze Auto, um physische Knöpfe zu finden. Gerade mal eine Handvoll fanden sie, der Großteil war nun digital abgebildet. Ein Trend, den wir schon mit dem Übergang von einer Tastatur auf den Blackberry-Modellen von 2007 auf das iPhone mit einem Touchscreen erlebt haben.

Für den Spritzgussmaschinenhersteller ist dieser Übergang kritisch. Wer kauft noch die Spritzgussmaschinen, wenn in modernen Fahrzeugen wie dem Tesla Model 3 alles durch einen Touchscreen ersetzt wird und kein Bedarf für Plastikteile mehr gegeben ist? Zumindest hier konnte (vorläufig) eine gewisse Beruhigung erreicht werden, da in Elektrofahrzeugen und autonomen Autos ein Drei- bis Vierfaches an Verkabelung verbaut wird, somit mehr Stecker benötigt werden, die wiederum auf Spritzgussmaschinen hergestellt werden.

Wie man hier sieht, wirken sich die Änderungen indirekt auf den Spritzgussmaschinenhersteller aus. Nicht das Produkt selbst, also die Spritzgussmaschine, sondern die damit erzeugten Produkte, also die Knöpfe, werden disruptiert. Die Disruption zieht sich dann aber wie eine Kette durch das System.

Causal Layered Analysis

Wenn wir uns nicht ändern, dann schaffen wir eine gebrauchte Zukunft. Und diese funktioniert nicht mehr.
– Sohail Inayatullah

Mit der „Causal Layered Analysis" definiert man nicht so sehr die Zukunft, sondern man „undefiniert" sie. Damit ist gemeint, dass man beispielsweise nicht versucht, die Zukunft der Bevölkerung vorherzusagen, sondern generell zu verstehen versucht, wieso man „Bevölkerung" als Referenz genommen hat und nicht etwa Gemeinschaft oder Menschen. Und um noch eines draufzusetzen: Warum eigentlich ist man in dieser Frage am Bevölkerungswachstum interessiert und weniger am Verbrauchswachstum oder anderen Faktoren?[70]

Das versteht man in diesem Zusammenhang als „Poststrukuralismus". Es wird versucht, die Zusammenhänge und Hintergründe zu einer Frage, zu Begriffen und zu Metriken zu finden. Anstelle sich zu fragen, wie man mehr Autos verkaufen kann, kann man darüber reflek-

---

[70] Sohail Inayatullah; Causal Layered Analysis poststructuralism as method; Futures. 30 (8): 815–829 – http://proutglobal.info/slideshows/training/Related%20web%20pages/002-Casual_Layered_Analysis.pdf

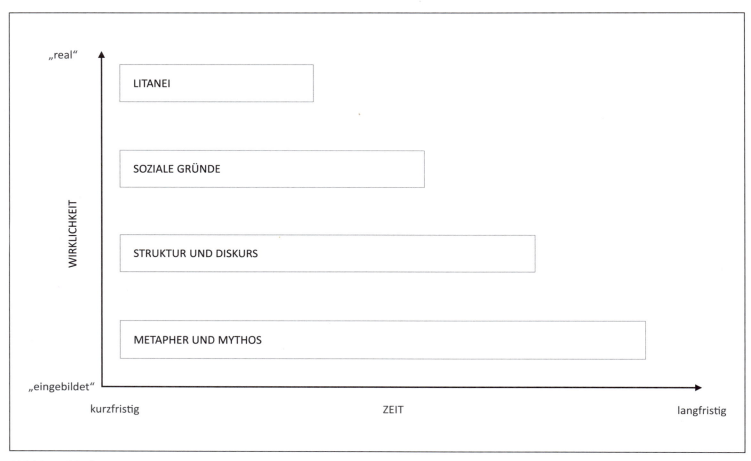

Abbildung 32: Causal Layered Analysis

tieren, wofür ein Auto überhaupt steht. Ist es ein Transportmittel? Stellt es Mobilität zur Verfügung? Dient es als Statussymbol? Oder ist es ein Konnektor zwischen Menschen, Produkten und Orten?

Worte und die Wahl der richtigen Metaphern beeinflussen, wie die Frage gestellt wird und welche Antworten und damit Zukünfte man erhält.

Workshop-Teilnehmer, denen als Aufgabe gegeben wurde, Wege zur Verbrechensbekämpfung zu finden, kamen auf unterschiedliche Ergebnisse, abhängig von den bereitgestellten Metaphern. Die erste Gruppe, denen Verbrechen als „Biest" beschrieben wurde, entwickelten Strategien, die darauf hinausliefen, mehr Gefängnisse zu bauen und strengere Urteile zu fällen. Einer zweiten Gruppe wurde Verbrechen als „Virus" beschrieben. Diese entwickelten Maßnahmen, die schon in der Schule mit besserer Ausbildung und mehr psychologischer Hilfe ansetzten.[71]

Damit wird klar, dass wir besonders achtsam sein müssen, ob unsere Metaphern und Begriffe uns dabei unterstützen, die Zukunft zu designen, die wir uns wünschen.

Die Causal Layered Analysis ist in vier Stufen aufgebaut:

1. Litanei
2. Soziale Gründe
3. Struktur und Diskurs
4. Metapher und Mythos

---

[71] Causal Layered Analysis: Sohail Inayatullah at TEDxNoosa – https://www.youtube.com/watch?v=ImWDmFPfifI

Unter „Litanei" werden in dieser ersten Stufe quantitative Trends und Probleme verstanden. Diese können manchmal übertrieben vorgebracht oder ausgedrückt sein, abhängig von den aktuellen Themen und den Personen, die sie für ihre Zwecke einspannen wollen. Themen und Begriffe wie Überbevölkerung, Flüchtlingsströme, Klimakollaps, Handelskrieg werden unzusammenhängend verwendet und es entsteht ein Gefühl von Hilflosigkeit (Was kann ich machen?), von Unvermeidbarkeit (nichts kann gemacht werden) und die Suche nach jemandem, der etwas unternimmt (Warum machen die denn nichts?) beginnt.

Die Litanei dient dazu, diese Elemente, die Angstmache und die verwendeten Begriffe und Narrative zu identifizieren.

In der zweiten Stufe werden „soziale Gründe" identifiziert und betrachtet. Die quantitativen Aspekte werden aus wirtschaftlicher, kultureller, politischer und historischer Sicht interpretiert und oft von Wirtschaftsinstituten und ähnlichen Einrichtungen beurteilt. Es handelt sich hier vor allem um eine technische und akademische Betrachtung.

Im dritten Schritt werden „Struktur und Diskurs" beziehungsweise die Perspektive und Weltsicht betrachtet, welche die vorher beschriebenen Faktoren begründen und legitimieren. Das Ziel ist, tieferliegende soziale, sprachliche und kulturelle Strukturen zu identifizieren, die beispielsweise zur Benachteiligung von Frauen und Minderheiten, der Konsumdebatte, dem Einkommensungleichgewicht und Ähnlichem führen und unabhängig vom jeweiligen Handelnden sind.

Unausgesprochene Annahmen und Überzeugungen, basierend auf wirtschaftlichen, religiösen und kulturellen Normen, beeinflussen den Diskurs. Sie sind nicht nur die Ursache, sie legen diese Strukturen fest.

Sobald das verstanden wird, können alternative Diskurse und Strukturen geschaffen werden.

Im vierten und letzten Schritt, „Metapher und Mythos", werden Geschichten, gemeinschaftliche Modelle, das Unbewusste und Emotionale und Paradoxien analysiert. Damit wird eine intuitive Ebene zur Analyse hinzugefügt. Es soll das Herz, weniger das Hirn angesprochen werden.

Ein Beispiel für solch eine Analyse ist das Thema Unterricht. Schulen und Universitäten entsprechen einem traditionellen Bild, das Fabrikarbeiter produziert. Niemand würde das so sagen wollen, doch alle Elemente aus traditioneller Fabrikarbeit und Struktur sind auch hier vorhanden. Dem entgegen steht die Perspektive der Schüler. Diese bedeutet aber, dass Lehrer Kontrolle abgeben. Ein Konflikt ist programmiert, der sich durch die vier Schichten der Causal Layered Analysis herausarbeiten lässt. Sobald das erkannt wird und die aktuelle und gewünschte Realität abgebildet werden, kann die Realität transformiert werden.

	Aktuelle Realität	**Schülerperspektive**	**Transformiert**
Litanei	Traditionelles Lernen und Unterrichten	Schülerzentriertes Lernen	Gesamtheitliches Lernen und Unterrichten
Soziale Gründe	Strikter Frontalunterricht Lehrer weiß es am besten	Lernergebnis sollte nicht vorbestimmt sein Flexibles Lernen	Qualitätsfragen Selbstbewertung Anerkennung
Struktur und Diskurs	Lehrer dominiert Lernen und Unterricht	Lernen und Unterrichten mit Beteiligung aller	Kreative Zusammenarbeit zwischen unabhängigen Menschen
Metapher und Mythos	Einmannshow Lehrer weiß es am besten	Tauziehen zwischen den Beteiligten	Das harmonische Orchester

Tabelle 11: Beispiel Schulunterricht

Causal Layered Analysis

	Aktuelle Realität	Gewünschte Realität aus der Perspektive von _____	Transformiert
Litanei			
Soziale Gründe			
Struktur und Diskurs			
Metapher und Mythos			

Vorlage 32: Causal Layered Analysis

Erfahrbare Zukunft

Können wir die Zukunft heute schon fühlbar machen? Genau das versucht die „Erfahrbare Zukunft" (Englisch: „Experiential Future" oder auch „Ethnographic Experiential Future") zu erreichen. Für Menschen wird die Zukunft damit zugänglicher, verständlicher. Die Perspektive wird um Möglichkeiten erweitert, die eine Zukunft bieten kann. Die Schritte, um dahin zu kommen, sind wie folgt:

1. INTERVIEW: Befrage Menschen zu ihrer Sicht der (möglichen, wahrscheinlichen, bevorzugten) Zukunft.
2. ALTERNATIVEN: Erzeuge alternative Bilder und Szenarien der Zukunft, um das Denken zu erweitern.
3. ARTEFAKTE: Nimm die Ideen und Bilder und erzeuge Artefakte aus der Zukunft.
4. SZENARIEN: Stelle diese Artefakte in einen Zukunftskontext und lade die Befragten ein, sie zu erleben.
5. INTERVIEW: Zeichne die Reaktionen zu diesen neuen Zukunftserlebnissen auf.

Die abstrakte Beschreibung, wie die Zukunft aussehen kann oder soll, lässt viele Details aus. Solche Kleinigkeiten tragen aber zur Gesamterfahrung bei und auch, ob beispielsweise eine Technologie Anklang findet. So wie Palm-Gründer Jeff Hawkins ein Stück Holz mit sich herumschleppte, kommt ein Artefakt oder ein erster Designentwurf für eine Anwendung einem Benutzer viel konkreter und nahbarer vor.

Das Artefakt alleine ist aber nicht ausreichend. Indem man es in einen Kontext mit der Umgebung und dem Prozess bringt, wird es leichter, andere Einflussfaktoren und Möglichkeiten zu entdecken. Ein Fernsehgerät alleine beschreibt nicht, wie es Einfluss auf die Einrichtung eines Wohnzimmers hatte. Man saß nicht mehr im Kreis um einen Tisch oder vor einem Kamin, sondern richtete den Blick auf den an der Wand aufgestellten Fernseher.

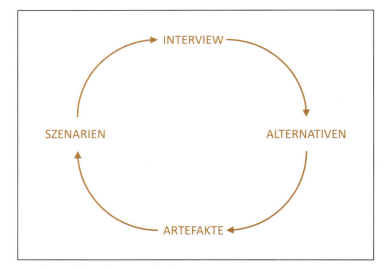

Abbildung 33: Erfahrbare Zukunft

Mānoa-Methode

Der Ort, an dem das Hawaii Research Center for Future Studies liegt, ist der Namensgeber der „Mānoa-Methode". Die Methode entstand aus der Notwendigkeit, Foresight-Praktikern zu helfen, Beziehungen zwischen scheinbar nicht miteinander verbundenen Trends und Technologien zu entdecken.

Gute Forscher haben ein intuitives Gefühl für Einflüsse von Trends auf andere Bereiche, weniger Geübten fällt genau das aber schwer. Die Mānoa-Methode ermöglicht das den zuletzt Genannten mittels dieser Schritte:[72]

1. Mittels der STÖÖP-Methode identifiziere man drei verschiedene Trends, die in 20 bis 30 Jahren Teil der Zukunft sind. Die drei Trends sollen alle aus einer jeweils anderen STÖÖP-Kategorie sein.
2. Für jeden Trend ermittle man mit dem Zukünfterad fünf bis sieben Auswirkungen erster Ordnung; dabei soll man auch durchaus an die Grenzen gehen; danach für jede Auswirkung nochmals drei Auswirkungen zweiter Ordnung und für jedes davon – sofern möglich – nochmals Auswirkungen dritter Ordnung.
3. Man nehme nun die drei Zukünfteräder und gruppiere ähnliche Auswirkungen der drei Trends; dabei sehe man sich auch die Beziehungen zwischen diesen Trends an, die durch diese Gruppierungen entstehen; eine Wechselwirkungsanalyse kann dabei helfen.
4. Forsche nach, ob das Team einen weiten Bereich an Auswirkungen berücksichtigt oder welche es unterschlagen oder ausgelassen hat.
5. Erstelle zwei bis drei Überschriften für ein erstes Szenario, das die bisherigen Erkenntnisse aussagekräftig zusammenfasst; die Schlagzeile kann dabei wie ein Filmtitel oder wie ein Werbespruch lauten.
6. Erstelle eine Geschichte dazu. „Ein Tag im Leben ..." könnte als Ausgangspunkt dienen; nimm dir dazu 15 Minuten Zeit
7. Überprüfe, inwieweit sich dieses Narrativ der Zukunft von der heutigen Wirklichkeit unterscheidet; Ziel ist, möglichst viele Unterschiede zu generieren, damit eigene Annahmen hinterfragt werden und schwarze Schwäne einfließen.
8. Stelle praktische Fragen.

---

[72] https://www.slideshare.net/wendyinfutures/schultz-manoa-2015q2apf-compassfinal

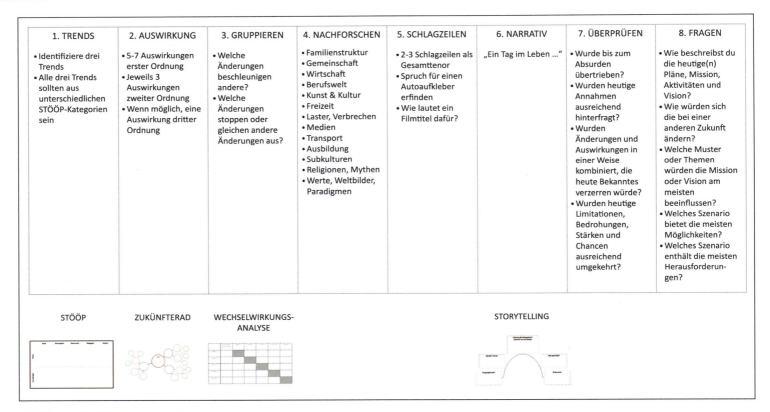

Abbildung 34: Mānoa-Methode

Suche nach Dissonanz

Teilt man eine Idee in einem noch frühen Stadium mit anderen, wird man eher mehr negatives Feedback kriegen: „Das kann nicht funktionieren!" „Das braucht doch niemand." Die Idee wird als Fehlschlag interpretiert. Doch genau diese Dissonanz kann wertvoller sein als Resonanz, also positives Feedback. Dissonanz ist ein Zeichen, dass man in neues, möglicherweise wichtiges Territorium vorstößt. Solche Ideen fordern das vorherrschende Verständnis der Welt heraus.

Ich selbst gehe sehr frühzeitig mit Gedanken in Form von ein paar Seiten eines neuen Buchs oder neuer Unterrichtsmaterialien an die Öffentlichkeit. Indem ich Gedankengänge niederschreibe und auf meinen Blogs poste, gebe ich meinen Lesern und meinem Netzwerk die Möglichkeit, darauf zu reagieren. Die Reaktionen, die Kommentare und die Hinweise erlauben mir, Fehler und neue Ansätze zu finden, Lücken zu identifizieren, aber auch, woher besonders viel an Rückmeldungen und damit Interesse kommt.

Das erste Mal realisierte ich das bei einem technischen Softwarebuch. Ich war Entwicklungsleiter und verbrachte täglich eine halbe Stunde in einem Online-Forum, wo die Anwender Fragen stellten und sich gegenseitig halfen. Manche der Fragen waren trivial, aber wegen einer mangelhaften Dokumentation waren diese ersten Schritte für die meisten bereits ein überwindbares Hindernis. Daraus ergaben sich die ersten Anzeichen einer Liste von häufig gestellten Fragen, sogenannten FAQs. Nachdem die Anzahl der Fragen im Forum kurzfristig gesunken war – diese trivialen Probleme waren ja gelöst und nun probierten die Benutzer die Software aus –, kam eine neue Welle an wesentlich interessanteren und noch mehr herausfordernden Fragen. Sie waren weniger technischer Natur als vielmehr Modellierungsfragen, um einen Geschäftsprozess abzubilden. Damit verstanden wir, welche Probleme die Kunden mit der Software wirklich lösen wollten.

Diese Dissonanz zwischen dem, was wir uns von der Softwareentwicklungsseite vorgestellt hatten, und dem, was die Benutzer wirklich damit machen wollten, war aufschlussreich. Das wurde nicht von allen im Team als positive Entwicklung angesehen. Die Beschwerde eines Managers an seinen Vorgesetzten war: „Die Benutzer verwenden das Werkzeug in einer Weise, wie wir es nie vorgesehen haben. Das schafft uns nur Probleme und wirft alle Zeitpläne über den Haufen."

Können wir Dissonanzen frühzeitig erkennen, um nicht nur vor solchen Überraschungen gefeit zu sein, sondern auch gleich die Zukunft so zu gestalten, wie sie unser Zielpublikum benötigt?

Red Teaming

Kein Plan überlebt die erste Feindberührung.
— Helmuth Karl Bernhard Graf von Moltke

Für den siegreichen Marinekorpsgeneral Paul K. Van Riper, der bei der Millennium Challenge 2002 seine Gegner schockierend rasch versenkt hatte, war eine Simulation nichts Neues. Red Teaming ist eine bei Militärs seit Langem eingesetzte Methode, um Strategien zu testen.

Bei uns kennen wir das als „Kriegsspiel". Und das war systematisch von der preußischen Armee eingeführt worden. Eine Gruppe von Offizieren entwickelte einen Schlachtplan, eine andere Gruppe versuchte, diesen über den Haufen zu werfen. Da Preußischblau die Uniformfarbe der Armee war, waren auch deren Spielsteine im „Sandkasten" – der nichts anderes als ein Tisch mit Landkarte war – blau gefärbt. Die Farbe der gegnerischen Steine war zur Unterscheidung Rot. Daraus leitet sich die heute im englischen Sprachraum gängige Bezeichnung „Red Teaming" ab. Diesen Begriff verwenden neben dem amerikanischen Militär unter anderem auch Großbritannien und die NATO.[73]

Beim Red Teaming ist es nicht das vorrangige Ziel der roten Gegner, alternative Strategien zu entwickeln, sondern vorherrschende, teils unbewusst getroffene Annahmen herauszuarbeiten, die darauf basierenden Strategien und Pläne zu hinterfragen und bei deren Verbesserung zu helfen.

Mitglieder eines Red Teams können von einer eigens dafür eingerichteten Abteilung stammen, die durch andere Mitarbeiter ergänzt werden.

In vielen Organisationen ist Red Teaming unter unterschiedlichen Namen bekannt. Der israelische Geheimdienst Mossad führte nach dem Beinahedesaster des Jom-Kippur-Krieges die „Zehnte Mann Doktrin" ein, bei der eine eigens für diese Aufgabe selektierte Gruppe an akademisch ausgebildeten Offizieren ausgewählt wurde, Gründe für das Scheitern eines Plans zu finden und zu erklären, warum die von der Gruppe gehaltenen Annahmen falsch sind. Sie haben dabei Zugang zu allen Informationen innerhalb des Geheimdienstes und Militärs und können Berichte der höheren Führung zukommen lassen. Sie wandelten dabei den Wahlspruch „Wer wagt, gewinnt" zu „Wer denkt, gewinnt" um.

Dieser Wahlspruch ähnelt dem aramäischen „Ipcha Mistabra", was so viel bedeutet wie „Ganz im Gegenteil, die Wirklichkeit scheint anders".

Wir kennen diese Rolle als „Teufelsadvokat", die der Vatikan um 1500 eingeführt hat. Nach einer Flut von Heilig- und Seligsprechungen wollte Papst Leo X. dieser Einhalt gebieten. Ein „Advocatus Diaboli" sollte die gesammelten Beweise für den Kanonisierungsprozess anfechten.

---

[73] Bryce G. Hoffman; Red Teaming – How your Business Can Conquer the Competition by Challenging Everything; Crown Business, New York, 2017

Wir müssen uns nicht auf Militär, Geheimdienste oder die Kirche beschränken, um Red Teaming zu finden. In der Computerbranche sind sogenannte „White Hat Hacker" unterwegs, die im Auftrag der Unternehmen versuchen, deren eigene IT-Infrastruktur zu hacken, also in sie einzudringen und Datenzugriff zu erhalten. Damit sollen Lücken im Sicherheitssystem, bei Passwörtern und der Verschlüsselung gefunden werden, bevor sie von den wirklichen Bösewichten, den „Black Hat Hackern" gefunden und zum Schaden der Unternehmen ausgenutzt werden.

Interessanterweise fällt es außergewöhnlich erfolgreichen Firmenchefs wie Jeff Bezos von Amazon oder Steve Jobs († 5.10.2011) von Apple leicht, solch eine Rolle selbst einzunehmen. Sie hinterfragen alles und finden viele Gegenargumente und lassen damit ihren eigenen Mitarbeitern zum Wohl des Unternehmens keine ruhige Minute. Das fanden Jeff Dyer, Hal Gregers und Clayton Christensen in einer sechsjährigen Studie zu disruptiven Geschäftsstrategien heraus.

Wieso ist Red Teaming effektiv? Dazu ein Beispiel, wie ich es in Workshops den Teilnehmern zur Aufgabe stelle. Stellen Sie sich vor, Sie sind der Sicherheitsbeauftragte einer Bank, bei der Bargeldreserven eingelagert sind. Ihre Aufgabe ist, die Filiale vor möglichen Bankräubern zu schützen. Ein Teil der Gruppe übernimmt die Rolle des Sicherheitsbeauftragten, der andere Teil die Rolle der Bankräuber. Was glauben Sie, wer die kreativeren Ideen hat? Ausnahmslos die Bankräuber, die mit immensem Einfallsreichtum lustvoll mit Ideen brillieren, welche die Sicherheitsbeauftragten nie kommen sahen.

Einfallsreichtum ist hier das Schlüsselwort. Beim Jom-Kippur-Krieg konnte sich das israelische Militär trotz vorliegender Informationen nicht vorstellen, dass am höchsten jüdischen Feiertag die arabischen Länder einen Krieg beginnen würden. Und trotz Warnsignalen von Flugschulen, FBI und anderen Stellen konnte sich niemand vorstellen, dass jemand Flugzeuge entführen und in Wolkenkratzer hineinsteuern würde.

Red Teaming zielt darauf ab, diesem Mangel an Einfallsreichtum ein Mittel entgegenzusetzen und der Arroganz in Bezug auf eigene Unfehlbarkeit einen Riegel vorzuschieben. Zugleich ist Red Teaming eine bewusst gewählte Methode, das eigene organisationsinterne Denken herauszufordern und zu hinterfragen. Das unterscheidet dieses Werkzeug von anderen Managementwerkzeugen.

Dabei ist diese Methode ein Mittelding zwischen Kunst und Wissenschaft. Menschen treffen Entscheidungen, die durch Heuristiken, Vorurteile und irrationale Aspekte beeinflusst werden. Der Homo logicus ist ein Fabelwesen und Fabelwesen gibt es nicht. Der Glaube, dass wir die besten Entscheidungen aufgrund der vorliegenden Informationen treffen, ist schon längst in vielen Studien widerlegt worden. Red Teaming macht uns auf diese menschlichen Schwächen aufmerksam, damit sie uns bewusst werden und wir sie überwinden können.

Natürlich kann man als Teufelsadvokat unendlich ins Detail gehen und noch einen Grund gegen etwas und noch eine Annahme als falsch herausarbeiten, aber genau hier kommt die „Kunst" des Red Teaming ins Spiel. Man muss auch wissen, wann es reicht. Es geht nicht darum, das blaue Team zu frustrieren und als völlig inkompetent aussehen zu lassen. Das führt ansonsten zu einer „Analyselähmung" (Englisch: „analysis paralysis"). Die US-Armee verwendet dafür den Begriff „GICOT" als Abkürzung für „good idea cut-off time" eingeführt. Das ist der Moment, wenn die Analyse beendet wird, ansonsten würde sie unendlich lange weitergehen, ohne den Aufwand rechtfertigende Vorteile zu bringen.

Das blaue und das rote Team arbeiten letztendlich an einem gemeinsamen Ziel: dass die Strategie, dass die Pläne und alles, was man anpackt, zum Erfolg der Organisation führen. Insofern ist Red Teaming nicht nur ein vollgefülltes Werkzeugkistchen, sondern auch ein Mindset. Sie dienen dazu, im Planungsprozess Selbstgefälligkeit, Überheblichkeit und Gruppendenken zu vermeiden.

Aus all dem erkennt man leicht, dass Mitglieder eines Red Teams auch Fingerspitzengefühl mitbringen müssen. Für niemanden in den blauen Teams ist es einfach, zu erleben, wie das eigene Baby, der vielgeliebte Plan, die mit Herzblut erstellte Strategie so öffentlich zerpflückt wird. Dabei ist es immer besser, dass dies frühzeitig durch die Kollegen geschieht als durch einen äußeren Gegner.

Das Ziel von Red Teaming ist – im Gegensatz zu anderen Methoden oder Standards wie Six Sigma – nicht ausschließlich, Risiken zu minimieren, sondern auch Erkenntnisse zu produzieren. Und das drückt sich in dieser Formel aus:

$$L = \uparrow + \downarrow$$

Hierbei steht das L für Leistungsverbesserung, der nach oben zeigende Pfeil $\uparrow$ für Erkenntnisse und der nach unten zeigende Pfeil $\downarrow$ für Fehler. Six Sigma konzentriert sich vorwiegend darauf, Fehler zu minimieren. Um die Leistung eines Systems wirklich zu erhöhen, muss man auch neue Erkenntnisse vorweisen können.[74]

Deshalb sind sowohl die blauen als auch die roten Teams aufgefordert, zu verstehen, was Read Teaming nicht leisten kann und soll:

- Es ist keine Infragestellung des Managements.
- Es ersetzt die Planung nicht.
- Es ist keine Weissagung.
- Zynismus ist falsch am Platz.
- Es dient nicht nur dazu, Fehler oder Risiken zu mindern.
- Es ist kein Allheilmittel für die Herausforderungen und Probleme im Unternehmen.
- Es ist nicht nur ein Werkzeug für das Management.
- Es entschuldigt Untätigkeit nicht.

---

[74] Bryce G. Hoffman; Red Teaming – How your Business Can Conquer the Competition by Challenging Everything; Crown Business, New York, 2017

Um Red Teaming effektiv zu machen, brauchen die Teams die Unterstützung von ganz oben. Wenn der Vorstand daran zweifelt, dann werden die Erkenntnisse eines Red Teams nicht nur vom Vorstand, sondern auch von anderen Abteilungen wenig oder nicht akzeptiert. Eine Red-Teaming-Übung wird damit zu einer sinnlosen Tätigkeit.

Wie kann Red Teaming nun durchgeführt werden? Dazu gibt es mehrere formelle und informelle Ansätze, die von internen oder externen Red-Teaming-Experten durchgeführt werden:

- Informell
- Von außerhalb der Organisation
- Moderiert
- Ad hoc
- Zweckbestimmt

Die NATO beispielsweise bietet den Bündnismitgliedern die sogenannte „Alternative Analysegruppe" als interne „Red-Teaming-Dienstleistung" an.

Firmenpolitik ist etwas, das von Red Teams nicht beiseitegelassen werden darf. Die beste Taktik ist, jene von Beginn an zu identifizieren und zu berücksichtigen und in den Berichten zu erwähnen.

Red Teams müssen nicht unbedingt so benannt sein. Wir haben von unterschiedlichen Organisationen schon alternative Namen dafür gehört. Um die Kosten zu rechtfertigen, ist es oft einfacher, ein Read Team als „Analysegruppe" oder „Entscheidungsvorbereitungsabteilung" zu bezeichnen.

Mitglieder eines Red Teams

Der Erfolg eines Red Teams hängt von den Mitgliedern ab. Solche Teams sollten zwischen fünf und elf Mitglieder umfassen. Dabei ist auch auf Diversität zu achten, und wenn notwendig, können zeitweise externe Experten zum Team hinzugezogen werden. Diversität sollte dabei über Geschlecht, Alter oder Ethnizität hinausgehen. Auch ungewöhnliche Ausbildungen und Karrierewege sowie ungewöhnliche persönliche Charaktereigenschaften sollten gesucht werden. Auslandserfahrung, frühere Anstellungen bei Mitbewerbern und generell Personen, deren Lebenslauf eine unterschiedliche Sichtweise anzeigt.

Gute Kandidaten für ein Red Team weisen die folgenden Eigenschaften auf. Sie sind

- intelligent,
- einfallsreich,
- nachforschend,
- analytisch,
- strategisch,
- logisch denkend,
- selbstbewusst,
- selbsterfahren,
- geistig offen und flexibel.

Weitere Eigenschaften, die sie mitbringen sollten, sind Aufrichtigkeit, was ihre intellektuelle Leistung betrifft, und Standfestigkeit bei firmenpolitischem Druck.

Wie auch immer, das Team sollte kein Abstellkämmerchen für Leute sein, die woanders in der Organisation keinen Platz gefunden haben.

Cynefin Framework

Bevor man mit einem Red Team beginnt, ein Problem zu analysieren, ist es angebracht, zu analysieren, ob das Problem die richtige Aufgabe für ein Red Team ist. Um das herauszufinden, eignet sich das sogenannte „Cynefin Framework", das Probleme nach verschiedenen Kriterien kategorisiert.

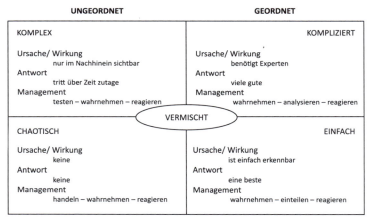

Abbildung 35: Cynefin Framework

Bei chaotischen Problemen ist die Situation so dynamisch, dass Ursachen und Wirkung irrelevant werden, weil sich die Dinge so rasch ändern, dass keine ordentliche Analyse durchgeführt werden kann. In chaotischen Situationen bleibt keine Zeit für Red Teaming.

Ein einfaches Problem ist nicht notwendigerweise wirklich einfach, aber es gibt eine relativ einfach zu findende beste Lösung. Experten in der Organisation, Standards und Prozesse sind bereits vorhanden, um diese Kategorie von Problem zu lösen.

Komplexe und komplizierte Probleme sind solche, wo Red Teaming sich als wertvoll und unabkömmlich erweist. Dabei sind komplizierte Probleme solche, wo eine Antwort gefunden werden kann, auch wenn sie nicht gleich offensichtlich ist. Komplizierte Probleme können viele Lösungen haben, die alle ihre Vor- und Nachteile haben und die nicht offensichtlich sind. Neue Informationen können entscheidenden Einfluss auf das Ergebnis haben.

Das Problem muss umformuliert werden, wenn es schlecht ausgedrückt wird. Schlecht formulierte Probleme erkennt man an folgenden Kriterien:

- Sie sind zu breit definiert („Wie erhöhen wir unseren Umsatz?").
- Sie sind zu eng gefasst („Wie erhöhen wir unseren Umsatz im nächsten Jahr um sieben Prozent, ohne neue Mitarbeiter einzustellen und ohne neue Produkte einzuführen?").
- Sie beinhalten inhärente Annahmen („Wie kann unser patentierter Prozess die erste Wahl bei unseren Kunden bleiben?").
- Sie geben bereits eine Lösung vor („Wie können wir iPads verwenden, um unsere Verkaufszahlen zu erhöhen?").

Zwar kann mit Red Teaming genauso wenig die Zukunft vorausgesagt werden wie mit anderen Methoden, aber es können plausible Szenarien erstellt und beispielsweise eine Firmenstrategie auf Schwachstellen abgeklopft werden.

Gruppen und Organisationen tendieren dazu, sich rasch auf eine mögliche Lösung zu einigen und sich sofort an die Umsetzung zu machen. Die Red Teams des amerikanischen Militärs verlangen aber, dass drei verschiedene Optionen berücksichtigt werden. Auch wenn es so vorgeschrieben ist, passiert auch hier immer wieder, dass die Gruppen eine Option bevorzugen und die anderen beiden beiseitelassen. Ein Red Team kann im Moderationsprozess sicherstellen, dass genau das nicht geschieht.

1-2-4-alle

Dieses Werkzeug kommt aus einen Werkzeugkasten namens „Liberating Structures", das versucht, aus eingefahrenen Strukturen auszubrechen, um unter anderem ernsthaftes Feedback geben zu können.[75]

Bei 1-2-4-alle erhalten die Teammitglieder einfach nur einen Stift, einen Zettel und sie beantworten einfache Fragen, die wie folgt lauten können:

- Wie könnte dieser Plan scheitern?
- Wieso haben wir dieses Ziel nicht erreicht?
- Welches ist das schwächste Glied in der Kette?
- Wer hat Interesse daran, diese Initiative aufzuhalten?
- Welches ist die größte Bedrohung für den Erfolg unserer Strategie?

[75] http://www.liberatingstructures.com

Jedes Mitglied beantwortet diese Fragen im Stillen für sich selbst. Im Anschluss tragen jeweils zwei Mitglieder sich gegenseitig ihre Gründe zu den Fragen vor und diskutieren sie. Sie können dabei an ihren Antworten weiterfeilen oder mit gänzlich neuen Antworten hervorkommen. Dann nimm jeweils zwei der Zweiergruppen und bring sie in eine Vierergruppe. Auch in dieser Formation werden erneut die Antworten vorgetragen und diskutiert. Zum Schluss kommen alle Gruppen zusammen und jede Vierergruppe trägt vor der gesamten Gruppe die Antworten und Erkenntnisse vor. Die ganze Übung dauert nicht länger als 15 Minuten.

Von dieser schrittweisen Kombination an Personen leitet sich der Name der Methode ab.

Gewichtetes anonymes Feedback

Jeder Teilnehmer erhält einen Stift und eine Karte, auf der eine der folgenden Fragen geschrieben sein kann:

- Was ist die größte Bedrohung für unsere Strategie?
- Welches Ziel werden wir am ehesten nicht erreichen?
- Um welche unserer Geschäftseinheiten sollten wir besonders besorgt sein?

Die Antworten dazu sollen von den Teilnehmern auf die Karte in Blockbuchstaben geschrieben werden. Blockbuchstaben sind wichtig, da damit vermieden wird, dass die anderen herauszufinden versuchen, von wem diese Antwort stammen könnte.

Foresight Mindset Tool Kit

FRAGE

ANTWORT

FRAGE

ANTWORT

Vorlage 33: Fragekarte Anonymes Feedback – Vorderseite

BEWERTUNG	**BEWERTUNG**
Von 1 … Sehr schlecht bis 5 … Sehr Gut	Von 1 … Sehr schlecht bis 5 … Sehr Gut

Vorlage 34: Fragekarte Anonymes Feedback – Rückseite

Der Moderator sammelt die Karten dann ein, mischt sie und verteilt jeweils eine Karte an jeden Teilnehmer. Dabei ist es egal, ob jemand seine eigene Antwort erhält. Es geht hier darum, dass jede Antwort gelesen und bewertet wird.

Nachdem die Karten ausgehändigt wurden, liest jeder Teilnehmer zuerst die Frage und schreibt dann auf die Rückseite der Karte eine Bewertung von 1 bis 5. Mit 1 als die schlechteste und 5 als die beste Bewertung. Wichtig ist hierbei, dass die Teilnehmer zuerst die Frage lesen, bevor sie bewerten, und auch nicht die bisherigen Bewertungen zu diesen Fragen vorher betrachten.

Dieser Vorgang wird so oft wiederholt, bis jeder Teilnehmer die Möglichkeit hatte, jede Antwort zu lesen und zu bewerten. Sollte jemand eine Karte erhalten, die er schon bewertet hat, dann einfach die Karte gegen eine andere austauschen.

Denke, schreibe, teile

In dieser Übung wird an jeden Teilnehmer dieselbe Frage gestellt. Auf einer Karte wird dann von jedem Teilnehmer die Antwort, ohne zu reden, niedergeschrieben. Der Reihe nach werden alle Antworten vorgelesen. Niemand spricht ein zweites Mal, bevor nicht jeder schon einmal dran war.

Das Aufschreiben der Antwort zwingt die Teilnehmer, genauer über ihre Antwort nachzudenken und somit besser zu formulieren und mehr Information und Standpunkte zu berücksichtigen. Beim einfachen Vortragen kommt diese Information oft wenig strukturiert hervor und der Wunsch nach intellektuellem Auftrumpfen kann dem Erfolg der Gruppe in die Quere kommen.

Diese Übung beginnt mit divergentem Denken und endet mit einem konvergenten Denken.

Aktives Zuhören, ohne den Redner zu unterbrechen oder verbal und nonverbal seine Meinung auszudrücken, ist hier Pflicht. Erst nachdem der Redner geendet hat, kann eine Meinung abgegeben werden.

Am Ende können alle Probleme und Zweifel als Liste an der Wand angebracht werden. Jeder Teilnehmer erhält kleine Klebepunkte (typischerweise zwischen drei und zehn Stück) und verteilt sie auf die Elemente, die als die wichtigsten oder kritischsten betrachtet werden. Es können pro Person auch mehrere Punkte für ein Element vergeben werden.

Fischglas

Bei dieser Technik lädt man zwischen drei und sieben Experten zum Thema ein, die auch direkte Erfahrung damit haben sollen. In einem Raum platziert man dann entsprechend viele Stühle in einem Kreis und lässt die Experten dort sitzen. Um diesen inneren Kreis sitzen die Teilnehmer des Red Teams, die nur zuhören. Den Experten wird ihre Lage möglichst komfortabel und entspannt gemacht und man bittet sie, die anderen Anwesenden im äußeren Kreis zu ignorieren. Sie sollen sich vorstellen, sie säßen mit Freunden in einer Bar oder in einem Café und erzählten von ihren Erfahrungen. Diese Diskussion soll ohne Unterbrechung von außen stattfinden. Sobald die Diskussion abflaut oder ein vorher festgelegtes Zeitlimit von beispielsweise 30 Minuten erreicht wird, kann dieser Teil der Übung beendet werden. Die Stühle des Innenkreises werden nach außen gedreht und die Mitglieder des Red Teams können nun Fragen stellen.

Diese Übung kann sehr intensiv sein. Die Zuhörer sitzen dabei oft wirklich am Stuhlrand, weil sie noch besser zuhören wollen und die Information aus erster Hand ihnen extrem wichtig erscheint. Oft wird in solchen Sitzungen sehr viel Fortschritt gemacht und Verständnis für eine Situation oder Aufgabe gewonnen.

TRIZ

Die „Theorie des erfinderischen Problemlösens" (Russisch: „теория решения изобретательских задач") oder hier kurz TRIZ ist ein Werkzeug, das bei der Analyse, dem Problemlösen und der Vorhersage helfen soll.

Beim Red Teaming wird TRIZ allerdings etwas anders als üblich eingesetzt. Es soll helfen, alle Elemente zu identifizieren, die eine Organisation heute einsetzt, die aber einer erfolgreichen Ausführung eines Plans im Wege stehen. Um das zu schaffen, versucht die Gruppe herauszufinden, wie man sicherstellt, dass der Plan „scheitert". Ja, das genaue Gegenteil. Dabei kann man sich vorstellen, die Mitglieder sind Angestellte einer rivalisierenden Organisation, die dazu abgestellt worden sind, die Organisation zu infiltrieren und zu sabotieren.

Dabei kann man einige der vorherigen Übungen wie „1-2-4-alle" oder „Denke, schreibe, teile" verwenden, um auf eine Liste von Methoden zu kommen, die bei der Sabotage helfen.

Sobald die Liste fertig ist, soll sich das Team die Frage stellen, welche der Listenelemente das Unternehmen heute schon anwendet, also sich heute bereits selbst sabotiert. Die Antwort darauf wird oft schockieren.

Das Unstrittige infrage stellen

Öffentlich-rechtliche Rundfunkanstalten in den meisten europäischen Ländern finanzieren sich durch Gebühren, die von jedem Besitzer eines Empfängers zu entrichten sind.

Bei einem Foresight Workshop war die Aufgabe, Annahmen wie diese, nämlich dass auch in Zukunft Gebühren erhoben werden, um Rundfunkanstalten zu finanzieren, zu hinterfragen.

Solche unstrittigen Sachverhalte werden oft gar nicht angesprochen, sie sind so stark im Selbstverständnis verankert, wie die Welt funktioniert, dass sie manchmal gar nicht erkannt werden.

Ein anderes Beispiel war jenes von dem Pharmaunternehmen, das als Aufgabe sich vorstellen musste, wie es Geld verdienen würde, wenn es Medikamente gratis abgeben würde.

Man kann dabei spielerisch vorgehen, indem man sich die Aussagen anhört, die Dinge betrachtet, reflektiert und sich dann fragt: „Stimmt denn das? Kann man das messen? Gibt es die Beweise? Wie passt das in das Gesamtgefüge?"

Dieser Ansatz erfordert kritisches und einfallreiches Denken der Teilnehmer, sodass solche unstrittigen Fragen und Annahmen erkannt und alternative Optionen aufgezeigt werden können. Dabei hilft die folgende Liste an Fragen, jene besser herauszuarbeiten.

- Welches sind die Sachverhalte und Schlussfolgerungen?
- Welches sind die Gründe?
- Welche Worte oder Phrasen sind mehrdeutig?
- Wo liegen Wertekonflikte und wie lauten die Annahmen?
- Gibt es logische Fehlschlüsse in der Argumentation?
- Wie gut sind die Fakten?
- Gibt es andere Gründe?
- Täuschen die Daten?
- Welche wichtigen Informationen werden ausgelassen?
- Welche alternativen Schlussfolgerungen sind auch möglich?

Kritisches Denken wird durch einen kritischen Blick auf die Antworten ergänzt. Da ist eine ganze Reihe von kognitiven Verzerrungen im Spiel, die zu gewissen Antworten führen, sie beeinflussen auch die vorgebrachten Argumente.

Man kann solche Argumente zerpflücken, indem man sie mit diesen Fragen analysiert:

1. Adressiert das vorgebrachte Argument das eigentliche Problem?
2. Welches ist der Blickwinkel der Personen oder der Gruppe, die dieses Argument vorbringt?
3. Werden im Argument irgendwelche vage, mehrdeutige oder vorbelastete Worte verwendet?
4. Treten Wertekonflikte im Argument zutage?
5. Verwendet das Argument Annahmen, wie der Lauf der Dinge sein sollte?
6. Gibt es Anzeichen von Vorurteilen oder kognitiven Verzerrungen? Wenn ja, welche?
7. Gibt's darin logische Fehlschlüsse?
8. Wie gut unterstützen Belege das Argument?
9. Wie gut sind vorhandene statistische Daten? Werden sie im richtigen Zusammenhang präsentiert?
10. Welche Informationen werden im Argument ausgelassen?
11. Basiert das Argument auf Intuition oder Bauchgefühl?
12. Sind die verwendeten Analogien passend?
13. Gibt es andere Gründe oder plausible Hypothesen?
14. Könnten aus den Daten und Informationen andere Schlussfolgerungen gezogen werden?
15. Wie sind die Auswirkungen, wenn das Argument wie vorgebracht angenommen wird?

Red Teaming

	HINWEISE	JA	NEIN	?
Adressiert das vorgebrachte Argument das eigentliche Problem?	1	☐	☐	☐
Welches ist der Blickwinkel der Personen oder der Gruppe, die dieses Argument vorbringt?	2	☐	☐	☐
Werden im Argument irgendwelche vage, mehrdeutige oder vorbelastete Worte verwendet?	3	☐	☐	☐
Treten Wertekonflikte im Argument zutage?	4	☐	☐	☐
Verwendet das Argument Annahmen, wie der Lauf der Dinge sein sollte?	5	☐	☐	☐

Vorlage 35: Argumentanalyse – Fragen 1 bis 5

	HINWEISE	JA	NEIN	?
Gibt es Anzeichen von Vorurteilen oder kognitiven Verzerrungen? Wenn ja, welche?	6	☐	☐	☐
Gibt es darin logische Fehlschlüsse?	7	☐	☐	☐
Wie gut unterstützen Belege das Argument?	8	☐	☐	☐
Wie gut sind vorhandene statistische Daten? Werden sie im richtigen Zusammenhang präsentiert?	9	☐	☐	☐
Welche Informationen werden im Argument ausgelassen?	10	☐	☐	☐

Vorlage 36: Argumentanalyse – Fragen 6 bis 10

Red Teaming

	HINWEISE	JA	NEIN	?
Basiert das Argument auf Intuition oder Bauchgefühl?	11	☐	☐	☐
Sind die verwendeten Analogien passend?	12	☐	☐	☐
Gibt es andere Gründe oder plausible Hypothesen?	13	☐	☐	☐
Könnten aus den Daten und Informationen andere Schlussfolgerungen gezogen werden?	14	☐	☐	☐
Wie sind die Auswirkungen, wenn das Argument wie vorgebracht angenommen wird?	15	☐	☐	☐

Vorlage 37: Argumentanalyse – Fragen 11 bis 15

Hinter manchen Argumenten stecken logische Trugschlüsse, die jene schwächen. Von solchen Trugschlüssen gibt es eine ganze Menge. Dazu zählen persönliche Attacken („Argumentum ad hominem"), der Verweis auf Tradition oder Alter, das Wecken von Emotionen und Angst, der Verweis auf fragwürdige Autoritäten und Experten, fehlerhafte Daten, Verwechslung von Ursache und Wirkung, unpassende Analogien, Verallgemeinerung, unausgesprochene Wünsche, Vereinfachung, Fangfragen, falsche Gegensätze und viele mehr.

In der Hitze des Gefechts werden dabei auch schon mal gerne Fakten und Annahmen verwechselt. Daten sind objektiv richtig und repräsentieren keine Meinung. Annahmen können richtig sein, können aber aktuell nicht bewiesen werden. Im Idealfall sind Annahmen solche, die in Zukunft wahr werden, im schlimmsten Fall nicht mehr als Wunschdenken.

Abschließende Ratschläge

Einige abschließende Ratschläge für Red-Teaming-Mitglieder scheinen offensichtlich, werden aber gerne übersehen. Um den Wert von Red Teaming zu liefern, ist es zwar nicht notwendig, immer recht zu haben, man sollte aber auch nicht immer falschliegen. Um sich selbst beim Red Teaming zu verbessern, ist es angeraten, mehr Literatur zu lesen oder Leuten zuzuhören, mit denen man nicht übereinstimmt.

Foresight Mindset – Und ich?

> „Die Vergangenheit besteht aus Fakten ... Ich vermute, die Zukunft ist dann Hoffnung." – Isaac Marion

Von den vielen Besuchergruppen ins Silicon Valley, mit denen ich Jahr für Jahr in Kontakt komme, stechen vor allem die Schüler- und Studentengruppen hervor. Für sie sind die Änderungen, die sie hier erleben, nicht wirklich erstaunlich. Sie leben die Änderungen bereits heute digital, sie sind damit aufgewachsen.

Erwachsene hingegen tun sich schwer. Für sie sind mobile Anwendungen, digitale Services manchmal schwer zu begreifen, auch wenn sie sich bemühen. Besonders lustig zu beobachten ist der Widerspruch in der Sprache und im Handeln. Viele Erwachsene wollen ja und verwenden die richtigen Worte, aber ausprobiert und getan haben dann doch wenige. Irgendwie ist es wie der alte Witz bei Jugendlichen, nur diesmal auf die andere Altersgruppe angewandt. „Alle reden von digital, aber keiner hat es getan."

Douglas Adams, der Autor der humoristischen Science-Fiction-Serie *The Hitchhiker's Guide to the Galaxy*, hat Technologieänderungen und die Wahrnehmung bei Menschen einmal so zusammengefasst:

> Ich habe eine Reihe an Regeln erstellt, die unsere Reaktion auf Technologie beschreibt:
>
> 1. Alles, was schon in der Welt vorhanden ist, wenn man auf die Welt kommt, wird als natürlicher Teil, wie die Welt funktioniert, angesehen.
> 2. Alles, was erfunden wird, wenn man zwischen 15 und 35 Jahre alt ist, ist neu, aufregend und revolutionär und man kann wahrscheinlich darin Karriere machen.
> 3. Alles, was erfunden wird, wenn man älter als 35 Jahre ist, ist gegen die natürliche Ordnung der Dinge.

Ob es nun genau deshalb der Grund ist, warum Jugendliche bei der Besprechung von Technologie und zukünftigen Trends einen aufmerksameren Blick auf die eigene Zukunft richten, weiß ich nicht. Aber bislang hat mir jede Schüler- und Studentengruppe – aber keine einzige Gruppe von Erwachsenen – diese Frage gestellt:

> *Was bedeutet das für mich? Welche Ausbildung soll ich ergreifen oder ergänzend zu meinem Studium belegen, damit ich eine berufliche Zukunft habe?*

Das ist eine extrem gute und relevante Frage, die auch Erwachsene beschäftigen sollte. Ich bin mir sicher, dass Sie dieses Buch nicht gekauft haben, um über Werkzeuge für die Vorhersage der eigenen persönlichen, beruflichen und/oder privaten Zukunft zu lernen, sondern für die Organisation, in der Sie arbeiten.

Heute sind Berufe für uns normal, die es vor zehn Jahren nicht gab. SEO-Marketing-Experte, App-Developer, Gamification Designer, Digital Transformation Manager, UX-Designer, KI-Experte. Die Liste ließe sich beliebig fortsetzen. Und vielleicht führen Sie einen dieser Berufe bereits im Lebenslauf an oder haben ihn auf Ihrer Visitenkarte stehen.

Das wird auch in Zukunft nicht anders sein. Es werden Berufe entstehen, die wir uns heute nur schwer oder gar nicht vorstellen können. Hier sind Beispiele:

- Instagram Art und Fashion Influencer
- Autonomes-Auto-Entwickler
- Amazon-Markplatzverkäufer
- Essenspaketchefkoch
- Drohnencinematograf

Fantastisch? Braucht doch keiner? Tatsächlich sind das bereits heute von Menschen ausgeübte Berufe.[76] Und wer weiß, vielleicht macht sie einer meiner Leser zu seinem Beruf.

Aber wie kommt man dahin? Welche Fähigkeiten muss ich mir aneignen? Wann soll ich damit beginnen? Will ich das überhaupt? Und wenn ich nicht darüber nachdenke, was wird dann aus mir?

Tatsache ist: Wenn Sie das Buch hier in der Hand halten, arbeiten Sie vermutlich bereits in einem Beruf, von dem Sie in der Schule oder auf der Universität noch nicht gehört haben, geschweige denn dafür ausgebildet wurden.

Und vermutlich ist dieser Job sogar interessanter als der, den Sie ursprünglich im Auge hatten. Sie haben mehr Freiheiten, können kreativer sein, haben flexiblere Arbeitszeiten, und selbst wenn mal etwas mehr zu machen ist, dann ist es interessant und spannend.

Ich selbst brauche nur an meine Großeltern denken, die Fließbandarbeiten gemacht haben. Die ganz klar geregelte Arbeits- und Anwesenheitszeiten hatten. In einem Gespräch mit meiner Großmutter, die auch gewerkschaftlich tätig war, sprach ich über die zwei Wochenenden, die ich unmittelbar vor einer wichtigen Technologiekonferenz noch im Büro verbracht hatte, um meine Softwaredemos rechtzeitig fertig zu kriegen. Sie war völlig baff und nach einer Pause fragte sie mich: „Dafür kriegst du aber schon Überstunden bezahlt?"

Nein, bekam ich nicht, dafür aber die Möglichkeit, noch ein paar Tage auf Firmenkosten am Veranstaltungsort in einer populären europäischen Hauptstadt zu verbringen.

In den kreativen Berufen, in denen zunehmend mehr Menschen arbeiten, kann man nicht zwischen 9 und 17 Uhr kreativ sein wie auf Knopfdruck. Damit ändert sich die Arbeitswelt. Wie gut man dabei mitmachen kann, hängt vom eigenen Mindset ab. Bin ich bereit, mich auf Neues einzulassen und mir dafür auch die notwendigen Fähigkeiten anzueignen? Sobald man sich darauf einlässt, scheinen die Möglichkeiten überall nur zu warten, ergriffen zu werden.

Die vorangegangenen Kapitel stellten Methoden vor, wie Organisationen ihre Zukunft designen können. Genau dieselben Methoden eignen sich – mit Anpassungen

---

[76] Cory Fernandez; Career Pioneers; Fast Company, 20.8. 2018 – https://www.fastcompany.com/90211824/career-pioneers

selbstverständlich – für das Design einer persönlichen Zukunft.

Ein paar Methoden für den persönlichen Gebrauch stelle ich hier vor. Einige davon sind bereits aus den vorherigen Kapiteln bekannt und nun angepasst, andere sind neu. Die Vorgehensweise ist aber wie gewohnt. Statt Organisation ist die zu betrachtende Entität die eigene Person. In meinem konkreten Fall lautet somit die Frage:

> Wie sieht die Zukunft der Mario AG in 10/20/30 Jahren aus und wie komme ich dahin?

Fähigkeiten für die Zukunft

Wenn ich mir meinen heutigen Lebenslauf ansehe und mit dem vergleiche, was ich mir vor 20 oder 30 Jahren als meine Karriere vorgestellt habe, dann wäre ich damals ziemlich überrascht gewesen. Studiert habe ich Technische Chemie, promoviert mit „Abgasmessungen von Heizölen", wo ich aufgrund der Datenmengen viele Datenbanken programmieren musste. Gleichzeitig belegte ich mit Handelswissenschaften noch ein zweites Studium. An der Technischen Universität in Wien musste ich als Assistent auch lehren. Mein beruflicher Beginn dann bei SAP war als Softwareentwickler, wobei ich da sehr viel an Koordinationsaufgaben zwischen Entwicklungsteams als Aufgabe hatte, aber gar nichts von dem, was ich als Chemiker studiert hatte. Später wurde ich dann Entwicklungsleiter, aus dem ich mich aber sehr bald zurückziehen konnte, da ich merkte, dass mir Management nicht die Befriedigung gibt, wie ich mir das vorgestellt habe. Das war sicherlich eine der größten Überraschungen für mich, weil mir während des Studiums Management klarerweise immer als Karrierepfad vorschwebte. Mit der Zeit beschäftigte ich mich weniger mit Programmieren, sondern mit den menschlichen Aspekten einer Organisation. Und das führte zur Suche nach Gründen, warum Innovation in großen Unternehmen so schwerfällt und wie man Anreizsysteme – beispielsweise mit Gamification – besser gestalten kann.

Diese Themen wurden dann auch bestimmend für meine Bücher. Ich wurde Autor, der über Technologien und Trends schreibt und deren Auswirkungen auf Gesellschaft und Menschen. Und als Autor mit hoffentlich interessanten Einsichten werde ich auch immer wieder zu Vorträgen eingeladen und für Workshops angefragt.

Warum erzähle ich hier so viel über mein berufliches Leben? Weil es sich ganz anders entwickelt hat, als ich es mir als Gymnasiast vorgestellt hatte. Auf einen Zeithorizont aufgetragen ergibt sich für mich im Schnitt alle fünf bis zehn Jahre ein anderes Berufsbild mit anderen Aufgabenbereichen.

Mit jedem anderen Berufsbild und Aufgabenbereich musste ich das Wissen aufbringen, diese zu meistern. Technische Chemie, wie ich es an der Universität lernte, wandte ich nie an. Im Prinzip habe ich alle meine jeweiligen Kernkompetenzen seit dem Studienabschluss erst nach dem Studium erworben. Ich habe mich zu Verhal-

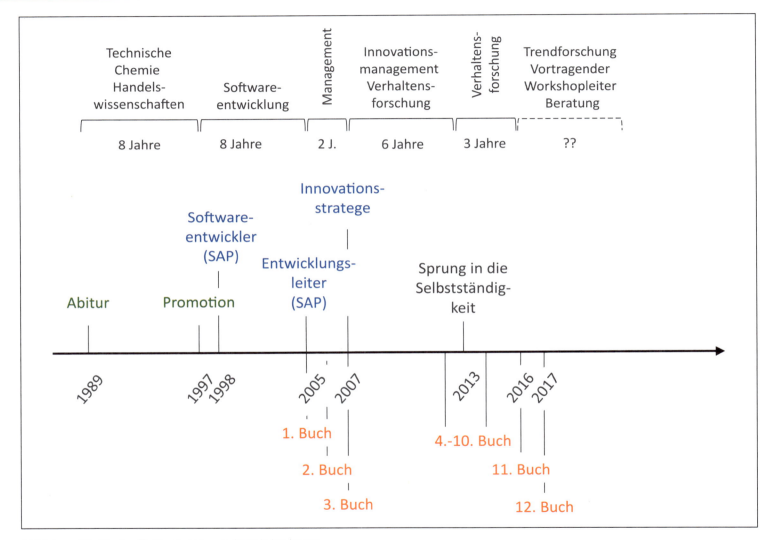

Abbildung 36: Marios Zeithorizont von damals bis heute

tensforschung eingelesen, Programmieren lernte ich als Teenager und vertiefte das während meiner Doktorarbeit, ohne dass diese Fähigkeit im Aufgabenprofil für die Dissertation beschrieben worden war. Es hat sich einfach so als notwendig ergeben. Innovationsmanagement baut dann auf der Verhaltensforschung und dem Wissen um das Funktionieren großer Organisationen auf. Auf dem wiederum setzt Innovationsmanagement auf. Und für die Vorträge und Lehre haben mir sowohl meine kurze Karriere als Kabarettist als auch die langjährige Mitgliedschaft in einem Redeklub namens „Toastmasters" geholfen. Die Fähigkeit, Bücher zu schreiben, hat mehr mit Ausdauer denn mit Schreibkunst zu tun.

Wie auch immer: Alle Fähigkeiten, die ich in den neuen beruflichen Rollen benötigte, hatte ich entlang des Weges aufgeschnappt, meist einige Jahre bevor ich sie beruflich anwenden konnte – und zumeist ohne dass ich das als Ziel hatte.

Kontinuierliches Lernen wird zum neuen Credo einer sich ständig ändernden Arbeitswelt. Für mich persönlich lief das so ab, dass ich mich interessierende Themen eingehender studierte, Bücher kaufte, Meetups besuchte, Beiträge las und vor allem selbst ausprobierte. Die beruflichen Möglichkeiten ergeben sich damit automatisch.

Der Zufall trifft nur den Vorbereiteten.

Für Sie gibt es somit eine wichtige Empfehlung: Warten Sie nicht darauf, bis der Arbeitgeber einen Kurs vorschlägt oder bezahlt, sondern gehen Sie Ihrer eigenen Neugier zu Themen nach. Welche Fähigkeiten in Zukunft nötig werden, ist nicht immer klar. Aber die meisten von uns besuchen genügend Veranstaltungen und Vorträge, wo man zu neuen Themen etwas hört. Gibt es dabei etwas, das besonders faszinierend klingt und man sich dabei ertappt, dass man immer wieder Konferenzen um dieses Thema besucht?

Heute sind das vielleicht die Blockchain, autonome Autos, künstliche Intelligenz, Internet der Dinge, Roboter, Coaching, Mindfulness, Yoga, Slow Food Movement, Cartoonzeichnen, Verhaltensökonomie oder Musiktherapie.

Sie sehen, es handelt sich nicht nur um Technologie, sondern eine ganze Bandbreite von Themen. Und nicht alle davon sind heute beruflich verwertbar. Yoga? Musiktherapie? Verhaltensforschung? Oder doch? Wie ist es, wenn wir plötzlich von Robotern umgeben sind und sie unser Verhalten entdecken und interpretieren müssen? Schon ist Verhaltensforschung im Zentrum des Interesses. Und Work-Life-Balance verlangt vielleicht nach Mindfulness und Yoga.

Glück muss man sich erarbeiten.

In diesem Sinne ist ein kontinuierliches Lernen für eine ungewisse Zukunft Pflicht. Und wenn die Zukunft ungewiss ist, warum nicht selbst steuernd eingreifen und das lernen, was einen selbst interessiert? Die berufliche Möglichkeit ergibt sich schon fast automatisch.

Persönliche Wertemenge

Welche drei der folgenden Liste an Werten sind die wichtigsten für Sie selbst? Wählen Sie diese aus, indem Sie sie mit einem Stift einkreisen. Diese Werte helfen dabei, sich selbst besser zu verstehen, danach seine Handlungen zu beurteilen und besser seine Zukunft zu designen.

Diese Auswahl ist auch für die nächsten zwei Übungen relevant, wo wir ein persönliches Mission Statement und einen Nachruf auf uns selbst verfassen werden.

Persönliches Mission Statement

Eine Übung, die ich immer wieder mit Gruppen mache, ist die des persönlichen Mission Statements. Diese kennen wir von Unternehmen, aber sein eigenes Mission Statement in einem Satz niederzuschreiben fällt vielen schwer.

Dabei ist ein solches wichtig, da es hilft, einen Vergleichswert zu haben. Damit meine ich, dass wir uns zeitweise in einer beruflichen (oder privaten) Situation vorfinden, wo wir nicht mehr den Antrieb verspüren, nicht mehr an eine Sache glauben, uns ausgebrannt fühlen und uns nur noch widerwillig in die Arbeit schleppen.

Zu erkennen ist das an einem für mich selbst sehr wichtigen Gefühl: Wie fühle ich mich am Abend nach einem anstrengenden Arbeitstag? Bin ich erschöpft und müde, aber hängen meine Gedanken noch an dem, woran ich tagsüber schaffe, und kann es nicht erwarten, morgen weiterzumachen? Oder komme ich erschöpft und müde nach Hause und will von all dem nichts mehr hören und will eigentlich morgen gar nicht ins Büro?

Ich nenne das die positive und negative Erschöpfung. Erstere bedeutet, dass ich das, was ich mache, gern tue. Es erfüllt mich und ich habe das Gefühl, mich ausleben zu können. Letztere zeigt an, dass ich an etwas arbeite, das mich eben nicht erfüllt und ich das Gefühl habe, mein Leben zu verschwenden.

Diese Arten von Erschöpfung sind ein erstes Anzeichen dafür, dass das eigene – vermutlich (noch) nicht ausformulierte – Mission Statement mit dem beruflichen (oder privaten) Leben nicht im Einklang steht. Das wird einem aber nur dann bewusst, wenn man sich die Mühe gemacht hat, sein eigenes Mission Statement zu formulieren.

Bei dieser Aufgabe haben überraschend viele Schwierigkeiten. Es mag den meisten zwar gelingen, ein berufliches Mission Statement zu verfassen, aber ein persönliches, geschweige denn ein gemeinsames, in dem das persönliche und berufliche Mission Statement übereinstimmen, fällt vielen schwer.

Ein Tipp vielleicht, um es einfacher zu machen. Man beginne mit dem beruflichen Mission Statement, wobei es hier die Kunst ist, technische oder geschäftliche Fachbegriffe zu vermeiden. „Kundenexzellenz in fünf

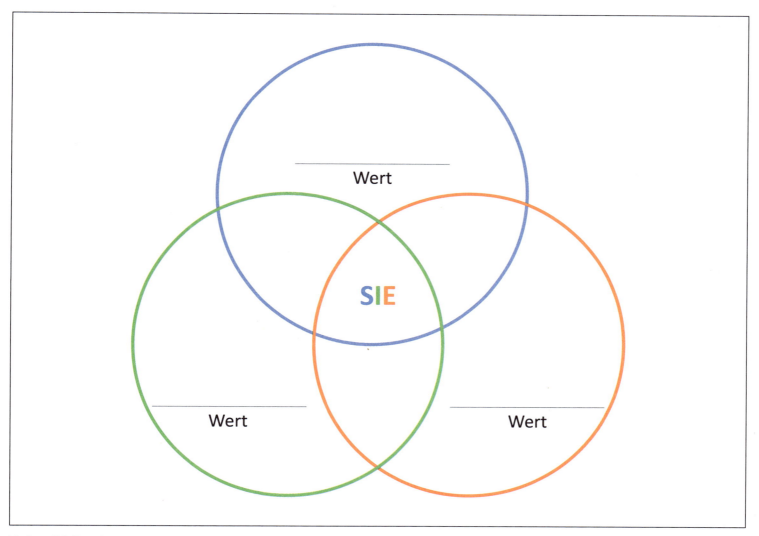

Vorlage 38: Ihre drei wichtigsten Werte

Abenteuerlust	Einfachheit Einfallsreichtum	Gewandtheit	Neugierde	Treue
Ambition		Gewissenhaftigkeit	Offenheit	Unabhängigkeit
Anmut	Einfühlsamkeit	Glaube	Ordnung	Unterstützung
Aufmerksamkeit	Einheit	Gleichheit	Originalität	Unversehrtheit
Aufregung	Einzigartigkeit	Großzügigkeit	Patriotismus	Verantwortlichkeit
Ausdrucksfähigkeit	Eleganz	Gründlichkeit	Perfektion	Verdienst
Ausgeglichenheit	Enthusiasmus	Güte	Positivität	Vergnügen
Beitrag	Entschlossenheit	Harte Arbeit	Praktikabilität	Verlässlichkeit
Bescheidenheit	Erfolg	Herausforderung	Präzision	Vermächtnis
Besonnenheit	Erforschung	Höflichkeit	Professionalismus	Verpflichtung
Bestimmtheit	Ergebnisorientierung	Innere Harmonie	Pünktlichkeit	Verständnis
Brauchbarkeit	Ernsthaftigkeit	Intellektueller Status	Qualitätsorientiert	Vertrauenswürdigkeit
Dankbarkeit	Errungenschaft	Intelligenz	Schnelligkeit	Verwegenheit
Demokratisch	Expertise	Intuition	Schrägheit	Vision
Der Beste sein	Exzellenz	Klarer Geist	Selbstkontrolle	Vorbereitung
Dienstleistung	Fairness	Konsistenz	Selbstlosigkeit	Vorsicht
Disziplin	Familienorientierung	Kontinuierliche Verbesserung	Selbstverwirklichung	Wachstum
Diversität	Findigkeit		Sensitivität	Wahrheitssuchend
Durchsetzungsvermögen	Fitness	Kontrolle	Sicherheit	Wettbewerbsfähigkeit
Durchsichtigkeit	Freiheit	Kooperation	Sorgfalt	Wirtschaftlichkeit
Dynamik	Freude	Korrektheit	Spaß	Wissbegierde
Effektivität	Fröhlichkeit	Kreativität	Spontaneität	Zufriedenheit
Effizienz	Gehorsamkeit	Lebensfreude	Stabilität	Zugehörigkeit
Ehre	Gelassenheit	Liebe	Stärke	Zurückhaltung
Ehrlichkeit	Gemeinschaft	Loyalität	Strategisch	
Eigenständigkeit	Gerechtigkeit	Mäßigung	Struktur	
Einen Unterschied machen	Gesamtheit	Meisterschaft	Teamwork	
	Gesellschaft helfen	Mitgefühl	Toleranz	
	Gesundheit	Nächstenliebe	Tradition	

Tabelle 12: Werteliste

Persönliches Mission Statement

Persönliches Mission Statement

Berufliches Mission Statement

Gemeinsames Mission Statement

Vorlage 39: Mission Statements

Regionen zu schaffen" klingt zwar beeindruckend, nur versteht niemand, was das genau bedeutet. Und es ist auch kein Mission Statement, sondern nur ein messbares Ziel für das nächste Mitarbeitergespräch.

Eine Mitarbeiterin der Rechtsabteilung eines internationalen Konzerns hatte bei einem meiner Workshops dieses Problem. Letztendlich konnte sie ihr berufliches Mission Statement in sehr offener Weise in folgendem Satz zusammenfassen: „Ich helfe dann, wenn die Kacke bereits am Dampfen ist."

Ich hatte nichts gegen die Wortwahl einzuwenden, aber sie sagte etwas sehr Bedeutendes: Sie wird immer dann hinzugerufen, wenn jemand ein Problem hat, und löst dieses. Mit ein bisschen Umformulieren kamen wir auf einen Satz, der dann plötzlich sowohl ihr berufliches als auch persönliches Mission Statement beschrieb:

> *Ich verwandle Albträume in schöne Träume.*

Für mich selbst habe ich in einem Satz zusammengefasst:

> *I help people make work more fun.*

Eine Freundin von mir, die Kinder und Jugendliche an die MINT-Fächer heranführt, hatte dieses Mission Statement für sich:

> *I help kids become makers.*

Eine Übung mit einer Gruppe von einem guten Dutzend Teilnehmern auf einer Veranstaltung in Düsseldorf ist mir da in Erinnerung. Wir hatten 30 Minuten für unsere Übung und ich gab ihnen die Aufgabe, sich selbst ein Mission Statement zurechtzulegen. Jeder arbeitete hart, niemand verließ den Raum. Wir diskutierten jedes einzelne Mission Statement und versuchten, das Beste für jeden zu finden. Wir überzogen unsere Zeit um 20 Minuten. Bis ein Teilnehmer bemerkte:

> *Mir fällt auf, dass in allen vorgebrachten Mission Statements irgendwie anderen geholfen oder deren Leben besser gemacht wird.*

Und das war eine sehr gute Beobachtung. Genau diese habe ich in allen meinen Kursen gemacht, wo diese Übung auf der Tagesordnung war.

Persönlicher Nachruf

> *Morgen, ja morgen, fange ich ein neues Leben an. Und wenn nicht morgen, dann übermorgen, und wenn nicht übermorgen, dann irgendwann.* – Erste Allgemeine Verunsicherung

Vor einigen Monaten war ich auf dem Begräbnis eines 20-jährigen jungen Mannes von guten Bekannten, der eines gewaltsamen Todes gestorben war. Er war der jüngste Sohn einer Freundin und zum traditionellen asiatischen Begräbnis waren über 100 Familienmitglieder, Freunde und Weggefährten gekommen. Bei der dreitägigen Trauerzeremonie, bei der das Leben des Verstorbenen gefeiert wird, erzählte jeder Anekdoten,

Nachruf

Wir trauern um

_____

Von uns gegangen am _____ 20__

_____

_____

_____

_____

_____

Vorlage 40: Persönlicher Nachruf

Begebenheiten und Erlebnisse mit dem Verstorbenen. Bilder und Filme wurden gezeigt und traditionelle Riten durchgeführt.

Was ich nicht erwartet hatte, war, was die Trauernden über den Verstorbenen berichteten. Trotz seiner Jugend hatte er viele Menschen positiv berührt und seine Einzigartigkeit demonstriert. Wie er aus eigenem Antrieb jeden Tag seinen Großvater im Spital besuchte und einen Hamburger mitbrachte, obwohl sein Großvater Englisch nicht verstand und der Junge selbst kaum die asiatische Sprache beherrschte. Wie er für Freunde da war und half, wenn Not am Mann war. Wie er Schabernack trieb und sich um die jüngsten Mitglieder der weitverzweigten Familie kümmerte.

Während der Trauerfeier überlegte ich – wie vermutlich viele andere auch –, was ich „alter Depp" in meinem mehr als doppelt so langen Leben gemacht habe, ob bei meinem Begräbnis die Menschen sich auch so an mich erinnern würden. Insofern hat mich dieses Begräbnis, wie schon das eines Freundes vor mehr als 20 Jahren, wieder daran erinnert, wie privilegiert ich bin, gesund und fähig, Chancen zu packen und ein Leben zu leben, das ich bestimmen kann und unter Kontrolle habe.

Der persönliche Nachruf ist nun eine Methode, im Schnelldurchgang sich selbst in die Situation des Verstorbenen zu versetzen.

Stellen Sie sich vor, Sie würden in zehn Jahren sterben. Ein Nachruf wird geschrieben, der Sie schildert und vor allem die Highlights der vergangenen zehn Jahre beleuchtet. Was haben Sie in diesen zehn Jahren gemacht und erreicht, das es wert wäre, bei Ihrem Begräbnis erwähnt zu werden? Welche Werte waren Ihnen wichtig (siehe auch Tabelle 12: Werteliste) und welchen Impact hatten Sie dabei?

Bei dieser Übung geht es nicht darum, zu beschreiben, wie toll Sie schon heute sind und was Sie schon erreicht haben und wie Sie von anderen Menschen gesehen werden. Die Übung soll dazu dienen, Ihnen einen Ruck zu versetzen, Dinge, die Sie schon lange geplant haben, nicht weiter aufzuschieben, sondern konkrete Schritte zu unternehmen.

Halten Sie eine Packung Taschentücher bereit. Sie werden beim Lesen Ihres Nachrufs vermutlich die eine oder andere Träne zerdrücken.

Persönliches Backcasting

Betriebswirte kennen eine Methode der Kostenkalkulation, die damit beginnt, indem man einen angepeilten Endpreis des Produktes oder der Dienstleistung heranzieht. Dazu betrachtet man den Preis, den ein Kunde zu zahlen bereit ist, und bricht ihn dann auf die einzelnen Bestandteile und die Arbeitsschritte herunter.

Genau dieselbe Herangehensweise wendet das „Backcasting" an. Wir haben dieses bereits besprochen, nun aber adaptieren wir diese Methode für uns persönlich.

Ein Ziel oder eine Vorstellung, die wir von unserer persönlichen Zukunft haben, können wir nur erreichen, wenn wir wissen, welche Schritte wir wann setzen müssen. Nicht alle Schritte werden wir heute planen können, manche ergeben sich erst mit der Zeit oder wir lernen durch sie erst zu einem späteren Zeitpunkt. Trotzdem, jede Reise in die Zukunft beginnt mit den ersten Schritten und dem Verständnis, wohin wir wollen.

Hier sind Vorlagen, die uns gleich mal unser Alter vor Augen führen und uns dazu motivieren sollen, über unsere Zukunft ganz anders nachzudenken.

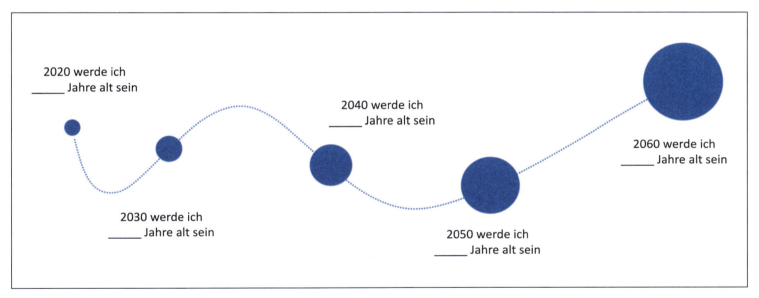

Vorlage 41: Mein zukünftiges Alter

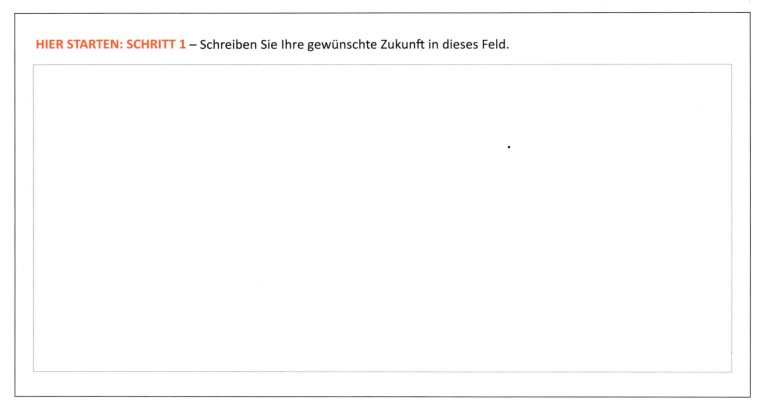

Vorlage 42: Persönliches Backcasting – Schritt 1

SCHRITT 2 – __ JAHRE VON HEUTE AN

Es ist das Jahr 20_____. Ich bin _____ Jahre alt.

Meine Eltern sind _____ Jahre alt.

Meine Kinder / Enkel haben dieses Alter:

_____.

Um meine bevorzugte Zukunft zu erreichen, muss ich im ___. Jahr Folgendes tun:

_____

_____

_____.

SCHRITT 3 – __ JAHRE VON HEUTE AN

Es ist das Jahr 20_____. Ich bin _____ Jahre alt.

Meine Eltern sind _____ Jahre alt.

Meine Kinder / Enkel haben dieses Alter:

_____.

Um mein __-Jahresziel (Schritt 2) zu erreichen, muss ich im ___. Jahr Folgendes tun:

_____

_____

_____.

Vorlage 43: Persönliches Backcasting – Schritte 2 und 3

SCHRITT 4 – __ JAHRE VON HEUTE AN

Es ist das Jahr 20_____. Ich bin _____ Jahre alt.

Meine Eltern sind _____ Jahre alt.

Meine Kinder / Enkel haben dieses Alter:
_____.

Um mein __-Jahresziel (Schritt 3) zu erreichen, muss ich im __. Jahr Folgendes tun:

_____

_____

_____.

SCHRITT 5 – HEUTE

Es ist das Jahr 20_____. Ich bin _____ Jahre alt.

Meine Eltern sind _____ Jahre alt.

Meine Kinder / Enkel haben dieses Alter:
_____.

Um mein __-Jahresziel (Schritt 4) zu erreichen, muss ich heute Folgendes tun:

_____

_____

_____.

Vorlage 44: Persönliches Backcasting – Schritte 4 und 5

REFLEXION – Welches ist die größte Änderung, die vorgenommen werden muss, um zur gewünschten Zukunft zu gelangen?

Vorlage 45: Persönliches Backcasting – Reflexion

Wähle dein Abenteuer

Der New Yorker Fotograf Brandon Stanton begann vor einigen Jahren, durch seine Stadt zu ziehen und Fotos von Passanten zu machen. Nicht nur das, er fragte sie auch nach ihrem Leben, vor allem womit sie gerade kämpfen oder was ihnen Gutes geschehen ist.

Seine Serie *Humans of New York* hat mittlerweile Millionen von Fans, seine Fotobände mit Geschichten sind Bestseller. Und mit Regelmäßigkeit porträtiert er auf diese Weise einfache Menschen und bringt sie uns näher. Eine dieser Geschichten, auf die ich stieß, war von einer älteren schwarzen Amerikanerin, die, in ein einfaches Leibchen gekleidet, in die Kamera schmunzelte und sagte:

> *Ich habe nicht daran gedacht, jemals nach New York zurückzukehren. Ich habe eine Reihe von schlechten Erinnerungen hiergelassen. Es kann ein grausamer Ort sein. Mein Ex-Mann lebt hier. Am 11. September war ich eine Straße vom zweiten Turm des World Trade Center entfernt. Es gibt somit Dinge, an die ich mich lieber nicht erinnere. Aber vor Kurzem erkrankte meine Mutter und ich kehrte heim, um sie zu pflegen. Ich war damals irgendwie auf Autopilot. Ich hatte alle meine Leidenschaften und Hobbys aufgegeben. Ich arbeitete nur, um meine Miete zu bezahlen. An einem Abend spazierte ich am Fluss und kam an einem Gebäude vorbei, auf dem stand „Hudson River Segelgemeinschaft". Sie boten Gratissegelkurse an. Ich weiß nicht, warum ich anhielt. Ich war überzeugt, Segeln wäre nichts für mich. Ich wurde älter. Ich war außer Form. Aber ich beschloss, es zu probieren. Und ich war fasziniert. Ich war irgendwie davon besessen, Segeln zu lernen. Ich erinnere mich an mein erstes Mal alleine da draußen. Ich war in der Mitte des Hudson, der Wind blies, ich konnte die ganze Stadt sehen und meine Hand war am Ruder. Es erschien mir, als ob ich etwas Unmögliches tat. Ich bin nicht weiß. Ich bin kein Mann. Ich besitze kein Boot. Ich habe nicht mal Geld. Aber ich bin in New York City und, verdammt noch mal, ich segle!*

Diese rührende Geschichte mit so viel Humor und Hoffnung hat mich dazu inspiriert, eine Vorlage dazu zu schaffen. Man wähle sein eigenes Abenteuer, indem man die frei gehaltenen Plätze füllt.

Szenarien und Möglichkeitsbereiche

Eine der besten Methoden aus dem Foresight Mindset für das persönliche Zukunftsdesign stellt die Szenarioplanung dar. Anstelle aber treibende Kräfte zu identifizieren, kann man stattdessen vier Möglichkeitsbereiche identifizieren, die sich unserem Gefühl nach unterschiedlich abspielen können.

1. Eine optimistische – mit Wachstum
2. Eine pragmatische – mit Einschränkungen
3. Eine, die uns transformieren wird
4. Und die letzte, die mit dem Zusammenbruch eine katastrophale Wende nehmen wird

Für jeden der vier Bereiche beschreiben wir dann, warum sich das so ergeben wird.

Es erschien mir, als ob ich etwas Unmögliches tat.

Ich bin nicht _____.

Ich bin kein _____.

Ich besitze kein _____.

Ich habe nicht mal _____.

Aber ich bin in _____

und, verdammt noch mal, ich _____!

Vorlage 46: Wähle dein Abenteuer

Wir können klarerweise Variationen zu den vier beschriebenen finden. Eine alternative Variante berücksichtigt einen pessimistischen Ansatz statt der Transformation. Welche man wählt, sei jedem selbst überlassen.

Nachdem man diese Aufgabe durchgeführt hat, stelle man die Szenarien Personen vor, die einen selbst kennen und von denen man ehrliches und aufrichtiges Feedback erwarten kann. Dafür eignen sich gute Kollegen, Manager, denen man vertraut, gute Freunde, aber auch Mentoren, sofern man welche hat.

Wichtig ist dabei, nicht defensiv und beleidigt auf das Feedback zu reagieren. Letztendlich möchte man erkennen, ob die Eigensicht der Außensicht ähnelt und welche Schritte zu absolvieren sind, um eine gewünschte Zukunft zu erreichen.

Im Folgenden sind mehrere Vorlagen abgedruckt, die eine detailliertere Sicht auf die eigene Zukunft erlauben.

Auch habe ich hier zwei Beispiele angeführt, wie ein ausgefüllter Möglichkeitsbereich aussehen kann. Einerseits für den Bankensektor, wo noch mehr Automatisierung Einzug halten wird. Welche Auswirkungen wird das haben – gefühlsmäßig? Andererseits meine Einschätzung meiner eigenen Möglichkeitsbereiche.

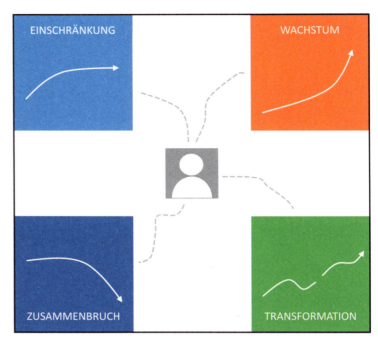

Abbildung 37: Möglichkeitsbereiche

Mein Gefühl	Weil die Technologie …	und deshalb wird die Zukunft …
Optimistisch	… weiterentwickelt und ohne viel Widerstand angewandt wird.	… besser als die Vergangenheit sein. Man erinnere sich an die Einführung von Geldautomaten, die unser Leben einfacher gemacht haben und uns das Abheben von Bargeld auch außerhalb der Bankenöffnungszeiten ermöglichen. Weitere Automatisierung wird unser Leben noch einfacher und effizienter machen, wenn Geldgeschäfte rasch und sicher durchgeführt werden können.
Pragmatisch	… notwendigerweise ohne viel Änderungen verwendet wird.	… ähnlich wie heute aussehen. Online-Banking wird mehr Funktionen haben, und da wir das schon heute gewohnt sind, wird das unser Leben nicht dramatisch verändern.
Pessimistisch	… den heutigen Zustand nicht verbessern wird.	… unser Leben verschlechtern. Es werden davon vor allem die Banken und deren Zweigstellen profitieren, die Mitarbeiter einsparen können und Kundenservice abbauen. Das wird zu längeren Schlangen in den Filialen führen und Kunden werden nach Alternativen suchen.
Katastrophal	… Probleme verursachen und in einem Desaster enden wird.	… in einer Katastrophe münden. Hacker können nun online zugreifen und alle unsere Daten und Geld stehlen. Regierungen haben Einsicht in das private finanzielle Verhalten von Bürgern. Bargeld wird verschwinden und damit auch die Anonymität. Es wird zu einem Aufstand gegen die Regierung und Banken kommen und in einem Bürgerkrieg enden.

Tabelle 13: Beispiel Automatisierung im Bankensektor

Mein Gefühl	Weil…	und deshalb wird die Zukunft…
Optimistisch	… ich hart arbeite und sich schlussendlich ein überwältigender Erfolg einstellen wird.	… besser als die Vergangenheit sein. Meine Bücher werden sich sehr gut verkaufen und mir entsprechend viele Aufträge von Kunden bringen, die mir erlauben, meine Tagessätze zu erhöhen, die Kunden auch bereit sind zu bezahlen. Es wird sogar so weit gehen, dass ich Mitarbeiter einstellen muss, um die zahlreichen Kundenprojekte umzusetzen. Ich baue mein eigenes Consulting-Imperium auf.
Pragmatisch	… ich zwar hart arbeite, aber trotzdem mit der Zeit gehen muss.	… ähnlich wie heute aussehen. Ich muss sehr aufmerksam beobachten, was Kunden wollen, welche Themen sie beschäftigen, um für sie relevant zu bleiben. Diese Beobachtungen werden mir neue Themen für Bücher und Workshops liefern. Ich kann mich nicht auf den Lorbeeren ausruhen.
Pessimistisch	… ich aus der heutigen Situation zwischen ausreichend und nicht ausreichend Aufträgen nicht rauskomme.	… mein Leben verschlechtern. Zu viel zum Sterben, zu wenig zum Leben. Kunden sind nicht bereit, Preissteigerungen mitzumachen, und wählen deshalb immer öfters billigere Konkurrenten. Meine Bücher, Workshops und Themen unterscheiden sich nicht wesentlich von dem, was andere anbieten Ich biete nicht ausreichenden Wert für meine Kunden.
Katastrophal	… ich trotz meiner harten Arbeit nicht ausreichend viele Aufträge erhalte und deshalb meine Rechnungen nicht bezahlen kann.	… in eine Katastrophe münden. Meine Kunden finden meine Arbeit immer weniger interessant, relevant und inspirierend und verzichten auf meine Dienste. Ich verdiene immer weniger, gerate mit der Bezahlung meiner Rechnungen in Verzug, gehe pleite und sitze auf der Straße.

Tabelle 14: Mein eigener Möglichkeitsbereich

Mein Gefühl ist …	Weil …	Und deshalb wird die Zukunft …
optimistisch		
pragmatisch		
pessimistisch		
katastrophal		

Vorlage 47: Szenarien und Möglichkeitsbereiche

Wachstumsszenario – Schritt 1

HEUTE

In meinem Beruf, meinem Privat- und Sozialleben verbringe ich die meiste Zeit mit folgenden Aktivitäten:

(Heute)

20 JAHRE IN DER ZUKUNFT

Es ist das Jahr 20_____. Ich bin _____ Jahre alt.

Wenn ich mit _____ weitermache wie bisher,
(Aktivität vom Kreis links)

werde ich besser sein mit _____,
(Zeitwort)

aber schlechter mit _____.
(Zeitwort)

Das macht mich _____,
(Gefühl)

weil _____.

Vorlage 48: Wachstumsszenario – Schritt 1

Wachstumsszenario – Schritt 2

**WAS ICH AN MEINER
WACHSTUMSZUKUNFT MAG**

**MEINE ÄNGSTE UND SORGEN
ZU MEINER WACHSTUMSZUKUNFT**

Vorlage 49: Wachstumsszenario – Schritt 2

Einschränkungsszenario – Schritt 1

HEUTE

In meinem Beruf, meinem privaten oder sozialen Leben glaube ich ganz fest an Folgendes:

(Heute)

20 JAHRE IN DER ZUKUNFT

Es ist das Jahr 20_____. Ich bin _____ Jahre alt.

_____ ist weiter verbreitet.
(das Gegenteil von dem, an das ich glaube)

Das begann als _____
(Handlung oder Ereignis)

Nun muss ich _____.
(Zeitwort)

Das macht mich _____,
(Gefühl)

weil _____.

Vorlage 50: Einschränkungsszenario – Schritt 1

Einschränkungsszenario – Schritt 2

WAS ICH AN MEINER EINGESCHRÄNKTEN ZUKUNFT MAG

MEINE ÄNGSTE UND SORGEN ZU MEINER EINGESCHRÄNKTEN ZUKUNFT

Vorlage 51: Einschränkungsszenario – Schritt 2

Zusammenbruchsszenario – Schritt 1

HEUTE

Was ich heute in meinem Beruf, meinem privaten oder sozialen Leben am meisten wertschätze, ist Folgendes:

(Kreis: Heute)

20 JAHRE IN DER ZUKUNFT

Es ist das Jahr 20_____. Ich bin _____ Jahre alt.

_____ wurde mir genommen von
(Wert)

_____. Das macht mich _____.
(Hauptwort or Handlung) (Gefühl)

Deshalb habe ich mich entschlossen, _____.
(Zeitwort)

Ich bin _____,
(Eigenschaftswort)

weil _____.

Vorlage 52: Zusammenbruchsszenario – Schritt 1

Zusammenbruchsszenario – Schritt 2

WAS ICH AN MEINER MEINER ZUSAMMENGEBROCHENEN ZUKUNFT MAG

MEINE ÄNGSTE UND SORGEN ZU MEINER ZUSAMMENGEBROCHENEN ZUKUNFT

Vorlage 53: Zusammenbruchsszenario – Schritt 2

Transformationsszenario – Schritt 1

HEUTE

Heute

In meinem Beruf, meinem privaten oder sozialen Leben,

_____
(lässt mich nachts wach liegen)

Es hält mich schlaflos, weil

_____ .

20 JAHRE IN DER ZUKUNFT

Es ist das Jahr 20_____ . Ich bin _____ Jahre alt.

_____ kümmert mich nicht mehr länger,
(das, was mich nachts wach liegen lässt)

weil _____ .
(Handlung oder Ereignis)

Jetzt kann ich mich auf _____ konzentrieren.
(Zeitwort)

Ich bin _____ ,
(Gefühl)

weil _____ .

Vorlage 54: Transformationsszenario – Schritt 1

Transformationsszenario – Schritt 2

WAS ICH AN MEINER TRANSFORMIERTEN ZUKUNFT MAG

MEINE ÄNGSTE UND SORGEN ZU MEINER TRANSFORMIERTEN ZUKUNFT

Vorlage 55: Transformationsszenario – Schritt 2

Foresight Mindset – Ethik

Wenn heute die Zukunft von gestern ist, dann sind die morgigen Risiken dein Problem. Und zwar heute. – Institute for the Future

Wir leben in einer Zeit, wo wir sehr öffentlich die Probleme mit gut gemeinter, aber zerstörerisch wirkender Technologie erfahren. Das Smartphone sollte uns das Leben leichter machen, stattdessen ist es zu einem Suchtmittel geworden. Soziale Plattformen wie Facebook oder Twitter sollten die Menschen zusammenbringen und Zugang zu Informationen ermöglichen, stattdessen treiben sie uns auseinander, polarisieren und bringen uns Fake News. Das Internet der Dinge war gedacht, uns das Leben zu erleichtern und sicherer zu machen, stattdessen beginnt es uns zu überwachen.

Wie gut gemeint unsere Absichten waren, es findet sich immer ein Weg, unsere Schöpfungen anders einzusetzen, als sie angedacht waren. Man verstehe mich nicht falsch: Diese Technologien erfüllen ja auch zumeist diesen Zweck. Und sie sind sogar sehr gut darin. Und obwohl die missbräuchliche Verwendung zumeist nur eine Randerscheinung ist, sind ihre negativen Auswirkungen oft überproportional hoch.

- Wären wir darauf vorbereitet, wenn eine Technologie, die von uns entwickelt wird, in unerwarteter Weise zum Einsatz kommt?
- Welchen Risiken und Risikokategorien sollten wir bereits jetzt besondere Aufmerksamkeit widmen?
- Welche Entscheidungen bezüglich unseres Teams, Designs oder Geschäftsmodells schützen aktiv unsere Kunden, Gesellschaft und Unternehmen vor zukünftigen Risiken?

Das vom Institute for the Future, Omidyar Network's Tech und Society Solutions Lab entwickelte „Ethische Betriebssystem" (Englisch: „Ethical Operating System" oder kurz „Ethical OS") hilft Ingenieuren, Produktmanagern und anderen Schöpfern von Technologien, Risiken zu vermeiden und darauf vorbereitet zu sein, bevor etwas geschehen ist.[77]

Die meisten Technologien oder Unternehmen entstanden mit den besten Absichten. Allerdings: Sobald die Katze aus dem Sack ist, entziehen sie sich zum Teil oder gänzlich unserer Kontrolle. Und das im positiven wie im negativen Sinn. Es können sich neue Möglichkeiten, aber auch vorher nicht bedachte Risiken ergeben.

Ethische Gedankenspiele

Um sich ein Bild zu machen, wie beispielsweise Technologien zu nicht erwarteten Risiken werden können, sind hier ein paar ethische Gedankenspiele aus dem Ethical OS aufgelistet. Manche dieser Szenarien klingen, als ob sie möglich wären, andere nicht. Tatsächlich sind alle heute bereits eingesetzte Szenarien, wenn auch in anderen Varianten.

---

[77] https://ethicalos.org/

Beim Durcharbeiten der folgenden Beispiele berücksichtige man folgende Fragen:

- Welches ist meine größte Sorge in diesem Beispiel?
- Wie sind die Konsequenzen für einzelne Benutzer und wie unterscheiden sie sich?
- Welche Maßnahmen sollten wir vornehmen, um Wahrheit, Datenschutz, Demokratie, öffentliche Sicherheit, wirtschaftliche Stabilität und so weiter zu schützen?
- Was können wir heute schon tun, damit das entweder nicht eintritt oder wir darauf vorbereitet sind?

All diese Beispiele sind zur Inspiration für eine lebhafte und engagierte Diskussion gedacht. Hier sind sie:

Video-Faking-Algorithmen

Videos werden so verändert, dass es aussieht, als ob die Person im Bild etwas sagt, das sie nie gesagt hat, oder sich in einer Weise bewegt und etwas tut, das so nie geschehen ist.

Sprachbots

Sprachbots imitieren in Sprache, Wortwahl und Intonation Menschen und geben somit vor, echte Personen mit echten Meinungen zu sein.

Technologiesucht

Menschen verbringen mehr und mehr Zeit mit Smartphones, sozialen Netzwerken und Videospielen. Diese Technologien sind absichtlich so designt, dass die Benutzer möglichst häufig und lange mit ihnen interagieren.

Künstliche Intelligenz

Künstliche Intelligenz bedroht einer Studie der Oxford University zufolge 43 Prozent aller heutigen Berufe. Was macht man mit all den Menschen, die diese Berufe heute ausüben?

„Smart Employer"-Dienst

Unternehmen verwenden diesen Service, um herauszufinden, welche Mitarbeiter unter Stress oder Depressionen leiden oder mentalen Erkrankungen. Damit soll den betroffenen Mitarbeitern Unterstützung und Hilfe angeboten werden.

Predictive Justice

Dieses Werkzeug hilft Gerichten, anhand von statistischen Daten herauszufinden, ob ein Angeklagter oder Häftling ein höheres Risiko für die Bevölkerung darstellt oder nicht. Die den Statistiken zugrunde liegenden Daten haben allerdings die Tendenz, vor allem Minderheiten zu benachteiligen.

Precision Farming

Dank Drohnen, Geofencing und autonomen landwirtschaftlichen Maschinen kann der Einsatz von Wasser, Düngemitteln und Pestiziden optimiert werden.

Banken

Ein Betreiber einer sozialen Plattform kauft eine Bank und verwendet Daten aus dem Benutzerverhalten auf der Plattform, um die Kreditwürdigkeit eines Kreditnehmers zu ermitteln.

Gesichtserkennung

Kameras im öffentlichen Raum, auf Smartphones und Computern können Gesichter erkennen und berechtigten Personen Zugang zu Daten, Bankkonto und anderen Leistungen geben.

Gehirnimplantate

Gehirnimplantate, die Gedanken ins Gehirn lesen und schreiben können, sind Wirklichkeit. Sie erlauben den Personen, Informationen aus der Cloud abzurufen und sofort zur Verfügung zu haben sowie Informationen an die Cloud zurückzuliefern.

Smarte Toiletten

Smarte Toiletten sammeln Informationen zum Gesundheitszustand des Benutzers und schlagen eine entsprechend ausgewogene Diät vor oder weisen auf mögliche gesundheitliche Probleme hin.

Dating App

Eine populäre Dating-App installiert eine blockchain-basierte Verifizierung der „Zustimmung zum Geschlechtsverkehr" und lässt die Benutzer Geschlechtskrankheiten, sexuelle Präferenzen und andere Informationen darin eintragen.

Lieferroboter

Ein Viertel der Online-Bestellungen wird via Lieferroboter und Lieferdrohnen gebracht. Dabei erfassen die autonomen Systeme mit ihren Kameras die Umgebung.

Rachemarkt

Ein anonymer Marktplatz erlaubt Benutzern, eine Belohnung für die Belästigung von Personen und Institutionen auszusetzen und mit einer Kryptowährung zu bezahlen. Von Rachepornografie, Online-Belästigung bis hin zu Gewalt und Vandalismus wird alles an „Dienstleistungen" angeboten.

Selbstfahrende Autos

Diese können durch ein wenig bekanntes Hintertürchen von Wildfremden unter Kontrolle gebracht werden und versagen entweder den Dienst oder werden absichtlich in Unfälle verwickelt. Die Hacker verlangen im besten Fall Lösegeld, um das selbstfahrende Auto wieder funktionsfähig zu machen.

Ethische Risikozonen

Deshalb kategorisiert das Ethical OS die Risiken in acht sogenannte Risikozonen:

1. Wahrheit, Desinformation, Propaganda
2. Sucht & Dopamin
3. Wirtschaftliche Ungleichheiten
4. Maschinenethik und algorithmische Verzerrungen
5. Überwachungsstaat
6. Datenkontrolle und Monetisierung
7. Vertrauen und Benutzerverständnis
8. Kriminelle und hassgetriebene Akteure

Bei der Entwicklung einer Technologie, eines Produktes, eines Prozesses oder einer Funktion können wir nun durch diese Liste an Risiken gehen und für jede Zone Signale von bereits echten Risikobeispielen identifizieren. Man stelle sich dann die Frage, wie diese Risiken vermindert oder gänzlich beseitigt werden können.

Sobald die ethischen Probleme identifiziert sind, können sie in die Produktspezifikationen einfließen und ein Prozess muss etabliert werden, der einer Organisation hilft, auf entstehende Risiken richtig und rasch zu reagieren.

Einen ausführlicheren Leitfaden für die Anwendung des Ethischen Betriebssystems inklusive Checklisten gibt es auf der Website EthicalOS.org.

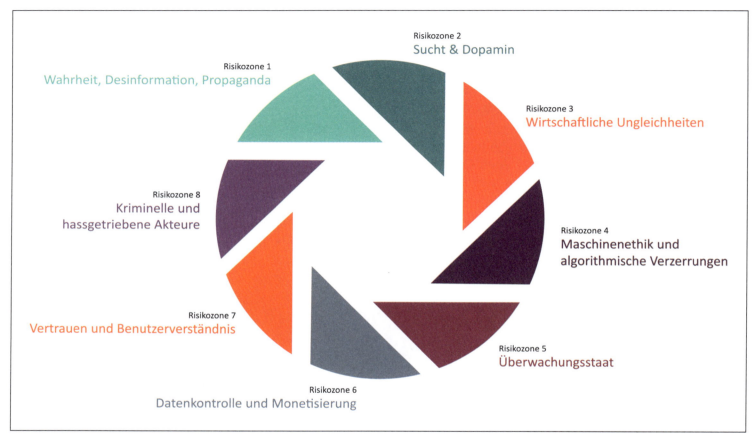

Abbildung 38: Foresight Mindset – Ethik

Beginn der Zukunft

Die Zukunft begann gestern und wir sind bereits zu spät
— John Legend

Wir sind am Ende des Buchs und wir stehen vor dem Beginn der Zukunft. Während wir die eine Zukunft nicht vorhersagen können, gibt es doch etwas, das wir mit absoluter Sicherheit voraussagen können. Eine Wahrheit, die seit Äonen Allgemeingültigkeit hat.

Die Zukunft wird uns immer Änderungen bringen.

Sobald wir das ganz fest in unser Mindset gepackt haben, werden uns Änderungen nicht mehr als bedrohlich erscheinen. Änderungen sind der natürliche Lauf der Dinge und wir Menschen haben alle Fähigkeiten und Mittel erhalten, uns auf Änderungen einzustellen. Damit sind wir bestens für die Zukunft gerüstet.

Wenn wir die Zukunft vor allem als Überbringer von mehr Chancen und Gelegenheiten als von Risiken und Gefahren betrachten, dann werden wir den Optimismus nicht verlieren. Und wenn wir den geschichtlichen Verlauf der Menschheit betrachten, dann geht es uns heute besser als je zuvor. Weniger Menschen sterben durch Kriege, weniger Menschen leben in Armut, Menschen leben länger, wir sind die wohlhabendste Generation in der Geschichte der Menschheit und wir sind besser ausgebildet, als wir uns das je vorstellen konnten.

Das ist alles geschehen, weil Menschen ihre eigene Zukunft in die Hand genommen haben. Egal wie man es dreht und wendet, die Situation der Menschheit hat einen immensen Fortschritt erlebt, der einem Großteil einen noch vor wenigen Jahrzehnten unvorstellbaren Lebensstandard erlaubt. Und alle Projektionen von Experten, Visionären und Zukunftsforschern sehen keine Umkehr dieses Trends.

Die Frage an jeden Einzelnen ist: Was trage ich dazu bei? Wie kann ich die Welt besser zurücklassen, als ich sie vorgefunden habe? Elon Musk, der CEO von Tesla und SpaceX, drückte das einmal so aus:

Ich versuche, einfach nur über die Zukunft nachzudenken und dabei nicht traurig zu werden.

Das Foresight Mindset ist eines, das die Menge an Traurigkeit verringern und die Menge an Fröhlichkeit vermehren möchte. Und ich sage das als Wiener, der seinen gepflegten Grant braucht.

Für uns beginnt die Zukunft – die eigene Zukunft – mit der Annahme eines Foresight Mindsets. Dieses ist nicht nur eine Reihe von Methoden und Kennzahlen und Statistiken. Das Foresight Mindset ist ein Lebensstil, ein Lebensgefühl, das seine Kraft aus dem Optimismus und dem Gefühl, die Zukunft beeinflussen zu können, schöpft.

In diesem Sinne: Ihre eigene Zukunft hat bereits begonnen, packen Sie sie am Schopf und machen Sie die Welt für sich und andere besser. Worauf warten Sie noch?

Mario Herger
mario.herger@gmail.com

Ressourcen

Bücher

Bill Burnett & Dave Evans; Designing Your Life: How to Build a Well-Lived, Joyful Live; Borzoi Book, 2016

Daniel Burrus; The Anticipatory Organization; Greenleaf Book Group, Austin, 2016

Brian Christian, Tom Griffiths; Algorithms to Live By: The Computer Science of Human Decisions; Henry Holt and Company, New York, 2016

Richard A. Clarke, R.P. Reddy; Warnings: Finding Cassandras to Stop Catastrophes; HarperCollins, New York, 2017

Alida Draudt, Julia Rose West; What the Foresight: Your personal futures explored. Defy the expected and define the preferred; 2016

Dan Gardner; Future Babble: Why Expert Predictions are Next to Worthless. And You Can Do Better; Dutton, New York, 2011

Andy Hines, Peter Bishop; Thinking about the Future; Social Technologies, Washington, 2006

Bryce G. Hoffman; Red Teaming: How Your Business Can Conquer the Competition by Challenging Everything; Crown Business, New York, 2016

Bob Johansen; Get There Early: Sensing the Future to Compete in the Present; Berrett-Koehler Publishers, San Francisco 2006

Brian David Johnson; Science Fiction Prototyping: Designing the Future with Science Fiction; Morgan & Claypool, 2011

Kevin Kelly; The Inevitable: Understanding the 12 Technological Forces that will Shape our Future; Penguin Books, New York, 2016

Philip E. Tetlock, Dan Gardner; Superforecasting – The Art and Science of Prediction; Broadway Books, New York, 2015

Peter Schwartz; The Art of the Long View; Crown Business, New York, 1991

Amy Webb; The Signals Are Talking – Why Today's Fringe Is Tomorrow's Mainstream; Public Affairs, New York, 2016

Organisationen & Ressourcen

https://foresightmindset.com/

https://ethicalos.org/

Stanford University Foresight & Innovation https://foresight.stanford.edu/

Long Now Foundation http://longnow.org/

Singularity University https://su.org/

Institute for the Future http://www.iftf.org/

Centre for Future Studies http://www.futurestudies.co.uk/

World Future Studies Federation https://www.wfsf.org/

Shaping Tomorrow https://shapingtomorrow.com/

Hyperwachstum – was steckt dahinter?

**Minvielle/Lauquin/Caruso
Durchstarten**

2019. 177 Seiten.
Kartoniert € 26,90
ISBN 978-3-8006-5757-5

Portofreie Lieferung
vahlen.de/24045852

In der Wirtschaftsgeschichte

hat sich noch keine industrielle Transformation so schnell vollzogen wie die Digitalisierung. Technologische Innovationen revolutionieren alle Wirtschaftsbereiche. Die Digitalisierung setzt sich überall durch und unser Alltag wird ständig vernetzter.

In der Welt ständigen Wandels

müssen Unternehmen sich anpassen, um zu wachsen und um neue Märkte zu erschließen. Das bedeutet, sie müssen selbstverständlich Neuerungen einführen, um ihren Wettbewerbsvorteil auszubauen und ihr organisches Wachstum zu steigern, sich anschließend internationalisieren, um an der Zunahme des Handels und der »Weltkultur« der jungen Generationen teilzuhaben und externes Wachstum generieren, um in neuen Bereichen und Tätigkeitsfeldern das Tempo zu erhöhen.

Vahlen

Glückliche Organisationen sind produktiver.

Appelo
Managing for Happiness

2018. X, 292 Seiten. Kartoniert € 39,80
ISBN 978-3-8006-5418-5

Portofreie Lieferung
vahlen.de/17686518

In modernen Unternehmen

wird erwartet, dass die Menschen »Systemdenker« und »Servant Leader« sind. Aber niemand erklärt einem, was das denn ganz genau bedeutet und was Sie persönlich tun sollen bzw. können. »Managing for Happiness« macht genau das. Die Praktiken und Übungen in diesem Buch helfen Ihnen dabei, jedes Team zu motivieren, die Produktivität zu steigern und Innovation im gesamten Unternehmen zu entwickeln – und das sofort!

Neue Ideen

Führungskräfte, Coaches, Innovatoren, Wissensarbeiter oder Organisationsentwickler werden viel Freude an diesen 300 farbenfroh gestalteten Seiten haben und an dem Feuerwerk inspirierender Ideen.

Vahlen